ZHENGFU ZHONGDA JUECE
SHEHUI WENDING FENGXIAN PINGGU
——ZHONGDA ZHENGCE, DAXING HUODONG HE JICHU SHESHI

政府重大决策社会稳定风险评估

——重大政策、大型活动和基础设施

徐慧智 ⊙ 著

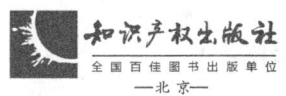

知识产权出版社
全国百佳图书出版单位
—北京—

图书在版编目（CIP）数据

政府重大决策社会稳定风险评估：重大政策、大型活动和基础设施 / 徐慧智著. —北京：知识产权出版社，2020.12（2022.1 重印）
ISBN 978-7-5130-5032-6

Ⅰ. ①政… Ⅱ. ①徐… Ⅲ. ①社会稳定－风险评价－研究－中国 Ⅳ. ①D63

中国版本图书馆 CIP 数据核字（2020）第 021853 号

内容提要

政府重大决策关乎民生福祉，直接影响社会经济发展。社会稳定风险评估的重点内容是利益相关者识别、风险因素判定、权重指数确定和风险综合指数计算，并可作为社会稳定风险等级判定的重要依据。社会稳定风险评估受工程方案、环境、公共安全等多方面综合因素的影响，执行操作方面又根据重大政策、大型活动、基础设施的不同而千差万别，因此易对评估人员造成较大困扰。本书通过网络预约出租汽车经营服务管理实施细则、少数民族大型庆典活动、中俄索道工程 3 个典型案例，开展了政府重大决策事项社会稳定风险评估研究，有助于及早发现各类潜在隐患，防范社会群体性事件的发生。

本书适合各级政府相关工作人员、从事相关专业的工程咨询人员、从事相关领域研究的学者和高校相关专业的学生阅读。

责任编辑：彭喜英　　　　　　　　　　　　　　责任印制：孙婷婷

政府重大决策社会稳定风险评估——重大政策、大型活动和基础设施
徐慧智　著

出版发行：知识产权出版社 有限责任公司	网　　址：http://www.ipph.cn
电　　话：010－82004826	http://www.laichushu.com
社　　址：北京市海淀区气象路 50 号院	邮　　编：100081
责编电话：010-82000860 转 8539	责编邮箱：pengxiying@cnipr.com
发行电话：010-82000860 转 8101	发行传真：010-82000893
印　　刷：北京中献拓方科技发展有限公司	经　　销：各大网上书店、新华书店及相关专业书店
开　　本：720mm×1000mm　1/16	印　　张：16.75
版　　次：2020 年 12 月第 1 版	印　　次：2022 年 1 月第 2 次印刷
字　　数：302 千字	定　　价：85.00 元
ISBN 978-7-5130-5032-6	

出版权专有　侵权必究
如有印装质量问题，本社负责调换。

前　言

政府职能具有公共性、法定性、执行性、强制性、动态性、扩张性等属性。政府需要提供公共产品和服务以满足经济社会发展需求。实施重大政策、大型活动和基础设施项目，会对各利益群体产生正面或者负面影响，同时具有积累性、诱导性、非理性等特点，涉及职业收入、安全隐患、环境影响等方面，形成持续性影响，甚至可能引发潜在社会稳定风险，这对定性和定量评判社会稳定风险等级提出了更高的要求。政府重大决策事项社会稳定风险评估，应根据评估事项具体特征，有针对性地确定调查方案、识别风险因素、提出应对措施，并不断积累社会稳定风险因素的发生概率、影响水平及风险指数及评估经验，建立社会稳定风险评估数据库，指导类似项目的相关工作。在这种背景下，需要加强对政府重大决策事项社会稳定风险评估，及时发现影响社会稳定的隐患，制定化解和应对预案，采取有效措施，从源头上防范、控制和化解社会稳定风险，对于顺利推进落实政府重大决策事项、维持社会的稳定具有十分重要的、不可替代的现实意义。

经总结多年工作经验，笔者于 2017 年出版了专著《大型工程项目社会稳定风险分析》。该书侧重从案例角度分析重大基础设施引发的社会稳定风险潜在影响。作为该书的姊妹篇，本书进一步分析了重大政策、大型活动可能引发的社会稳定风险，重点分析了重大政策和大型活动的社会稳定风险评估方式方法，同时为了对比分析基础设施类项目（社会稳定风险分析和评估）的异同点，选取中俄索道工程作为案例，给出相应的社会稳定风险分析和评估过程。

本书选择了网络预约出租汽车经营服务管理实施细则、少数民族大型庆典活动、中俄索道工程 3 个典型案例，给出了社会稳定风险因素识别、风险等级计算、风险防范措施等具体实操方式，希望能对相关从业者、研究人员和专家学者提供一些参考和借鉴。本研究成果得到教育部人文社会科学研究规划基金项目（项目编号：18YJAZH106）的资助。东北林业大学硕士研究生王宇宁、武腾飞、赵梓贺等参与了国内外研究现状的查阅和整理工作，硕士研究生何庆龄、陆鹏等进行了文字校正工作，在此一并表示感谢。

目 录 CONTENTS

第1章 社会稳定风险评估依据和方法 ················· 1
  1.1 意义和依据 ····································· 1
    1.1.1 研究意义 ································· 1
    1.1.2 评估依据 ································· 2
    1.1.3 国内外研究现状 ···························· 3
  1.2 主要内容 ······································· 6
    1.2.1 重大政策和大型活动类 ······················ 6
    1.2.2 基础设施类 ································ 11

第2章 重大政策类事项社会稳定风险评估——以某市网络预约出租汽车经营服务管理实施细则为例 ································· 18
  2.1 评估背景 ······································· 19
    2.1.1 出租车运营现状 ···························· 19
    2.1.2 网络预约出租汽车引发的社会稳定事件案例 ······ 23
  2.2 风险调查 ······································· 25
    2.2.1 调查对象 ·································· 25
    2.2.2 调查方式和方法 ···························· 25
    2.2.3 调查内容 ·································· 26
  2.3 风险识别 ······································· 37
    2.3.1 评估依据 ·································· 37
    2.3.2 识别方法 ·································· 39
    2.3.3 风险因素分析、识别 ························ 39
  2.4 风险估计 ······································· 50
    2.4.1 估计方法 ·································· 50
    2.4.2 估计内容 ·································· 50
  2.5 风险防范和化解措施 ····························· 95

2.5.1 主要风险因素风险防范和化解措施 ················· 95
　　　2.5.2 编制并形成风险防范、化解措施汇总表 ············· 101
　2.6 风险等级 ·· 104
　　　2.6.1 风险防范及化解措施判断依据 ····················· 104
　　　2.6.2 落实措施前后主要风险因素变化趋势和结果 ········· 104
　　　2.6.3 落实措施后风险等级判断 ························· 105
　2.7 风险分析结论 ·· 106
　　　2.7.1 拟建项目主要的风险因素 ························· 106
　　　2.7.2 拟建项目风险等级 ······························· 106
　　　2.7.3 落实风险防范、化解措施的有关建议 ··············· 106

第3章 大型活动类事项社会稳定风险评估——以某少数民族
　　　大型庆典活动为例 ·································· 111
　3.1 基本情况 ·· 111
　　　3.1.1 活动概况 ······································· 111
　　　3.1.2 评估依据 ······································· 115
　　　3.1.3 评估主体 ······································· 116
　　　3.1.4 评估过程和方法 ································· 116
　3.2 评估内容 ·· 122
　　　3.2.1 风险调查评估及各方意见采纳情况 ················· 122
　　　3.2.2 风险识别和估计的评估 ··························· 122
　　　3.2.3 风险防范和化解措施的评估 ······················· 137
　　　3.2.4 落实措施和建议后的风险等级确定 ················· 143
　3.3 评估结论 ·· 144
　　　3.3.1 存在的主要风险因素 ····························· 144
　　　3.3.2 合法性、合理性、可行性、可控性评估结论 ········· 145
　　　3.3.3 风险等级 ······································· 145
　　　3.3.4 主要风险防范、化解措施 ························· 146
　　　3.3.5 社会稳定风险应急预案 ··························· 149
　　　3.3.6 突发事件应急预案 ······························· 150

第4章 基础设施类事项社会稳定风险分析——以中俄索道工程为例 156
4.1 编制依据 157
4.2 项目概况 157
4.2.1 项目单位 157
4.2.2 项目拟建地点 157
4.2.3 项目建设必要性 157
4.2.4 客运量预测 160
4.2.5 征地拆迁 161
4.3 风险调查 161
4.3.1 调查范围 161
4.3.2 调查的方式和方法 163
4.3.3 调查内容 163
4.4 风险识别 191
4.5 风险估计 199
4.5.1 主要风险因素识别 199
4.5.2 主要风险因素风险程度估计 199
4.5.3 主要风险因素及其风险程度汇总 204
4.6 风险防范和化解措施 205
4.6.1 主要风险因素风险防范和化解措施 205
4.6.2 编制并形成风险防范和化解措施汇总表 207
4.7 风险等级 210
4.7.1 落实措施后主要风险因素变化趋势和结果 210
4.7.2 落实措施后风险等级判断 210
4.8 结论 211

第5章 基础设施类事项社会稳定风险评估——以中俄索道工程为例 213
5.1 基本情况 213
5.1.1 项目概况 213
5.1.2 评估依据 219
5.1.3 评估主体 220
5.1.4 评估过程和方法 220

5.2 评估内容 ·· 222
  5.2.1 风险调查评估及各方意见采纳情况 ···················· 222
  5.2.2 风险识别和估计的评估 ································· 226
  5.2.3 风险防范和化解措施的评估 ··························· 243
  5.2.4 落实措施后的风险等级确定 ··························· 244
5.3 评估结论 ·· 250
  5.3.1 拟建项目存在的主要风险因素 ······················· 250
  5.3.2 拟建项目合法性、合理性、可行性、可控性评估结论 ··· 251
  5.3.3 拟建项目的风险等级 ···································· 251
  5.3.4 拟建项目的主要风险防范、化解措施 ············· 252
  5.3.5 社会稳定风险应急预案 ································· 255
  5.3.6 建议 ·· 255

参考文献 ··· 258

第 1 章　社会稳定风险评估依据和方法

1.1　意义和依据

1.1.1　研究意义

社会稳定风险评估大致可分为重大政策、大型活动社会稳定风险评估和基础设施社会稳定风险评估两类。重大政策和大型活动一般没有或者较少固定资产投资，对利益群体产生较大影响。政策类项目一旦实施，具有较高的合法性，对利益群体产生持久的影响。活动类项目一般持续时间较短，偶然因素对社会稳定风险的影响较大。政府作为评估主体直接开展社会稳定风险评估，必要情况下选取第三方进行评估，编制依据一般按照所在地发布的重大政策社会稳定风险评估实施细则执行。基础设施类项目有明确的资金投入，项目建成后留存实体设施。项目单位自行或者委托第三方编制社会稳定风险分析报告，分析直接和间接利益群体并征询意见，形成项目社会稳定风险等级建议。当地政府指定评估单位对项目单位做出的社会稳定风险分析报告做出评估，确定最终风险等级，报送所在地政府认定和备案。

我国 1982 年宪法提及"国家为了公共利益的需要，可以依照法律规定对公民的私有财产实行征收或者征用并给予补偿"，同时明确了"国家依照法律规定保护公民的私有财产权和继承权"。从宪法层面对国家利益、公共利益、个人利益做出了表述，但对优先级尚没有明确的界定，工作中一般按照国家利益高于公共利益、公共利益高于个人利益的优先级执行。政府方面多次提及"把人民高兴不高兴、满意不满意、答应不答应作为检验工作的标准"，但迫于社会发展需要，近年来多地公益性邻避设施在引发较大民意诉求的情况下，依然上马建设，政府决策具有较高风险性。基础设施的筹划、建设、运营代表了公共利益，民意诉求代表了个人利益，矛盾的冲突点归结为公共利益和个人利益的冲突，应寻求公益性赋予邻避设施可实施性的内在属性，合理科学地评估政府决策和项目建设引发的社会稳定风险，识别显著性影响因素，促进和谐社会的建设。

1.1.2 评估依据

1.1.2.1 相关法律、法规、规章、规范性文件以及其他政策性文件

（1）法律、法规。

1）《中华人民共和国城乡规划法》；

2）《中华人民共和国土地管理法》；

3）《中华人民共和国环境保护法》；

4）《中华人民共和国水土保持法》；

5）《中华人民共和国防洪法》；

6）《中华人民共和国安全生产法》；

7）《中华人民共和国消防法》；

8）《中华人民共和国节约能源法》；

9）《中华人民共和国清洁生产促进法》；

10）《中华人民共和国循环经济促进法》；

11）《中华人民共和国防震减灾法》；

12）《中华人民共和国突发事件应对法》；

13）《中华人民共和国矿产资源法》；

14）《中华人民共和国职业病防治法》；

15）《国有土地上房屋征收与补偿条例》；

16）《危险化学品安全管理条例》；

17）《建设工程安全生产管理条例》；

18）《地质灾害防治条例》；

19）《民用爆炸物品安全管理条例》；

20）《特种设备安全监察条例》。

（2）规范性文件。

1）中共中央办公厅、国务院办公厅《关于建立健全重大决策社会稳定风险评估机制的指导意见（试行）》（中办发〔2012〕2号）；

2）国家发展改革委《关于印发〈国家发展改革委重大固定资产投资项目

社会稳定风险评估暂行办法〉的通知》(发改投资〔2012〕2492号);

3) 国家发展改革委办公厅《关于印发〈重大固定资产投资项目社会稳定风险分析篇章和评估报告编制大纲（试行）〉的通知》(发改办投资〔2013〕428号);

4) 中华人民共和国国家标准《风险管理 原则与实施指南》(GB/T24353—2009);

5) 中华人民共和国国家标准《风险管理 风险评估技术》(GB/T27921—2011);

6) ISO/FDIS 31000 Risk management—Principles and guidelines;

7) 国务院《国家突发公共事件总体应急预案》(自2006年1月8日起施行);

8) 国务院《国家安全生产事故灾难应急预案》(自2006年1月22日起施行);

9) 国务院《关于进一步加强企业安全生产工作的通知》(国发〔2010〕23号);

10) 国家发展和改革委员会《产业结构调整指导目录》;

11) 专业安全规范。

1.1.2.2 相关规划

（1）《中华人民共和国国民经济和社会发展第十三个五年规划纲要》。

（2）《某省土地利用总体规划（2006—2020年）》。

（3）《某市总体规划（2011—2020年）》。

（4）《某市土地利用总体规划（2006—2020年）》。

1.1.3 国内外研究现状

1.1.3.1 政府重大决策事项引发民意诉求的根源属性

（1）国内研究：何艳玲运用"动员能力与反动员能力共时态生产"框架，分析并解释了中国式邻避冲突区别于其他国家（地区）的特殊性。通过将冲突纳入制度化，建构一种基于"制度缓解"的、恰当的邻避冲突解决机制[1]。黄汇娟分析了2009年番禺垃圾焚烧事件，发现公众的心理因素、经济因素、信任危机、公平性问题及决策的公正性是导致邻避冲突产生的原因[2]。陶鹏等聚焦邻避型群体性事件的治理战略与核心机制，在分析邻避情结含义的基础上,提出"预期损失—不确定性"分析框架[3]。董幼鸿通过学术界关于邻避冲突理论研究的分析,梳理邻避冲突产生的原因,探讨治理因公共基础设施引起群体事件的策略,对邻避冲突风险提供建议[4]。吴云清等人提出邻避空间的概念,分析了其形成机制、扩散模式和类型。以邻避空间为例,分析在"产生—挤压—消亡—再生"空间生命周期中,邻避空间和城市空间之间经历的"侵入—竞争—协调—融合"的互动机理[5]。骆丽等通过居民问卷,探讨居民对公共基础设施的风险认知,以及公共基础设施搬迁后对城市空间的影响,分析邻避空间与城市空间发展互动过程中公众风险认知的变化[6]。国内学者识别出影响公共基础设施的关键因素在于建设次序、空间距离、空间侵入、风险认知等,居民质疑政府决策的公正性。

(2)国外研究:维特斯(Vittes)曾指出邻避情结的内涵,即全面地拒绝被认为有害生存权与环境权的公共设施,强调以环境价值作为衡量是否兴建公共设施的标准,认为邻避情结是一种情绪性反应,不受到技术、经济或者行政等理性知识的影响[7]。奥黑尔(O'Hare M)指出邻避现象来源于个人效用最大化[8],阿里克(Arik)等认为公共基础设施通常布局在经济收入水平较低或黑人社区,应通过联邦政府集中选址和地方政府分散选址两种方式,联邦政府、地方政府、企业和民众进行博弈,找到最佳选址方案[9]。楚清平(Ching-pin Chiu)认为公共基础设施的规模和公众的支持呈非线性相关,规模越小,越容易被公众接受[10]。朱莉安娜(Juliana)运用持续模型,分析经济、人口和政治等多个变量,说明公共基础设施布局取决于选区选民的支持和领导的决策,与地方经济状况相关性较弱[11]。罗伯特(Robert)指出公共基础设施布局的矛盾集中于居民对未来不确定性的忧虑,建立合理沟通机制是重要保障[12]。

1.1.3.2 政府决策和民意诉求动态博弈

(1)国内研究:朗枚等从博弈视角对政府决策评价模型选择进行了理论优化,根据中国实践归纳出六种基本模型:民意调查评价模型、治理型评价模型、考核型评价模型、参与型评价模型、决策型评价模型、监督型评价模型[13]。政府重大决策事项中政府决策和民意诉求博弈研究较少,国内研究多集中在动态博弈模型的应用研究方面。丁鼎棣应用动态博弈模型解决地方政府招商引资过程中存在的政策歧视行为[14]。王秀丽等提出两阶段动态生态工业链博弈模型,分析企业和政府的关系[15]。许箫迪基于动态演化博弈模型,提出政府应提供不同的扶持政策,促进企业的自主创新行为[16]。李鹏等分析了补贴政策对农户提高农业生产废弃物资源化管理效率的作用[17]。王维认为中央与地方政府之间存在一种不确定性但可监督的博弈关系,应构建监督成本、激励成本、负效用差额等三阶段动态博弈模型,探讨参数变化对各节点发生突变的作用,以及中央与地方政府在各节点的决策条件[18]。张倩等基于规制经济学,采用博弈论分析政府实施排污税环境规制下企业与政府之间的关系[19]。张汉江等建立以政府为领导者,研究制造商和回收商为跟随者的回收再制造过程的主从博弈[20]。虞文美等建立政府与贫困户之间的演化博弈模型、贫困户与合作社之间不完美信息条件下的动态博弈模型[21]。

(2) 国外研究:乌姆哈拉(Umehara)研究使用以博弈论模拟政府机构与公众之间的互动作为风险信息披露的博弈,使用满意决策理论解释公共支付结构,解释政府机构的支付结构前景理论。政府机构与公众之间的信息差距将随着相关领域的专家和协调人提供解释的增加而大大减少[22]。莱斯莫诺(Lesmono)等提出政府可以采取政策或经济行动,以提高其在民众心目中的地位[23]。玛丽娜(Marina)在政府如何将他们掌握的信息分发给大众的问题基础上研究了政府用于向公民传递私人信息的传播策略,研究结果表明,用于执行沟通策略的语言会影响平衡收敛过程的效率,政府使用的沟通策略和执行策略的语言复杂性较高[24]。阿什坎·哈菲扎尔科托布(Ashkan Hafezalkotob)探究在政府财政干预的影响下绿色供应链和常规供应链的价格竞争模型,政府的环境保护和社会责任倾向度对政府的收入、供应链及其成员的利润具有显著的影响[25]。阿兰·邦德(Alan Bond)等提出基于规划层面进行的可持续性评估优于项目层面进行的环境影响评估,建议重新设计环境评估过程并更好地整合到决策中,以保证所做决策的合法性[26]。阿图萨·苏丹尼(Atousa Soltani)等基于公共基础设施利益相关者提出决策框架,对利益相关者在可持续性标准上的冲突优先级进行建模,使用博弈论帮助利益相关者公平分担成本和收益,并指导利益相关者就相互可持续性和务实的解决方案达成协议,使谈判更加及时有效[27]。

1.1.3.3 政府决策行为对策

(1) 国内研究:朱家林等从公共选择理论的角度,根据经济学的"经济人"假说分析官员的自立性和行为特点,研究政府在决策过程中的失范行为并进行反思[28]。徐建中等利用演化博弈的理论和方法,将政府、制造企业和消费者三个利益相关主体纳入演化博弈分析框架，探索低碳经济背景下各主体决策的演化路径和演化规律[29]。王姝提出地方政府应通过树立法权观念，实现伦理道德建设的现代化以及树立公共伦理意识等去除市场困境[30]。李燕凌等提出了地方政府面对突发性公共危机时应树立正确决策价值取向、塑造地方政府的决策偏好、抑制地方政府的短期行为的优化建议[31]。李少华从博弈论的视角对各级政府在市场经济条件下的决策行为进行审视，并运用博弈论的思想、方法与原理解释政府决策行为的合理性、必要性和可行性[32]。

（2）国外研究：卡森（Carson）等认为提高政策的实施效果，其根源在于管辖区域内的地方政府之间的合作和信息共享，只有这样才能有更多的机会和非政府利益相关者合作，从而提高广大人民群众的利益[33]。尼古拉·萨维奥（Nicolas D Savio）提出了一种结构化类比预测方法，帮助政府决策者在多个替代方案中选择合适的方案，以最好的方式实现政策的目标[34]。格里高利（Gregory）指出两区模型（two-region model），即同一政府管辖两个区域，一个区域负责布局公共基础设施，而另一个区域负责纳税，给公共基础设施布局区域提供补偿[35]。莱尔（Lehr）提出美国政府运用反降价拍卖方案（reverse dutch auction），以环境补偿机制为基础，不断抬升拍卖价格，直到有人愿意承担公共基础设施建设的负面影响[36]。科万（Cowan）指出公共基础设施应加强公共参与工作，及时公布规划方案，要求直接利益相关者参与方案规划选址，充分倾听居民意见[37]。

综上，国内外学者从社会学角度出发，分析了政府重大决策事项在筹划、建设、运营阶段居民的诉求及其根源，研究了定性和定量的评价指标体系，力图寻求工程建设和周边社会协调发展的平衡点，提出了社会稳定风险改善措施和补偿机制。我国政府决策已经形成了较为规范的程序，但政府决策理论方法改革的内部、外部驱动力较弱，学术研究深度略显不足，研究成果应用性较为欠缺。

1.2 主要内容

1.2.1 重大政策和大型活动类

（1）基本原则：为正确处理改革、发展、稳定三者的关系，进一步促进重大决策的科学化和民主化，切实从源头上预防和减少影响社会稳定的问题，推动经济和社会又好又快发展，根据中共中央办公厅、国务院办公厅《关于建立健全重大决策社会稳定风险评估机制的指导意见（试行）》（中办发〔2012〕2号），开展政策决策类政府决策社会稳定风险评估。重大决策是指对涉及较大范围人民群众切身利益的重大政策、重大改革、重大项目、重大活动等重大事项的决策。实施重大决策社会稳定风险评估是指在重大决策制定出台前，对重大决策可能影响社会稳定的风险和隐患进行调查、分析、预测和评估。开展重大政策和大型活动类社会稳定风险评估，应当坚持如下基本原则。①坚持"属地管理"和"谁主管、谁负责"的原则。重大决策由谁主管，谁就负责该重大决策的社会稳定风险评估工作。谁评估谁对评估结果负责，谁决策谁对决策结果负责。②坚持以人为本的原则。始终坚持把维护人民群众的根本利益放在第一位，真正使各项改革发展的成果惠及广大人民群众。③坚持科学评估、民主公开的原则。坚持从实际出发，严格按照法律规定办事，广泛听取各方面意见，切实保障广大人民群众的知情权、参与权和监督权，依法审慎做出决策的原则。坚持未评估不决策的原则。对存在较大社会稳定风险的重大决策做出前，必须做好社会稳定风险评估工作。未经评估不得做出决策。

（2）领导小组：各级党委、政府应当高度重视重大决策社会稳定风险评估工作，及时掌握情况，把握重大问题，推动工作落实。各区县（市）成立党委，政府主要负责人负总责，分管负责人直接抓，政法、综治、维稳、纪检监察、组织、法制、信访等有关部门负责人参加的重大决策社会稳定风险评估工作领导小组。评估工作领导小组在党委、政府领导下开展工作，负责指导评估主体分析研判重大决策可能对社会大局稳定造成的影响，帮助评估主体协调重大关系，研究提出解决重大不稳定问题的普遍性、指导性意见。各级党委政府应当建立健全重大决策社会稳定风险评估工作监督检查机制，保证评估工作规范有效运行。应当把重大决策社会稳定评估工作纳入维稳、综治、信访工作目标考核内容。考核结果作为党政领导班子和领导干部综合考评的重要依据。各级维稳部门应当牵头做好重大决策社会稳定风险评估工作的综合协调和督促考核，并提出指导、考评意见。

（3）评估范围：涉及群众切身利益、关系社会稳定的各项政策、法规、规章、规划（计划）、政策措施和重要工作部署等；社会保障、社会事业和城市管理中，关系到较大范围人民群众切身利益的社会保险、福利、救济、优抚制度，保障房建设、分配政策，最低工资和最低生活保障标准，社会事务公共服务收费标准和服务管理方式的重大调整等；国有（集体）企业、事业单位改革中，涉及职工切身利益的产权转让、资产处置、社保关系、待遇调整，居民日常生活必需品价格的重大调整等；城市基础设施建设、公共服务设施建设、城区改造、城乡规划、资源开发和重点项目建设中，涉及群众切身利益的补偿、安置等；可能影响少数民族群众和信教群众开展正常活动的重大事项；重大自然灾害和重大疫情的预警防控方案，食品、药品安全预警防控监测方案，重大安全、质量事故处置，重大自然灾害后的重要恢复重建项目建设等；参与人员多、涉及范围广、敏感性强，可能对社会稳定造成影响的重大商贸、文体、庆典等活动；其他涉及较多群众切身利益和可能引发影响社会稳定问题的重大决策。

（4）评估内容。

1）合法性。决策机关是否享有相应的决策权并在权限范围内进行决策，决策内容和程序是否符合法律、法规的规定。

2）合理性。是否符合以人为本的科学发展要求，是否符合大多数群众的利益诉求，是否兼顾了现实利益和长远利益，是否尽最大可能维护了所涉及群众的合法权益，会不会给群众的生产、生活带来不利影响。

3）可行性。决策事项是否与当地经济社会发展情况相适应，是否具备了实施的人力、物力、财力，出台时机和条件是否成熟。决策方案是否符合大多数群众的利益，是否考虑了群众的接受程度。

4）可控性。决策事项是否存在公共安全隐患，会不会引发群体性事件、集体上访，会不会引发社会负面舆论、恶意炒作以及其他影响社会稳定的问题。决策可能引发的社会稳定风险是否可控，能否得到有效防范和化解；是否制定了社会矛盾预防和化解措施以及应急处置预案，宣传解释和舆论引导工作是否充分。

（5）评估主体：评估主体是指重大决策社会稳定风险评估工作的组织实施者，即由政策的制定部门、改革的实施部门、项目的报建部门、活动的组织部门作为评估主体，负责组织实施评估工作。重大决策涉及多个部门的，

第1章 社会稳定风险评估依据和方法

由牵头部门作为评估主体。需要多级党政机关做出决策的,由初次决策的机关作为评估主体,不重复评估。当地党委和政府做出决策的,由党委和政府指定的部门作为评估主体。根据工作需要,评估主体可以组成由政法、综治、维稳、法制、信访等部门,有关社会组织、专业机构、专家学者,以及决策所涉及群众代表等参加的评估小组进行评估。

(6)评估程序:由评估主体研究制订评估方案,明确评估工作的指导思想、方法步骤、任务分工、具体要求等。评估主体可采取问卷调查、民意测验、实地走访和召开座谈会、听证会等适当方式,就决策事项听取各方面意见。召开听证会的,同级维稳部门、信访部门应派员列席。对受决策影响较大的群众、有特殊困难的群众应当重点走访,掌握真实情况。由评估主体分门别类梳理各方面意见和情况,对决策事项的合法性、合理性、可行性、可控性进行综合分析论证,查找社会稳定风险点,预测研判风险发生的概率和风险可控程度。对争议较大、专业性较强的评估事项,评估主体可以委托社会第三方机构,或邀请人大代表、政协委员、相关专家、法律工作者、社会知名人士、群众代表等进行听证或论证。

(7)风险等级:根据收集掌握的情况,客观真实地评估可能存在的不稳定因素,按照评估事项启动实施后可能引发的矛盾冲突及所涉及人员的数量、范围和激烈程度确定风险等级,一般分为三个等级:高风险,是指决策涉及的群体中多数群众有意见、反应特别强烈,可能引发重大群体性事件的。中风险,是指决策涉及的群体中部分群众有意见、反应强烈,可能引发群体性事件的。低风险,是指决策涉及的群体中多数群众表示理解支持,只有少部分群众持异议的。具体的风险等级和划分标准,由各地区、各有关部门根据实际情况确定。评估主体要采取定量与定性相结合的方式,尽可能通过设定参考指标体系,对重大决策的社会稳定风险进行分析和评估。定量分析:凡是可以通过公共媒体征求意见,通过听证会、企业职代会、专家意见征询等渠道进行统计量化,能够反映涉及群众认可和接受程度的重大决策,评估主体可根据反对意见的比例设置社会稳定风险参考指标及等级判别标准。对有条件设置多个风险参考指标的重大决策,评估主体可通过设定权重的方式进行综合评分,并根据评分结果确定风险等级。定性分析:难以直接通过量化分析反映涉及群众接受程度的重大决策,可由承办部门从合法性、合理性、可行性、可控性四个方面，根据实际情况细化形成多因素的社会稳定分析和评价体系，经综合研判确定风险等级。对于决策内容和程序不符合法律、法规，或方案难以为大多数群众所接受，或反对意见表现比较激烈等的重大决策，可直接认定为高风险等级。评估主体根据评估论证意见，做出总体评估结论，形成评估报告。评估报告内容应包括重大事项概况、评估方式、各方意见及采纳情况、决策可能引发的社会稳定风险、评估结论、稳控措施和应急处置预案等。召开听证会的，同时报送听证会议纪要。

（8）履行报送程序：重大决策社会稳定风险评估坚持维稳、信访双备案制。评估主体首先向同级维稳部门备案。维稳部门对提交的评估报告进行审查，对评估工作和稳定预案提出相关建议，落实稳定责任主体。对备案要件齐全，经审查可以实施的重大决策，同级维稳部门向重大决策评估主体地区（部门）出具《备案回执》。在取得维稳部门的《备案回执》后，再向信访部门备案。信访部门对提交的评估报告进行审查，对决策是否引发群体上访问题进行评估审查，向重大决策评估主体出具《备案回执》。情况特别复杂、需要现场调查核实的，核实后出具《备案回执》。

（9）风险的应对和控制：对于存在高风险的重大决策，原则上不准实施。属于贯彻上级统一部署、近期必须实施的重大决策，应由维稳部门组织相关部门修改完善应急预案，协调各方力量共同落实防范、化解和处置措施；属于本地区提出的重大决策，维稳、信访等部门应按照有关决策程序，就决策是否实施、是否暂缓实施，向有权做出决定的组织和机构提出建议。决策机构应区别情况做出不实施的决策，或者调整决策方案、降低风险后再行决策；对于存在中风险的重大决策，应当暂缓实施，由维稳部门协调相关地区、部门（单位），明确责任，落实降低风险、化解矛盾的措施，进一步做好群众思想工作并取得预期效果后，再实施；对于存在低风险的重大决策可以实施，但还应对少数有意见的群众做好解释说明工作，有针对性地做好矛盾防范和化解工作。

（10）决策实施跟踪：对已经过评估备案审查，开始实施的重大决策，评估主体应当全程跟踪、密切监控其运行情况，及时发现可能产生的不稳定问题，并采取有力措施调控风险、化解矛盾，确保不发生重大事端。评估主体对重大决策实施过程中已经出现和可能出现的影响社会稳定的问题，要及时向同级维稳部门和信访部门报告。维稳、信访部门可以根据实际情况提出预防化解不稳定问题的意见和建议，必要时协助评估主体做好矛盾纠纷排查调处和化解工作。对决策实施可能引发影响社会稳定重大问题的，决策机关应暂停决策实施；需要对决策进行调整的，决策机关应当及时调整。

1.2.2 基础设施类

1.2.2.1 社会稳定风险分析

社会稳定风险分析内容包括风险调查、风险识别、风险估计、风险防范和化解措施、项目风险等级、项目风险结论。

（1）风险调查：运用适当的调查方法，重点围绕拟建项目建设实施的合法性、合理性、可行性和可控性等方面开展社会稳定风险调查。调查范围应全面、深入，覆盖所涉及地区所有类型的相关方。调查应充分听取、全面收集群众和各利益相关者的意见，包括合理和不合理、现实和潜在的诉求等。一般按工程资料搜集、相关文献资料搜集、社会环境调查三部分进行。在"公告公示、基层政府及社会团体意见调查、基层民众意见问卷调查、可研设计文件及相关前置性文件调查"的基础上，结合拟建项目的特点，重点阐述"调查的内容和范围、方式和方法，拟建项目的合法性，拟建项目自然和社会环境状况，利益相关者的意见和诉求，公众参与情况，基层组织态度、媒体舆论导向，以及公开报道过的同类项目风险情况"等内容。

（2）风险识别：根据调查结果，运用相关知识和风险分析方法，发现、列举和描述风险因素。针对利益相关者不理解、不认同、不满意、不支持的方面，或在日后可能引发不稳定事件的情形，全面、全程查找并分析可能引发社会稳定风险的各种风险因素。在政策规划和审批程序、土地房屋征收补偿、技术和经济方案、生态环境影响、项目建设管理、当地经济社会影响、质量安全和社会治安、媒体舆论导向等方面重点分析查找各项风险因素。根据各项风险因素的成因、影响表现、风险分布、影响程度、发生可能性，对风险因素进行分类梳理。按照风险可能发生的项目阶段（决策、准备、实施、运营），结合当地经济社会与拟建项目的相互适应性，从初步识别的各类风险因素中筛选、归纳出主要的和关键的单因素风险。

（3）初始风险估计：采用定性与定量相结合的风险分析方法，对筛选和归纳出的主要单因素风险进行分析和研究，估计其可能引发的风险事件及其发生的时间、概率、影响范围和潜在后果，揭示关键风险因素。重点阐述对每一个主要单因素风险进行分析、估计的逻辑推理过程及其结果，包括可能引发风险事件的原因、时间和形式，风险事件的发生概率、影响程度和风险程度。初始风险等级判断是在综合单因素风险估计的基础上，估计项目整体风险，并与风险等级评判标准进行对比，确定风险等级和防范风险优先顺序的过程。重点阐述估计项目综合风险的过程及结果；项目所在地的风险等级评判标准；结合行业和项目所在地区的实际情况，对照风险等级评判标准，综合分析判断项目整体初始风险等级。

（4）风险防范和化解措施：根据风险识别和风险估计的结果，研究提出风险防范化解措施。针对主要风险因素研究提出各项综合和分项的风险防范、化解措施，提出落实各项措施的责任主体和协助单位、防范责任、具体工作内容、风险控制节点、实施时间和要求的建议。

（5）落实措施后的预期风险等级：分析各项风险防范、化解措施落实的可行性和有效性，预测落实措施后每一个主要风险因素可能引发风险的变化趋势，包括发生概率、影响程度、风险程度等，综合判断拟建项目落实风险防范、化解措施后的风险等级。重点阐述落实各项风险防范、化解措施的可行性和有效性分析的过程，预测各风险因素变化趋势的结果，综合判断落实措施后预期风险等级的过程和结果。

（6）风险分析结论：阐述拟建项目社会稳定风险分析的主要结论，为拟建项目的社会稳定风险评估工作提供参考。主要结论包括拟建项目主要的、关键的风险因素；主要的风险防范、化解措施；拟建项目风险等级，包括初始风险等级和落实措施后的预期风险等级；落实风险防范、化解措施的有关建议。

1.2.2.2 社会稳定风险评估

拟建项目社会稳定风险评估报告应包括以下内容：基本情况、评估内容、评估结论等内容。

（1）基本情况：简述项目基本情况，主要包括项目单位、拟建地点、建设必要性、建设方案、建设期、主要技术经济指标、环境影响、资源利用、征地搬迁及移民安置、社会环境概况（含当地经济发展及社会治安、群体性事件、信访等情况)、投资及资金筹措等内容。

(2) 评估依据：社会稳定风险评估工作所依据的相关法律、法规和规范性文件等；国家出台的区域经济社会发展意见、国务院及有关部门批准的相关规划、采用的项目所在地人民政府确定的社会稳定风险评判标准或指标体系。

(3) 评估主体：拟建项目的评估主体指定方、评估主体的组成及职责分工，并具体说明其相关部门、社会组织、专业机构、专家学者、群众代表等参与评估工作情况。

(4) 评估过程和方法：简述评估工作的程序、步骤和主要过程；说明评估工作所采用的主要方法。

(5) 评估内容：风险调查评估及各方意见采纳情况，阐述对社会稳定风险分析篇章中风险调查的广泛性、代表性、真实性等进行评估的过程和结果。说明评估主体根据实际需要直接开展或者要求项目单位开展补充风险调查的情况。对收集的拟建项目各方面意见进行梳理和比较分析，形成能够反映实际情况的信息资料，并阐述其采纳情况。

(6) 风险识别和估计的评估：一是风险识别评估。对风险分析篇章中风险识别的完整性和准确性提出评估意见；根据风险调查评估结果，对拟建项目可能引发的主要社会稳定风险因素进行补充、完善并汇总。二是风险估计评估。对风险分析篇章中风险估计的客观性、分析内容的完备性、分析方法的适用性提出评估意见；预测估计主要风险因素发生概率、影响程度和风险程度。

(7) 风险防范和化解措施的评估：对社会稳定风险分析篇章中提出的风险防范、化解措施进行评估，并补充完善。针对拟建项目可能引发的社会稳定风险，进一步补充完善和明确落实各项防范、化解措施的责任主体和协助单位、具体负责内容、风险控制节点、实施时间和要求。

(8) 落实措施后的风险等级确定：对风险分析篇章中风险等级判断方法、评判标准的选择运用是否恰当、风险等级判断结果是否客观合理提出评估意见；结合补充的重要风险因素，综合以上评估结果，确定项目落实防范、化解风险措施后的项目风险等级。

(9) 评估结论：拟建项目存在的主要风险因素；拟建项目合法性、合理性、可行性、可控性评估结论；拟建项目的风险等级；拟建项目主要风险防范、化解措施；根据需要提出应急预案和建议。

（10）评估程序：评估主体应首先制订评估工作方案。评估工作方案应明确风险评估的组织机构、职责分工、工作进度、工作方法与要求、拟征询意见对象及方法、风险评估报告大纲等事项。评估主体应全面收集并认真审阅社会稳定风险评估相关资料，主要包括但不限于以下文件：项目可行性研究报告、项目申请报告及其社会稳定风险分析篇章；国家和地方相关法律、法规和政策；拟建项目前期审批相关文件，包括城乡规划、国土资源、环境保护等部门出具的规划选址、用地预审、环境影响评价文件等；相关规划与标准规范；同类或类似项目决策风险评估资料等。充分听取意见，根据对拟建项目社会稳定风险分析篇章的审阅结果，结合项目所在地的实际情况，根据需要补充开展民意调查，向受拟建项目影响的相关群众了解情况，对受拟建项目影响较大的群众、有特殊困难的家庭要重点走访，当面听取意见。听取意见要注意对象的广泛性和代表性，注意方式方法，确保收集意见的真实性和全面性；讲清项目相关的法律和政策依据、项目方案、项目建设和运行全过程可能产生的影响，以便群众了解真实情况、表达真实意见。分门别类梳理各方意见，参考相同或类似项目引发社会稳定风险的情况，重点围绕拟建项目建设实施的合法性、合理性、可行性、可控性进行客观、全面地评估论证；对拟建项目所涉及的风险调查、风险识别、风险估计、风险防范和化解措施、风险等级评判等内容逐项进行评估论证，特别是对风险因素、风险发生概率、可能引发矛盾纠纷的激烈程度和持续时间、涉及人员数量、可能产生的各种负面影响以及相关风险的可控程度进行评估论证。

根据国家发展改革委办公厅《关于印发〈重大固定资产投资项目社会稳定风险分析篇章和评估报告编制大纲（试行）〉的通知》（发改办投资〔2013〕428号）要求，对前述筛选和归纳出的主要单因素风险，采用定性与定量相结合的风险分析方法进行分析和描述，按下述参考标准对识别出的主要风险因素的风险概率、影响程度、风险程度进行分析和估计。

风险概率（p），按照风险因素发生的可能性划分为5个等级：很高（概率在81%~100%）、较高（概率在61%~80%）、中等（概率在41%~60%）、较低（概率在21%~40%）、很低（概率在0%~20%）。风险概率评判参考标准见表1-1。

第1章 社会稳定风险评估依据和方法

表1-1 风险概率评判参考标准

等级	定量评判标准	定性评判标准
很高	81%~100%	几乎确定
较高	61%~80%	很有可能发生
中等	41%~60%	有可能发生
较低	21%~40%	发生的可能性很小
很低	0~20%	发生的可能性很小，几乎不可能

影响程度（q），按照风险发生后对项目的影响大小，划分为5个影响等级：严重（定量判断标准81%~100%）、较大（定量判断标准61%~80%）、中等（定量判断标准41%~60%）、较小（定量判断标准21%~40%）、可忽略（定量判断标准0%~20%）。风险影响程度评判参考标准见表1-2。

表1-2 风险影响程度评判参考标准

等级	定量评判标准	定性评判标准
严重	81%~100%	关系到相关群体的基本权利、重大利益；风险影响的规模大，涉及人数众多；影响时间长；可能引起严重风险事件，造成极大负面影响
较大	61%~80%	关系到相关群体的重要权利和利益；风险影响的规模较大，涉及人数较多；影响时间较长；可能引发较大风险事件，造成较大负面影响
中等	41%~60%	对相关群体合法权益构成不利影响；风险影响规模中等，涉及一定数量人群；可能引发一般风险事件，在当地造成一定负面影响
较小	21%~40%	风险影响规模较小，涉及人数较少；影响时间较短；可能零星引发一般风险事件，局部范围造成不利负面影响
可忽略	0~20%	风险影响规模有限，涉及个别利益相关者；可能发生个别矛盾，影响短时间可以消除

风险程度（R），可分为重大（定量判断标准为：$R=p\times q>0.64$）、较大（定量判断标准为：$0.64\geqslant R=p\times q>0.36$）、一般（定量判断标准为：$0.36\geqslant R=p\times q>0.16$）、较小（定量判断标准为：$0.16\geqslant R=p\times q>0.04$）和微小（定量判断标准为：$0.04\geqslant R=p\times q>0$）5个等级，可以参考风险概率—影响矩阵进行估计。单因素风险风险程度评判参考标准见表1-3。

表 1-3 单因素风险风险程度评判参考标准

等级	定量评判标准	定性评判标准
重大	$1.0 \geqslant R = p \times q > 0.64$	可能性大,社会影响和损失大,影响和损失不可接受,必须采取积极有效的防范和化解措施
较大	$0.64 \geqslant R = p \times q > 0.36$	可能性较大,社会影响和损失较大,影响和损失是可以接受的,需采取积极有效的防范和化解措施
一般	$0.36 \geqslant R = p \times q > 0.16$	可能性不大,社会影响和损失不大,一般不影响项目的可行性,应采取积极有效的防范和化解措施
较小	$0.16 \geqslant R = p \times q > 0.04$	可能性较小,社会影响和损失较小,不影响项目的可行性
微小	$0.04 \geqslant R = p \times q > 0$	可能性很小,且社会影响和损失很小,对项目影响很小

根据风险概率(5个等级)、影响程度(5个等级)、风险等级(5个等级)对应的关系,做出风险概率-影响程度-风险等级判断矩阵。等级判断矩阵的定量指标见表1-4。

表 1-4 风险概率-影响程度-风险等级判断矩阵

风险概率(p) 影响程度(q)	很低 (0~20%)	较低 (21%~40%)	中等 (41%~60%)	较高 (61%~80%)	很高 (81%~100%)
可忽略 (0~20%)	微小 0.00%~4.00%	0.00%~8.00%	0.00%~12.00%	0.00%~16.00%	0.00%~20.00%
较小 (21%~40%)	0.00%~8.00%	较小 4.41%~16.00%	较小 8.61%~24.00%	较小 12.81%~32.00%	较小 17.01%~40.00%
中等 (41%~60%)	0.00%~12.00%	较小 8.61%~24.00%	一般 16.81%~36.00%	一般 25.01%~48.00%	一般 33.21%~60.00%
较大 (61%~80%)	0.00%~16.00%	较小 12.81%~32.00%	一般 25.01%~48.00%	较大 37.21%~64.00%	较大 49.41%~80.00%
严重 (81%~100%)	0.00%~20.00%	较小 17.01%~40.00%	一般 33.21%~60.00%	较大 49.41%~80.00%	重大 65.61%~100.00%

注:表1-4中风险等级未给出说明部分,其跨越两个等级,需要按照具体数值确定。

确定风险等级:根据项目所在地人民政府确定的社会稳定风险评估指标或评判标准,在综合考虑各方意见和全面分析论证的基础上,按照《国家发展改革委重大固定资产投资项目社会稳定风险评估暂行办法》的风险等级划分标准,对拟建项目的社会稳定风险等级做出客观、公正的评判,确定项目社会稳定风险的高、中、低等级。

根据国家发展改革委办公厅《关于印发〈重大固定资产投资项目社会稳定风险分析篇章和评估报告编制大纲（试行）〉的通知》（发改办投资〔2013〕428号），拟建项目社会稳定风险等级评判参考标准见表1-5。

表1-5　拟建项目社会稳定风险等级评判参考标准

风险等级	高 （重大负面影响）	中 （较大负面影响）	低 （一般负面影响）
总体评判标准	大部分群众对项目建设实施有意见、反应特别强烈，可能引发大规模群体性事件	部分群众对项目建设实施有意见、反应强烈，可能引发矛盾冲突	多数群众理解支持，但少部分群众对项目建设实施有意见
单因素风险程度评判标准	2个及以上重大或5个及以上较大单因素风险	1个重大或2~4个较大单因素风险	1个较大或1~4个一般单因素风险
综合风险指数评判标准	>0.64	0.36~0.64	<0.36
调查结果评判标准	采用面向特定对象征求意见的方式，征求意见结果，明确反对者超过33%	采用面向特定对象征求意见的方式，征求意见结果，明确反对者占10%~33%	采用面向特定对象征求意见的方式，征求意见结果，明确反对者低于10%
风险事件参与人数评判标准	单次事件参与人数达到200人以上	单次事件参与人数为20~200人	单次事件参与人数为20人以下
可能引发风险事件评判标准	如冲击、围攻党政机关、要害部门及重点地区、部位、场所，发生打、砸、抢、烧等集体械斗、聚众闹事、人员伤亡事件，非法集会、示威、游行、罢工、罢市、罢课等	如集体上访、请愿，发生极端个人事件，围堵施工现场，堵塞、阻断交通，媒体（网络）出现负面舆情等	如个人非正常上访，静坐、拉横幅、喊口号、散发宣传品、散布有害信息等

第 2 章　重大政策类事项社会稳定风险评估
——以某市网络预约出租汽车经营服务管理实施细则为例

自 20 世纪 90 年代以来，我国出租汽车行业经历了快速发展，为缓解出行难发挥了重要作用，但随着时间推移，出现了打车难、服务质量不高等问题，行业不稳定事件时有发生。2014 年，蓬勃发展的网络预约出租汽车（以下简称"网约车"）新业态对传统出租汽车行业造成极大冲击。网约车改善了市民出行，但也同时暴露出承运人责任主体不明确、乘客安全和驾驶员权益得不到保证、个人信息泄露风险较高等问题，因此，交通运输部于 2015 年初开始联合有关部门启动了改革事宜。2016 年，国务院办公厅印发《关于深化改革推进出租汽车行业健康发展的指导意见》。由交通运输部、工信部等七部委联合发布了《网络预约出租汽车经营服务管理暂行办法》。

国务院办公厅《关于深化改革推进出租汽车行业健康发展的指导意见》指出：牢固树立和贯彻落实创新、协调、绿色、开放、共享的发展理念，充分发挥市场机制作用和政府引导作用，坚持优先发展公共交通、适度发展出租汽车的基本思路，推进出租汽车行业结构改革，切实提升服务水平和监管能力，努力构建多样化、差异化出行服务体系，促进出租汽车行业持续健康发展，更好地满足人民群众出行需求。抓住实施"互联网+"行动的有利时机，坚持问题导向，促进巡游出租汽车转型升级，规范网络预约出租汽车经营，推进两种业态融合发展。正确处理政府和市场关系，强化法治思维，完善出租汽车行业法规体系，依法推进行业改革，维护公平竞争的市场秩序，保护各方合法权益。城市人民政府是出租汽车管理的责任主体，要充分发挥自主权和创造性，探索符合本地出租汽车行业发展实际的管理模式。要统筹发展巡游出租汽车（以下简称"巡游车"）和网约车，实行错位发展和差异化经营，

第2章 重大政策类事项社会稳定风险评估——以某市网络预约出租汽车经营服务管理实施细则为例

为社会公众提供品质化、多样化的运输服务。要加快完善出租汽车管理和经营服务的法规规章和标准规范，明确管理职责和法律责任，规范资质条件和经营许可，形成较为完善的出租汽车管理法律法规体系，实现出租汽车行业管理、经营服务和市场监督有法可依、有章可循。要加强社会沟通，畅通利益诉求渠道，主动做好信息发布，回应社会关切，凝聚改革共识，营造良好舆论环境。对改革中的重大决策要开展社会稳定风险评估，完善应急预案，防范化解各类矛盾，维护社会稳定。

2.1 评估背景

评估内容：拟出台的《某市网络预约出租汽车经营服务管理实施细则》《某市关于深化改革推进出租汽车行业健康发展的实施意见》《某市关于规范私人小客车合乘的实施意见》引起的社会稳定风险状况。

2.1.1 出租车运营现状

近年来，某市出租汽车行业不断规范行业管理、强化企业和驾驶员考核，整体形象和服务水平明显提升。某市现有出租汽车企业45家；出租汽车共计15465辆，其中个体出租汽车3100余辆，全部实现委托管理；拥有出租汽车驾驶员从业资格人员59457人，在岗从业人员26681人。某市出租车企业基本情况见表2-1。

表2-1 某市出租汽车企业情况

序号	企业名称	总车数（辆）	序号	企业名称	总车数（辆）
1	单位1	909	10	单位10	186
2	单位2	798	11	单位11	223
3	单位3	653	12	单位12	255
4	单位4	166	13	单位13	160
5	单位5	291	14	单位14	112
6	单位6	800	15	单位15	202
7	单位7	1700	16	单位16	115
8	单位8	103	17	单位17	295
9	单位9	470	18	单位18	104

续表

序号	企业名称	总车数（辆）	序号	企业名称	总车数（辆）
19	单位 19	199	33	单位 33	1072
20	单位 20	137	34	单位 34	350
21	单位 21	136	35	单位 35	1007
22	单位 22	447	36	单位 36	40
23	单位 23	466	37	单位 37	313
24	单位 24	570	38	单位 38	134
25	单位 25	204	39	单位 39	231
26	单位 26	300	40	单位 40	57
27	单位 27	105	41	单位 41	146
28	单位 28	68	42	单位 42	278
29	单位 29	343	43	单位 43	189
30	单位 30	176	44	单位 44	112
31	单位 31	277	45	单位 45	122
32	单位 32	444			
合计（辆）					15465

某市出租汽车经营模式共分三种：一是承包制，经营权许可给企业，驾驶员承包经营；二是个体车辆委托管理，经营权许可给个人，委托企业管理；三是公车公营，企业与驾驶员签订劳动合同，实行员工制管理，为驾驶员缴纳"三险一金"。

近年来某市出租汽车行业发展情况如下。

（1）加强行业法规建设。为加强出租汽车行业管理，规范市场营运秩序，提高服务质量，维护乘客、经营者和驾驶员的合法权益，促进出租汽车行业健康发展，从 2006 年起，某市出租汽车管理处负责起草了《某市城市出租汽车管理办法》，经市政府常务会议批准后，于 2007 年 7 月 1 日开始施行。2008 年起草了《某市城市出租汽车客运管理条例》，2009 年 11 月 26 日经市人大常委会审议通过，2015 年 5 月 1 日起开始实施，填补了某省出租汽车行业没有法规的空白。2010 年，依据《某市城市出租汽车客运管理条例》，制定了《某市出租汽车企业运营服务考核办法》《某市出租汽车驾驶员运营服务考核办法》。为规范合同管理，2007 年与某市工商局共同制定了统一的《出租汽车承包合同》《个体出租汽车委托管理合同》，结束了出租汽车承包经营合同不规范的历史。

（2）全面开展行业运营服务考核。从 2010 年开始，把落实企业经营管理

第 2 章　重大政策类事项社会稳定风险评估——以某市网络预约出租汽车经营服务管理实施细则为例

主体责任作为提高行业管理水平的主攻方向和核心业务，对企业的运营服务、安全管理、车辆管理、驾驶员管理进行全方位的考核。企业考核实行记分制，按分值高低分为优秀、良好、合格、基本合格、不合格 5 个等级。考核工作每月进行统计，每季度进行评比，年终确定考核排名和考核等级并进行公布。经营期内两次年度考核不合格的企业吊销《出租汽车企业经营资格证》。同时，加强驾驶员的考核，建立驾驶员诚信档案，将驾驶员日常受奖励、受处罚等营运信息记入诚信档案。每月统计驾驶员营运信息，年终由计算机自动生成驾驶员考核结果，对年度考核不合格的驾驶员将吊销《驾驶员客运资格证》。

（3）做好驾驶员统一着装工作。从 2012 年开始，在全行业开展了"五统一"工作，即驾驶员服务标准统一、车容卫生标准统一、车体颜色统一、车辆标识统一、驾驶员着装统一。为了保证统一着装工作的顺利开展，制定了《出租汽车驾驶员着装管理规定》，对着装进行要求和规范。强化培训教育，要求企业在每月一次的培训教育时将《出租汽车驾驶员着装管理规定》纳入教育内容，加大对驾驶员着装情况的检查力度，对违反规定的驾驶员进行批评教育，并扣除驾驶员考核分值，对企业着装情况进行统计汇总，记入企业年度考核分值。

（4）广泛开展驾驶员星级评定工作。为进一步发挥优秀驾驶员模范带头作用，激发广大驾驶员争先创优积极性，树立出租车行业崭新形象，开展了星级驾驶员评定活动，全市出租汽车驾驶员星级评定从低到高依次分为一星、二星、三星、四星、五星 5 个等级。制定了《星级驾驶员评选管理办法》和评选标准，将驾驶员星级与评优、评先等挂钩。通过星级评定，出租汽车驾驶服务热情高涨，好人好事不断涌现。

（5）加强行业基础设施建设。为规范驾驶员文明营运，实现乘客文明候车，积极探索出租汽车临时乘降点建设。2012 年完成了 202 处乘降点建设，并投入使用。为解决驾驶员如厕难、就餐难等问题，以出租汽车企业建设为主，政府以奖代投的运作方式，完成了两处出租汽车综合服务区建设；在公交首末站建设出租车服务站，并投入使用；配合市总工会在全市开办了 110 处"的哥"食堂。积极推进公交 IC 卡在出租汽车上的应用，某市全部出租汽车实现刷卡消费。

（6）做好运力投放的相关工作。由于在出租汽车行业 10 年没有投放运力，随着城市的发展和人民生活水平的大幅提高，出租汽车供需矛盾突出。2010年、2011年，经省政府批准，分两次向市场投放出租车运力2000辆。2013年经省政府批准，再次向市场投放2000辆出租汽车。

（7）推进出租汽车电召服务试点。结合运力投放工作，积极在行业中开展电召服务试点。协调物价、技术监督部门，完成了电召服务运价制定及计价器调试等工作。督促企业做好平台建设、车辆采购、驾驶员招聘等工作，目前共有400余辆电召车上道运营。电召车采用即时用车、预约用车、泊位用车、临时定点上车、包车的方式运营，为有特殊需求的乘客提供了方便。

（8）深化出租汽车行业改革落地政策。按照国家颁布的《关于深化改革推进出租汽车行业健康发展的指导意见》《网络预约出租汽车经营服务管理暂行办法》两部文件确定的改革方向和改革框架，结合某市实际，出租汽车管理处起草了《某市关于深化改革推进出租汽车行业健康发展的实施意见》《某市网络预约出租汽车经营服务管理实施细则》以及《某市关于规范私人小客车合乘的实施意见》三部文件的草案稿，将三部文件征求意见稿面向社会广泛征求意见，通过结合征求到的意见，对三部文件进一步完善，待履行完相关程序后公布实施。

目前，某市主要网约车平台公司有三家，分别是滴滴出行、神州专车、首汽约车。其中，滴滴出行公司快车业务平台目前注册驾驶员数量约为27万名，注册车辆大部分为A级车；神州专车营运车辆保有量约为467辆，营运车辆车型大部分为B级车（帕萨特居多）；首汽约车营运车辆保有量约为437辆，营运车辆车型大部分为B级车（迈腾居多）。[①]依托互联网技术，某市网约车已经形成一套较为完整的运营机制，且规模扩展迅速，然而在实际运营过程中还存在诸多管理漏洞。如网约车平台对专车驾驶员的驾驶技术和素质缺乏相应的准入限制，即使制定了相应的限制标准却难以付诸实践，因而使社会公众对专车安全问题产生担忧。同样，车辆的质量、乘客的信息安全以及相应的人身安全保障都要求网约车平台进行相应的控制和严格管理。然而，网约车平台在以利润最大化为目标的前提下缺乏完善其内部控制的动机，因而需要政府部门通过制定相应的规制政策对其进行监督和管理。

---

① 网约车平台公司基本情况来源于各网约车平台公司所在地负责人的介绍。

第 2 章　重大政策类事项社会稳定风险评估——以某市网络预约出租汽车经营服务管理实施细则为例

网约车对外部市场环境的影响主要是指对传统巡游车的影响。网约车作为一种新的出行方式逐步改变着人们的出行习惯，在一定程度上对传统巡游车具有替代性。尤其是大量以专车形式加入的社会车辆，享受网约车平台的补贴政策，对本就需要承担"份子钱"的传统巡游车形成了更大的压力。此外，受补贴政策的驱使，使本就供给不足的巡游车也以电召出租车的形式加入网约车大军，形成了"招手很难拦到车、偏远地区打不到车"的局面，对乘客也产生了不利影响。网约车较传统巡游车拥有诸多优势，但其存在的弊端也不容忽视，无论是对于网约车平台内部控制的完善还是社会公众的福利而言，对网约车进行规制都具有相当的必要性。

2.1.2　网络预约出租汽车引发的社会稳定事件案例

2.1.2.1　出租车罢运事件频发

在网约车软件与高居不下的"份子钱"（出租车司机上缴给出租车公司的承包费用）造成的双重压力下，多地出租车司机开始了抗议和罢运。2015年1月13日，出租车罢运一定范围爆发，包括长春、济南、成都、南昌等在内的多个省会城市。

哈尔滨：2017年1月5日，哈尔滨部分出租车罢运，原因就是抵制滴滴、易道等网约车软件。

青岛：2016年6月15日起，山东青岛市部分出租车司机罢运5天。据了解，针对网约车软件的《网络预约出租汽车经营服务管理暂行办法》和针对出租车的《关于深化改革进一步推进出租汽车行业健康发展的指导意见》尚未出台。出租车运营状况不佳，引起部分出租车司机不满。

大连：2016年6月13日、14日，大连出租车司机在兴工街、星海广场、软件园等地聚集，疑似与网约车司机发生争执。蓝鲨机动队、交警等执法人员也在事发现场。对于事发原因，有以下两种说法：一是出租车司机认为网约车涉嫌违法，属于"黑车"，严重影响自身利益；二是一直以来出租车司机对"份子钱"有争议。

西安：2016年5月31日上午11时左右，西安市钟楼附近聚集大量出租车，有知情者透露此次事件疑似部分出租车司机罢工抵制滴滴、优步等网约车所致。事件一度导致钟楼至北大街方向交通拥堵受阻，给市民的出行带来了极大的不便。

重庆：2016年5月25日，重庆出租车举行罢工，其原因是抵制优步、滴滴，遭到过往群众谴责。

天津：2016年5月21日，天津市数百辆出租车为对抗网约车，集体停驶。

长春：从2015年1月12日上午长春市发起出租车开双闪支持罢运行动，下午警察进行干涉，但是司机们还是在次日凌晨正式展开出租车罢运，到了凌晨3时，罢运队伍被警察冲散。早上又有大批出租车罢运队伍逐渐形成。

济南：2015年4月15日，济南的出租车司机们计划罢运两天。济南市部分出租车停运主要缘于"网约车服务"影响生意、"份子钱"过高等。

成都：2015年5月10日，在成都新会展中心电视台门口、市政府门口、天府大道等地，大批出租车聚集举行抗议罢运。

南昌：2015年1月13日，南昌发生出租车罢运时间，参与罢运的出租车大约在500辆左右，主要原因为"份子钱"过高、网约车原因及收费不合理。

综合上述出租车罢运事件，对其原因进行了深入分析。

1）难以承受高额"份子钱"。

2）合法利益长期得不到保障：如社保、劳动关系等。

3）打击黑车不力：个别部门在打击非法运营、执行国家政策、监管公司等方面长期缺乏应有的行政作为。

4）网约车全面兴起，影响出租车收入。

2.1.2.2　某市网约车管理实施细则引发"激辩"

2016年7月26日，酝酿两年的某市出租汽车改革和网约车运营方案终于出台。8月10日，某市城运处起草了《某市网络预约出租汽车经营服务管理实施意见》和《某市网络预约出租汽车经营服务管理实施细则》，并对外公布。据悉，这是国内"亮相"的首部地方版网约车细则。在过去一周的时间里，该细则在当地引发巨大争议和"激辩"。根据该管理实施细则，网约车总量被控制在3000辆以内，并进行统一标识、提供出租车发票、与出租车一样6年强制退出，且价格必须高于出租车。对这个管理实施细则，网约车司机普遍不认可，并认为该管理实施细则是对国家有关规定的"抵制"。滴滴出行公关部相关人士曾对媒体表示，某市要求网约车进行统一标识、提供出租车发票、与出租车一样6年退出等，在国家规定中找不到相关依据。而限制网约车数量、车型和价格必须高于出租车、由政府定价等,更是沿袭了对出租车资质、数量、价格管制的计划经济思路。一位网约车司机表示:"开滴滴就是受益于互联网经济,能让自己兼职赚些补贴,如果数量、价格、年限管控太严,就失去了网约车的优势,感觉遭遇'棒打'。""现在,全市的网约车已经超过1万辆,非要控制在3000辆,这一方面是要端掉多数网约车司机的'饭碗',另一方面又使'免费'的网约车牌照变成炙手可热的政府资源,这样的政府干预背后,是否又是在为权力寻租找借口?"许多市民也向记者表达了对该细则的不解。

2.2 风险调查

2.2.1 调查对象

某市出租车企业、网约车平台企业、乘客等。

2.2.2 调查方式和方法

根据拟研究项目的特点及项目所在地的情况,在实际工作中采取的风险调查的方式有全面调查、抽样调查、个案调查和典型调查,调查的方法有观察法、访谈法、文献法、问卷法、实验法等,并采取了实地踏勘、走访群众、征询意见以及舆情分析等多种方式进行了调查,以达到广泛调查、充分收集各方意见和诉求的目的。

调查的实施采取某市出租汽车管理处和编制单位联动的方式。调查涉及某市10家出租车企业、3家网约车平台企业。每家企业发放问卷60份,共计发放780份调查问卷,回收有效问卷713份,问卷回收率为91.41%。

然后,在某市网站公布了《某市网络预约出租车经营服务管理实施细则》(以下简称《细则》)和《某市关于深化改革推进出租汽车行业健康发展的实施意见》《某市关于规范私人小客车合乘的实施意见》,对市民做了广泛的宣传,并向社会公开征求意见。在此基础上,开展问卷调查,可较好地达到公共参与的目的,较为合理可信地反映某市居民对《细则》出台的态度。

驾驶员调查问卷分为出租车驾驶员和网约车驾驶员两种,本着明确性、非诱导性、非倾向性的原则,分别设计了不同的问题,掌握不同性质驾驶员(出租车、网约车)对《细则》出台的态度。其中,出租车驾驶员调查问卷共 9 题,调查内容包括了被调查者的基本信息,第 1 题调查驾驶员对《细则》出台的态度,第 2 题至第 4 题调查驾驶员对网约车的看法,第 5 题至第 9 题调查驾驶员对《细则》的理解和相关意见及建议。网约车驾驶员调查问卷共 8 题,调查内容包括了被调查者的基本信息,第 1 题调查驾驶员对《细则》出台的态度,第 2 题至第 5 题调查《细则》出台对网约车可能造成的影响,第 6 题至第 8 题调查驾驶员对《细则》的理解和相关意见及建议。调查表格发放方案见表 2-2。

表 2-2 调查表格发放方案

编号	企业名称	企业性质	发放数量（份）	编号	企业名称	企业性质	发放数量（份）
1	单位 1	出租车	60	8	单位 8	出租车	60
2	单位 2	出租车	60	9	单位 9	出租车	60
3	单位 3	出租车	60	10	单位 10	出租车	60
4	单位 4	出租车	60	11	单位 11	出租车	60
5	单位 5	出租车	60	12	单位 12	出租车	60
6	单位 6	出租车	60	13	单位 13	出租车	60
7	单位 7	出租车	60				

2.2.3 调查内容

2.2.3.1 调查的组织和实施

(1) 媒体公示。政府网站、新华网、搜狐网等网站媒体都对《细则》进行了报道。

(2) 现场公示。经现场走访调研了某市 10 家规模较大的出租车企业和某市 3 家网络车平台公司,对开展《某市网络预约出租车经营服务管理实施细则》《某市关于深化改革推进出租汽车行业健康发展的实施意见》《某市关于规范私人小客车合乘的实施意见》社会稳定风险评估工作进行公示。

(3) 走访座谈。2017 年 4 月 7 日(周五)、4 月 11 日(周二)、4 月 12 日(周三),项目组分别对某市出租汽车管理处、某市 10 家规模较大的出租车企业和某市 3 家网约车平台公司进行了走访调研,就《细则》出台可能引发的社会稳定因素进行了现场座谈。

第2章 重大政策类事项社会稳定风险评估——以某市网络预约出租汽车经营服务管理实施细则为例

2.2.3.2 调查问卷分析

本次共调查驾驶员713名,其中网约车驾驶员181名,出租车驾驶员532名。被调查驾驶员对《细则》出台的态度统计结果见表2-3。

表2-3 被调查驾驶员对《细则》出台的态度统计结果

问题	选项	占比(%)
您对出台《细则》的态度?(单选)	支持	53.16
	无所谓	5.19
	反对	41.65

(1)网约车。本次共调查网约车驾驶员181名,调查问卷统计结果见表2-4。

表2-4 网约车调查问卷统计结果

序号	问题	选项	占比(%)
1	您对出台《细则》的态度?	支持	49.72
		无所谓	1.66
		反对	48.62
2	您认为出台《细则》对网约车运营秩序有什么影响?(单选)	有利	47.51
		不利	51.38
		我说不清楚	1.10
3	您从事网约车的工作性质?(单选)	专职	97.24
		兼职	2.76
4	您对《细则》的关注点有哪些?(多选)	能否继续从事网约车工作	91.71
		是否影响个人收入	35.91
		平台管理费用是否增加	22.10
		是否会面临繁杂的检查监督	55.80
5	您认为《细则》的出台会对网约车产生什么影响?(多选)	网约车数量大量减少,等待接单的时间加长	35.91
		网约车价格升高	18.78
		出行安全保障得到提高	73.48
		司机不认识路等现象会减少	53.59
		交通拥堵现象得到缓解	57.46
		不会对现在的出行造成特别大的影响	12.15

续表

序号	问题	选项	占比（%）
6	《细则》中对网约车车辆及驾驶员等设置了门槛，对此您有何看法？（单选）	门槛适中，对户籍和车辆的要求有利于规范网约车市场	64.09
		门槛偏高，这项规定会大量减少网约车的数量，降低网约车的服务水平	30.94
		门槛偏低，应进一步提高网约车车辆及驾驶员职业准入门槛，实现差异化运营	3.87
		无所谓	1.10
7	您认为某市网约车将会如何发展？（单选）	替代出租车成为主流	12.83
		在政府部门的监管下与出租车和谐发展	85.03
		将会逐渐退出市场	1.07
		无法预测其前景	1.07
8	您对某市网约车的现状及新规的实施有何意见及建议？	主要意见或建议包括： ①积极配合新政，早日成为合格的网约车驾驶员； ②门槛过高，调整车辆规格，将车辆轴距调整为2.69m，排量1.8L以下； ③新规出台后能否取消单双号限制，希望在黄线禁停路段允许网约车临时下客。	

（2）出租车。本次共调查出租车驾驶员 532 名，调查问卷统计结果见表 2-5。

表 2-5　出租车调查问卷统计结果

序号	问题	选项	占比（%）
1	您对出台《细则》的态度？	支持	54.32
		无所谓	6.39
		反对	39.29
2	您认为出台《细则》对出租车运营秩序有什么影响？（单选）	有利	38.72
		不利	47.74
		我说不清楚	13.53
3	您对网约车的态度？（单选）	新生事物，大势所趋	12.16
		网约车等同于"黑车"	60.78
		网约车等同于"没有份子钱的出租车"	27.06

第 2 章 重大政策类事项社会稳定风险评估——以某市网络预约出租汽车经营服务管理实施细则为例

续表

序号	问题	选项	占比（%）
4	您认为现状网约车存在哪些问题？（多选）	无序经营	73.12
		准入门槛低	64.29
		监管不到位	70.30
		安全隐患	71.80
5	针对网约车新生事物，您有哪些诉求？（多选）	加强网约车管理	54.14
		建立公平竞争环境	42.86
		坚决取缔非法运营网约车	83.08
6	《细则》中对网约车车辆及驾驶员等设置了门槛，对此您有何看法？（单选）	门槛适中，对户籍和车辆的要求有利于规范网约车市场	12.48
		门槛偏高，这项规定会大量减少网约车的数量，降低网约车的服务水平	5.65
		门槛偏低，应进一步提高网约车车辆及驾驶员职业准入门槛，实现差异化运营	76.22
		无所谓	5.65
7	您认为某市网约车将会如何发展？（单选）	在政府部门的监管下与巡游出租车和谐发展	31.80
		越来越被大众接受，替代巡游出租车成为主流	4.41
		网约车将逐渐退出市场	38.70
		无法预测和判断其前景	25.10
8	出租车司机作为一个特殊的利益群体，您比较赞同的诉求表达方式？（单选）	向本公司反映	36.56
		向行业管理部门反映	47.20
		在 QQ 和微信圈发牢骚	3.68
		呼吁联合起来写诉求信或者联合罢工	12.57
9	您对某市网约车的现状及新规的实施有何意见及建议？	主要意见或建议包括： ①反对网约车，建议取消； ②严格管控网约车； ③网约车与出租车公平竞争，规范管理； ④尽快实施细则加强管理； ⑤提高网约车准入门槛，适度控制网约车规模； ⑥希望出台《细则》把网约车发展纳入政府监管之下实现差异化经营和谐发展； ⑦建议网约车驾驶员的资质为取得本市户籍，而居住证不允许； ⑧限制网约车每天接单数量。	

（3）网约平台公司和出租车公司

本次共调查10家出租车公司，3家（其中滴滴平台采用加盟方式，共6家单位提供了书面意见）网约车平台公司，网约车和出租车公司调查问卷统计结果见表2-6。

表2-6 企业调查问卷统计结果

序号	问题	选项	占比（%）
1	贵单位对出台本细则的态度是	支持	66.67
		有条件支持	22.22
		无所谓	0.00
		不支持	11.11
2	《细则》出台对贵单位的影响程度为	很大	33.33
		较大但能克服	55.56
		无影响	11.11
3	《细则》出台如涉及贵单位利益，贵单位将采取的措施是	协商解决	94.44
		采用法律途径解决	16.67
		阻止细则出台	5.56
		发动职工示威游行，制造社会舆论	0.00

2.2.3.3 利益相关者的意见和诉求、公众参与情况

（1）受《细则》出台影响的公民、法人和其他社会组织对拟建项目建设实施的意见和诉求。

1）某市出租汽车管理处。通过对出租车行业管理部门走访调研发现，作为行业主管部门，希望广泛征求各方意见和建议，尽快完善《细则》，确保《细则》尽快落地，建立有效的监管机制，确保政策有效执行。

2）出租车驾驶员。通过走访调研总结出出租车驾驶员的相关诉求如下：尽快出台网约车新政；建立长效的监督管理机制，确保《细则》真正落地实施；对《细则》的监管希望有出租车企业加入；改革出租车计价标准，尤其是低速等时计费；采取措施避免出租车市场不正当竞争；网约车管理太宽松，反对网约车但是支持《细则》出台；限制网约车投放台数；传统出租车价格太低，建议政府调整出租车运价；《细则》中网约车车型限制门槛不足以拉开差异化经营的原则，建议准入车在B级及以上，车辆价格高于15万元，运价

第2章 重大政策类事项社会稳定风险评估——以某市网络预约出租汽车经营服务管理实施细则为例

在出租车 2 倍以上,设置专门机构管理网约车平台;顺风车对出租车行业冲击较大,建议取缔;重视网约车乘客安全问题和驾驶员素质;统一网约车运价标准,实行政府统一定价;给网约车制定明显标识,便于监管;户籍管理方面,去掉暂住居民和临时居住居民的规定;通过政策引导提升巡游出租车服务水平,改善服务质量。

3)网约车驾驶员。网约车驾驶员的相关诉求如下:尽快确定网约车在某市的合法地位;在某市交通管制区域享有和巡游出租车相同的待遇;在机场、火车站等交通枢纽地区,设置网约车待客停车区;《细则》中对车辆规格的限制门槛过高,严重制约网约车发展。

4)出租车公司和网约车平台管理诉求。通过对某市典型出租车企业和网约车平台企业进行问卷调查,得到的各企业相关诉求见表2-7。

表2-7 某市出租车企业和网约车平台企业相关诉求

公司名称	诉求与建议
单位1	作为出租行业品牌企业,坚决拥护国家和某市地方政策实施执行,对新政提出如下建议,供参考: (1) 关于车辆要求,建议是计税价格不低于12万元; (2) 实施《细则》政策出台后,需要执法部门制定落实方案配合加强查处力度,保证新政顺利施行; (3) 执法部门应加大打击黑车的执法力度,维护运营市场秩序
单位2	(1) 建议取消网约车平台实施的返券等活动,建立网约车与巡游出租车公平、正当的竞争市场; (2) 建议网约车运价高于巡游出租车运价,与巡游出租车错价经营; (3) 建议不允许持居住证人员从事网约车运营服务,为广大市民建立安全舒适的乘车环境; (4) 建议管控网约车数量,规范出租车市场,建议政府将网约车平台纳入监管项目
单位3	(1) 要细化管理流程,把好准入关口,加强监管力度; (2) 网约车总量需控制,坚决取缔非法运营网约车,相对保证巡游出租车收益,有利于客运市场和谐发展; (3) 网约车安全管理规定要落到实处,保证驾驶员及乘客运营安全,规避企业风险
单位4	建议取消网约车,或提升门槛
单位5	(1) 尽快出台《细则》,抓紧落实,5月1日前完成; (2) 《细则》出台后,要严格落实监管措施,立即严厉打击非法营运网约车; (3) 从网约车的源头加强管理,重点监管网约车平台,让网约车平台管理数据公开,透明

续表

公司名称	诉求与建议
单位6	无
单位7	希望《细则》能为网约车与传统出租车市场提供一个公平的环境
单位8	（1）网约车应实行政府改价，否则自由运价与出租车造成不平等竞争； （2）网约车应设有明显标识，明确与出租车的区别； （3）网约车驾驶员应严格要求只限本市户口，提高从业人员素质； （4）网约车平台不能进行优惠促销，以免扰乱市场，造成不公平竞争； （5）网约车驾驶员属营运性质车辆，应上交相应的税； （6）严格控制网约车的数量
单位9	（1）必须控制网约车数量，不能无限量准入； （2）对于不到行政部门办理手续的网约车，平台必须终止其营运； （3）对办理网约车申请手续的驾驶员必须严把关，提高办理的资格，不能使网约车驾驶员变为低素质群体，影响某市形象； （4）加大处罚处理违规网约车力度，加强管理
单位10	（1）秉承网约车的宗旨为出租汽车，相信政府部门的监管下会与出租车和谐有序发展，对某市的出行行业带来新的面貌，而不是从前的乱象； （2）政策出台后会积极配合政府相关部门，做好各项准入工作，争取早日完成所在地的各项准入工作，成为真正合规的运营企业
单位11	（1）希望协助运营单位解决早期投入注册登记时间超过两年，行驶里程超过6万公里的车辆问题； （2）希望由运营单位自行组织从业资格考试的前期培训，再组织司机参加主管单位的资格考试
单位12	（1）合理分配资源，公平运营； （2）结合市场调查，合理匹配车型； （3）结合市场运营，合理规定计价
单位13	希望抓紧时间马上制定《细则》
单位14	放宽车型限制 建议： （1）降低排量要求； （2）根据现有网约车车型，制定网约车要求，降低司机舆论，减少司机损失； （3）现大部分网约车司机对轴距2.65m，排量1.6L或1.4T相对比较认可； （4）参考重庆网约车新政
单位15	从事网约车出行服务的车辆均为观致品牌汽车，车型包括观致3车型。选择观致品牌汽车作为网约车出行服务用车原因有三点： （1）某品牌汽车作为国内生产，唯一得到欧洲安全测试第一名的成绩； （2）某品牌汽车，车内空气质量好于国家标准5倍； （3）某品牌汽车符合国5排放标准。

第 2 章 重大政策类事项社会稳定风险评估——以某市网络预约出租汽车经营服务管理实施细则为例

续表

公司名称	诉求与建议
单位 15	本公司能够上岗从事网约车出行的驾驶人员，均经过上岗前严格的服务培训。本公司为从事网约车服务，特专门成立客服部门和调度部门，并专人负责相关部门的人员管理。秉承安全、环保、节能的出行理念，观致品牌汽车在许多方面都可以达到本市政府发布的《某市关于深化改革推进出租汽车行业健康发展的实施意见（征求意见稿）》的要求。但是，在车型方面要求的排量、轴距等两点略低于政府要求，例如：政府要求轴距为 2.7m，观致网约车车型轴距为 2.69m，政府要求排量为 1.8L，观致网约车车型排量为 1.6L 和 1.6T。本公司从事网约车服务的观致品牌车型价格均为计税价格 12 万元以上，全部是一年以内的新车。 期望政府部门能够将本公司旗下自有的 70 辆观致品牌汽车纳入网约车出行服务的合法范围内，70 辆观致品牌汽车中的 90%网约车司机均为贷款购车的形式加入网约车，一旦某市新政落地，观致品牌却因较小的差距，而被拒之合法网约车车型的门外，最终影响的是贷款购车的 60 多位网约车司机的收入，使之因不合规无法偿还贷款，从而影响 60 多位司机们背后的家庭的收入。在此，恳请相关部门在规定网约车标准的同时，能够将本公司反馈的情况做深度考虑。 作为服务于人民的一分子，公司网约车驾驶员全部统一服务形象，统一服务标准
单位 16	国家提倡绿色出行，网约车门槛过高，很多司机无法正常工作。车年限希望放宽
单位 17	坚决支持与拥护《细则》，公司会严格按照惯例实施《细则》管理，对车辆与司机的要求严格把控。希望《细则》会让司机办理从业资格证的流程更简便快捷，以便于司机尽快上岗

5）某市普通市民。《细则》公示后，网络媒体通过发放网上问卷的方式对《细则》出台进行了民意调查，将调查结果汇总，并作为参考。具体调查结果见表 2-8。

表 2-8 乘客意见汇总表（来源于网络调查，4516 份有效调查问卷）

问题	选项	占比（%）
您是否乘坐过网约车出行？（单选）	是，我经常乘坐网约车出行	81.60
	是，但我只是偶尔乘坐网约车出行	13.60
	否，我从来没乘坐过网约车	4.80
您对乘坐过的网约车的印象如何？（单选）	非常好	82.60
	好	13.00
	一般	3.00
	不好	0.50
	非常不好	0.90

续表

问题	选项	占比（%）
您眼中网约车的优点是哪些？（多选）	方便快捷，随叫随到	92.80
	价格便宜、透明	74.20
	车辆车况好，乘坐舒适	79.90
	驾驶员服务态度好、素质高	78.50
	方便查看行程	60.70
	安全，驾驶人信息已备案，可追查及评价	65.30
	其他	5.60
您眼中网约车最大的缺点是哪些？（单选）	不会用，操作烦琐	12.20
	价格高，比出租车贵	12.20
	司机不认路，总要开导航	19.00
	车况差，乘坐不舒适	2.90
	服务差，司机态度恶劣	7.80
	担心不安全	37.10
	其他	8.80
您对《细则》出台持什么态度？（单选）	支持政府制定该规则严格限制网约车发展	8.50
	对其中某些条款有异议，希望发表意见	82.00
	不想对此发表意见	9.50
以下为从事网约车车辆标准，请选择您要提意见的条目。（多选）	车籍所在地为某市行政区域	42.40
	车型为7座及以下乘用车	33.00
	车辆轴距、裸车价格、注册登记时间、行驶里程等	53.70
	安装嵌入式具有行驶记录功能的车辆卫星定位装置、应急报警装置	30.00
	车辆技术性能符合运营安全相关标准要求	22.20
	车体颜色采用单一颜色	25.20
	不得安装用于巡游经营的标识	21.40
您对网约车车籍所在地的意见是？（单选）	其他外地牌照车辆，只要有合法的手续和达到本市的环保要求就可以在本市从事网约车运营	69.10
	其他	30.90
您对7座以下乘用车的要求的意见是什么？（多选）	可加入小型货车	53.10
	可加入中大型货车	5.10
	可加入中大型客车	17.70
	其他	35.60

第2章 重大政策类事项社会稳定风险评估——以某市网络预约出租汽车经营服务管理实施细则为例

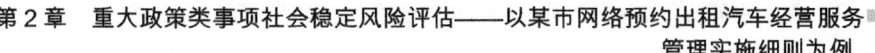

续表

问题	选项	占比（%）
您对车辆规格的意见是什么？（多选）	不应对车辆进行过多限制，不低于本市巡游出租车即可	72.90
	紧凑型车可在保障安全和舒适的情况下，尽可能地减少燃油消耗，环保而且价格经济，不该被限制	72.30
	紧凑型车是网约车主力，加以限制后打车会不方便	72.20
	3~5年内的个人车辆在正常保养的情况下，不会影响乘坐舒适，应延长首入年限	63.40
	准入机制应灵活宽松，不支持限制为投放一律为新车	55.60
	其他	5.10
	可安装网约车专用标识	29.10
	指定图案以示区别	38.70
	其他	39.80
以下为从事网约车运营驾驶人准入标准，请选择您要提意见的条目，并在下方"其他"处提出意见。（多选）	无交通肇事犯罪记录，无危险驾驶犯罪记录，无吸毒记录，无酒后驾驶记录，驾驶证最近连续3个记分周期内没有记满12分	67.50
	无暴力犯罪记录	64.30
	男60周岁以下，女55周岁以下	59.40
	初中以上文化程度	48.50
	具有本市户口或居住证明	52.80
	网约车驾驶员从业资格考试合格	40.30
	近3年内无吊销出租汽车驾驶员从业资格证件的记录	44.00
	取得C1以上驾驶证并具有3年以上驾驶经历	56.40
	法律法规规定的其他条件	27.40
	其他	7.30

6）专家学者。根据2017年《舆情》杂志的调查，汇总部分国内代表性专家学者意见如下。

北京工业大学教授陈艳：新政落地，短期内网约车数量会大大减少，这需要政府积极作为。例如，政府积极优化轨道交通与地面交通的接驳；提出公交优先政策，在多条高速公路上设置公交专用道；增加快速公交以及共享自行车的数量等。出行是刚需，但使用网约车出行并不是刚需，只有政府完善目前公共出行的方式，才能减少网约车带来的问题。

呼和浩特市出租车行业协会理事长：互联网时代，市场终将做出最适合自身发展的选择，更好地满足广大人民群众的需要。谁适应了互联网时代，谁就能发展、能生存，谁不适应可能就会被抛弃，这就是社会发展的规律。制定更有效的办法和制度，需要加大自身硬件、软件的建设，提高自身服务水平，告别挥手即停、挥手即去服务，展现微笑服务。促进经济社会持续健康发展，就是要了解老百姓的需求，了解市场发展正常、健康的需求。在互联网时代，不断涌现的新业态、新服务，让更多的传统商业从业者改变了固有理念。改革是废除不适应社会、不适应发展、不适应人们需求的规章、制度。

北京交通发展研究院副总工程师孙明正：目前的网约车，特别是现行的C2C模式，利用低价，冲击了巡游出租车的市场。未来，网约车和巡游车应该错位发展，网约车定位于高端服务，满足个性化的需求，巡游车满足大众需求。

（2）公众参与情况。市交通局于2016年11月2日在市交通局网站刊登了《某市网络预约出租车经营服务管理实施细则》《某市关于深化改革推进出租汽车行业健康发展的实施意见》《某市关于规范私人小客车合乘的实施意见》，介绍了《细则》的详细内容，对市民作了广泛的宣传。在此基础上，开展问卷调查，可较好地达到公共参与的目的，较为合理可信地反映某市居民对《细则》出台的态度。

公众参与期间，设立的公众参与邮箱共收到邮件494封，其中有效邮件414封。征求意见稿公示期间邮件反馈数量情况见图2-1。

大部分市民认为政策出台是有必要的，仅有8.9%的市民明确提出反对《细则》出台，说明网约车规范化得到大部分人的认可，但针对《细则》具体条款，市民给出了不同观点。其中认为标准不合理的占15.7%，认为车型准入过高的占56.5%，认为出行次数、时间不合理的占10.6%。可见，反馈信息中意见集中体现在车型准入条件过高、限制出行次数及时间不合理等。主要意见和建议如下：网约车车型准入要求高；网约车车型标准不合理；放宽网约车出行次数和时间；加大网约车管理力度；网约车价格太高；改革出租行业；调整出租车计费方式等。

公众参与邮件征集的主要意见和建议统计情况见图2-2。

第 2 章　重大政策类事项社会稳定风险评估——以某市网络预约出租汽车经营服务管理实施细则为例

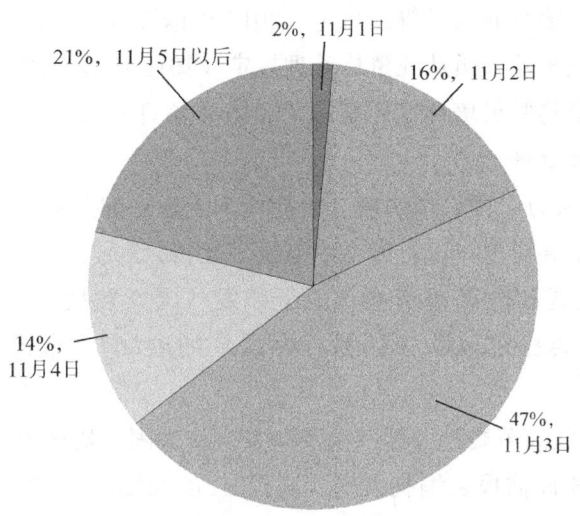

图 2-1　《细则》公示期间邮件反馈数量情况

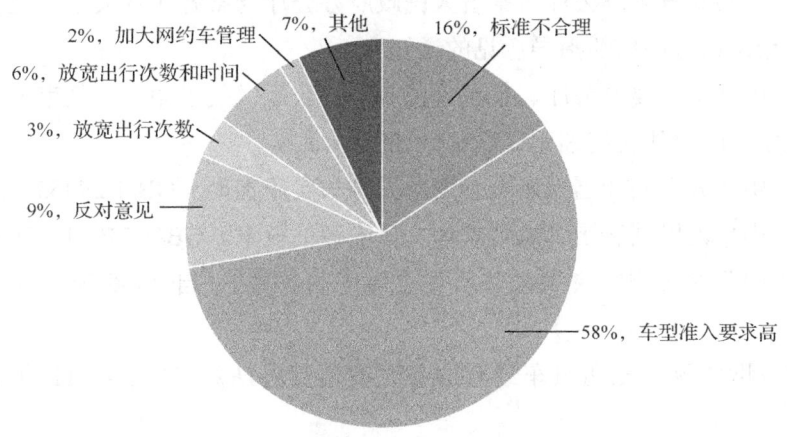

图 2-2　公众参与邮件情况主要观点统计

2.3　风险识别

2.3.1　评估依据

2.3.1.1　法律、法规

1)《中华人民共和国道路运输条例（2019 年修正本）》；

2）《道路运输从业人员管理规定（2016年修订本）》；

3）《出租汽车驾驶员从业资格管理规定（2016年修订本）》；

4）《机动车驾驶员培训管理规定（2016年修订本）。

2.3.1.2 规范性文件

1）中共中央办公厅、国务院办公厅《关于建立健全重大决策社会稳定风险评估机制的指导意见（试行）》（中办发〔2012〕2号）；

2）国家发展和改革委员会《关于印发〈国家发展改革委重大固定资产投资项目社会稳定风险评估暂行办法〉的通知》（发改投资〔2012〕2492号）；

3）国家发展改革委办公厅《关于印发〈重大固定资产投资项目社会稳定风险分析篇章和评估报告编制大纲（试行）〉的通知》（发改办投资〔2013〕428号）；

4）中共某省委办公厅、某省人民政府办公厅《某省印发关于实施重大事项社会稳定风险评估的指导意见的通知》；

5）中共某市委办公厅、某市人民政府办公厅《关于印发〈某市重大决策社会稳定风险评估实施细则（试行）〉的通知》；

6）中华人民共和国《风险管理　原则与实施指南》GB/T 24353—2009；

7）中华人民共和国《风险管理　风险评估技术》GB/T 27921—2011；

8）国务院《国家突发公共事件总体应急预案》（自2006年1月8日起施行）；

9）《网络预约出租汽车经营服务管理暂行办法》（2016年11月1日起施行）；

10）国务院办公厅《关于深化改革推进出租汽车行业健康发展的指导意见》（国办发〔2016〕58号）；

11）交通运输部办公厅《关于网络预约出租汽车车辆准入和退出有关工作流程的通知》；

12）交通运输部办公厅、工业和信息化部办公厅、公安部办公厅、中国人民银行办公厅、国家税务总局办公厅、国家网信办秘书局《关于网络预约出租汽车经营者申请线上服务能力认定工作流程的通知》（交办运〔2016〕143号）。

2.3.1.3　其他文件

1）某市人民政府《某市城市出租汽车客运管理条例》（2010年5月1日起施行）；

2）《某市城市出租汽车管理办法》（2007年6月29日由某市人民政府颁布）；

3）某市出租汽车管理处《某市出租汽车企业及驾驶员经营行为管理规定》；

4）《某市网络预约出租车经营服务管理实施细则》《某市关于深化改革推进出租汽车行业健康发展的实施意见》《某市关于规范私人小客车合乘的实施意见》；

5）项目单位提供的其他资料。

2.3.2　识别方法

风险识别一般可选用对照表法、专家调查法、案例参照法、项目类比法等方法。

结合拟建项目特点，本次分析综合采用对照表法、访谈法、实地观察法等方法对拟建项目社会稳定风险进行了识别。

2.3.3　风险因素分析、识别

在风险调查的基础上，针对利益相关者不理解、不认同、不满意、不支持等问题，或在日后可能引发不稳定事件的情形，分析小组全面、全程查找并分析了可能引发社会稳定风险的各种风险因素。在政策规划和审批程序、土地房屋征收方案、技术和经济方案、生态环境影响、项目建设管理、当地经济社会影响、质量安全和社会治安、媒体舆论导向等方面重点分析并对照查找各风险因素。采用的风险因素对照表及各风险因素判别依据见表2-9。

政策可能引发社会稳定显著风险因素的判断依据包括以下几个方面。

（1）立项审批程序。

评判指标：决策权限、范围、内容合法性、立项程序符合相关要求。

表2-9 风险因素对照表

类型	分类	序号	风险因素	评价指标	是否为风险因素	是否为显著性风险因素	判别依据
工程风险因素	政策规划审批程序	1	立项审批程序	决策权限、范围、内容合法性、立项程序符合相关要求	是	否	《网络预约出租汽车经营服务管理暂行办法》
		2	产业政策、发展规划	是否符合产业政策、行业准入规划，是否符合本地区规划和发展状况，是否符合大多数人的利益	是	否	《关于深化改革推进出租汽车行业健康发展的指导意见》《关于网络预约出租汽车辆准入和退出有关工作流程的通知》《关于网络预约出租汽车经营者申请线上服务能力认定工作流程的通知》
		3	规划选址、土地利用	与土地利用规划的符合性，与控制性规划的符合性	否	否	《细则》不涉及
		4	规划相关参数	容积率、绿地率、建筑物的间距、功能、形态的协调性	否	否	《细则》不涉及
		5	公众参与	上述环节是否广泛听取意见、公众意见能否真实、及时反馈	是	是	媒体公示、调查问卷、现场走访
	土地、房屋征收及补偿	6	征用范围	项目建设用地是否符合土地资源的总要求，节约集约利用土地范围定的合理性；拆迁红线范围定的合理性、可行性；征用与相关政策的衔接，是否涉及基本农田、军事用地、宗教用地	否	否	《细则》不涉及

第2章 重大政策类事项社会稳定风险评估——以某市网络预约出租汽车经营服务管理实施细则为例

续表

类型	分类	序号	风险因素	评价指标	是否为风险因素	是否为显著性风险因素	判别依据
工程风险因素	土地、房屋征收及补偿	7	补偿标准	是否按照国家和当地土地法规规定的程序开展房屋、土地补偿工作；补偿方案是否征求公众意见；实物或货币补偿与市场价格之间的关系，与近期类似土地补偿标准之间的关系等是否合理、可行；对施工损环建筑物的受损补偿方案、青苗的受损补偿方案，对土地的受损补偿方案	否	否	《细则》不涉及
		8	安置方案	被征地群众居住、医疗保障方案是否落实，技能培训和就业计划等方案能否满足群众诉求；安置居民与当地的融合度；安置房源、资金的数量、质量的落实情况是否可行	否	否	《细则》不涉及
	环境影响	9	噪声、振动	噪声、振动等指标是否超标，是否影响群众日常生产、生活	否	否	《细则》不涉及
		10	固体废物	固废的清运是否及时，是否对群众的生活环境及健康造成影响	否	否	《细则》不涉及

续表

类型	分类	序号	风险因素	评价指标	是否为风险因素	是否为显著性风险因素	判别依据
工程风险因素	环境影响	11	电磁辐射、光污染、放射性污染	是否存在以上污染源，是否对群众生活环境造成影响	否	否	《细则》不涉及
		12	废气、粉尘	废气排放是否符合相关标准，空气环境质量是否达标，是否对群众的生活环境及健康造成影响	否	否	《细则》不涉及
		13	日照、采光、通风、热辐射	是否因建筑间距造成不符合标准或是符合标准但仍不可避免产生实质性的影响	否	否	《细则》不涉及
		14	生态环境、绿化、景观影响	公共活动空间、生态环境、城市景观质量和量的影响	否	否	《细则》不涉及
		15	水体、土壤污染	水体污染、土壤污染、河流改道阻塞	否	否	《细则》不涉及
		16	地质沉降、建筑损坏	基坑开挖、打桩等引起地质沉降，对周边建筑安全是否产生不利影响	否	否	《细则》不涉及
		17	文物、古木、古墓	文物、古木、古墓是否遭到破坏	否	否	《细则》不涉及
		18	水土保持	满足水土流失防治目标的要求	否	否	《细则》不涉及

第2章 重大政策类事项社会稳定风险评估——以某市网络预约出租汽车经营服务管理实施细则为例

续表

类型	分类	序号	风险因素	评价指标	是否为风险因素	是否为显著性风险因素	判别依据
工程风险因素	技术经济	19	水源地、自然保护区及生物多样性	水源地、自然保护区及生物多样性是否遭到破坏	否	否	《细则》不涉及
		20	技术经济方案	网约车平台公司线上线下服务能力；网约车车辆和驾驶员条件；网约车经营行为	是	是	《网络预约出租汽车经营服务管理暂行办法》《某市网络预约出租汽车经营服务管理实施细则》
		21	环保措施	建设过程中的环境保护措施是否完善	否	否	《细则》不涉及
	建设管理	22	施工安全、公共安全	建设运营过程中安全是否有保障，是否存在引发安全事故的隐患	否	否	《细则》不涉及
		23	工程质量	建设过程中的工程质量管理是否到位	否	是	《细则》不涉及
		24	劳动用工（合同、薪酬、劳动保护等）	是否签订劳动合同或者协议	是	是	《中华人民共和国劳动法》
		25	组织管理（招投标、承包、采购、工期等）	建设过程中的组织管理是否规范	否	否	《细则》不涉及

续表

类型	分类	序号	风险因素	评价指标	是否为风险因素	是否为显著性风险因素	判别依据
与社会互适性风险因素	经济利益	26	生产经营、劳动就业	是否造成网约车岗位减少，是否对出租车行业的就业形势产生一定影响	是	是	网约车作为新的交通方式，对现有的出租车岗位产生一定影响
		27	生活成本	是否致使当地物价水平上升	否	否	《细则》不涉及
		28	收入影响	出租车和网约车驾驶员收入是否减少	是	是	不同情景模式下，出租车驾驶员和网约车驾驶员的收入
		29	利益分配	出租车和网约车驾驶员对"份子钱"和平台管理费是否认可	是	是	出租车运营管理费、网约车平台管理费
		30	对周边房屋价值的影响	项目建设内容（特别是敏感建筑）对周边地块房价的影响	否	否	《细则》不涉及
	社会环境	31	传统文化、生活习惯	地方传统文化、邻里关系、生活习惯、社区品质等方面的改变，可能引起居民的不适	否	否	《细则》不涉及
		32	交通出行	交通路网变化、交通量增加、公交站点、线路布局、停车场布置等交通出行方面的影响	否	否	《细则》不涉及

第2章 重大政策类事项社会稳定风险评估——以某市网络预约出租汽车经营服务管理实施细则为例

续表

类型	分类	序号	风险因素	评价指标	是否为风险因素	是否为显著性风险因素	判别依据
与社会互适性风险因素	社会环境	33	公共配套服务	医疗、教育、养老、购物、环卫、社区服务、宗教活动等服务质量是否下降或破坏缺失	否	否	《细则》不涉及
		34	水、电、通信等管线基础设施	是否会因管线意外破坏、迁移造成暂时或长期的影响	否	否	《细则》不涉及
		35	社会治安	外来务工人员、流动人口增加、环境变化等对社会秩序、治安等带来的影响	否	否	《细则》不涉及
		36	社会舆论与社会包容	项目建设是否会带来负面社会舆论，是否被社会各界包容，是否超越地方政府财力和承受能力，是否被人民群众所接受	是	是	网约车作为一种新的出行方式，得到广泛的支持，如《细则》对网约车限制较大，影响其服务水平，将会引起媒体的广泛关注并引起社会较大范围的讨论

识别依据：根据《网络预约出租汽车经营服务管理暂行办法》规定，国务院交通运输主管部门负责指导全国网约车管理工作。各省、自治区人民政府交通运输主管部门在本级人民政府领导下，负责指导本行政区域内网约车管理工作。直辖市、设区的市级或者县级交通运输主管部门或人民政府指定的其他出租汽车行政主管部门（以下简称"出租汽车行政主管部门"）在本级人民政府领导下，负责具体实施网约车管理。《细则》的决策权限、范围、内容合法性、立项程序符合相关要求。利益相关者提出诉求过程中，往往对决策的流程和合法性提出质疑，因此立项审批程序存在引发社会稳定风险可能性。《细则》属于国家行业指导下的地方规章，由市出租车管理处负责起草，报送市人民政府审议通过。《细则》已经完成了各部门征求意见，网约车平台和出租车公司座谈、媒体公示等工作，因《细则》出台引发群体性事件的概率较小。

识别结论："立项审批程序"识别为社会稳定风险的非显著性影响因素。

（2）产业政策、发展规划。

评判指标：是否符合产业政策、总体规划、专业规划、行业准入的要求，是否符合本地区规划和发展状况，是否符合大多数人的利益。

识别依据：2016年国务院办公厅印发了《关于深化改革推进出租汽车行业健康发展的指导意见》，将出租车分为巡游出租车和预约出租车两类，提出将互联网专车纳入预约出租汽车管理，明确了出租汽车行业定位，同时明确网约车的合法地位。《网络预约出租汽车经营服务管理暂行办法》经国务院同意，由交通运输部、工业和信息化部、公安部、商务部、工商总局、质检总局、国家网信办等7个部门联合颁布，要求各地结合地区特点颁布适合市情的网约车地区管理办法。交通运输部发布了《关于网络预约出租汽车车辆准入和退出有关工作流程的通知》，交通运输部、工业和信息化部、公安部、中国人民银行、税务总局和国家网信办联合发布了《关于网络预约出租汽车经营者申请线上服务能力认定工作流程的通知》，对具体工作流程做出了详细规定。《细则》出台符合国家的政策要求和行业规划，是实现国家"互联网+"政策的具体措施。由于部分利益相关者（重点为出租车驾驶员）对国家政策不了解，尚不了解国家层面已经确定了网约车的合法性，误认为是《细则》颁布确定了网约车在某市运营的合法性，从而提出诉求和抗议，存在引发社

第 2 章 重大政策类事项社会稳定风险评估——以某市网络预约出租汽车经营服务管理实施细则为例

会群体事件的可能性。产业政策、发展规划存在引发社会稳定风险的可能性,但发生概率较小。

识别结论:"产业政策、发展规划"识别为社会稳定风险的非显著性影响因素。

(3)公众参与。

评判指标:是否广泛听取意见,公众意见能否真实、及时反馈。

识别依据:利益相关者质疑《细则》出台的偏袒相关利益方,没有进行信息公开并听取相关利益者的意见。

识别结论:"公众参与"识别为社会稳定风险的显著性影响因素。

(4)技术经济方案。

评判指标:网约车平台公司线上线下服务能力;网约车车辆和驾驶员条件;网约车经营行为。

识别依据:《网络预约出租汽车经营服务管理暂行办法》要求拟从事网约车经营的车辆,应当符合以下条件:7 座及以下乘用车;安装具有行驶记录功能的车辆卫星定位装置、应急报警装置;车辆技术性能符合运营安全相关标准要求。要求拟从事网约车服务的驾驶员,应当符合以下条件:取得相应准驾车型机动车驾驶证并具有 3 年以上驾驶经历;无交通肇事犯罪、危险驾驶犯罪记录,无吸毒记录,无饮酒后驾驶记录,最近连续 3 个记分周期内没有记满 12 分记录;无暴力犯罪记录;取得《网络预约出租汽车驾驶员证》。要求拟网约车平台公司承担承运人责任,应当保证运营安全,保障乘客合法权益。网约车平台公司应当保证提供服务车辆具备合法营运资质,技术状况良好,安全性能可靠,具有营运车辆相关保险,保证线上提供服务的车辆与线下实际提供服务的车辆一致,并将车辆相关信息向服务所在地出租汽车行政主管部门报备。应当保证提供服务的驾驶员具有合法从业资格,按照有关法律法规规定,根据工作时长、服务频次等特点,与驾驶员签订多种形式的劳动合同或者协议,明确双方的权利和义务。网约车平台公司应当维护和保障驾驶员合法权益,开展有关法律法规、职业道德、服务规范、安全运营等方面的岗前培训和日常教育,保证线上提供服务的驾驶员与线下实际提供服务的驾驶员一致,并将驾驶员相关信息向服务所在地出租汽车行政主管部门报备。应当公布确定符合国家有关规定的计程计价方式,明确服务项目和质量承诺，建立服务评价体系和乘客投诉处理制度，如实采集与记录驾驶员服务信息。在提供网约车服务时，提供驾驶员姓名、照片、手机号码和服务评价结果，以及车辆牌照等信息。应当合理确定网约车运价，实行明码标价，并向乘客提供相应的出租汽车发票。网约车平台公司不得有为排挤竞争对手或者独占市场，以低于成本的价格运营，扰乱正常市场秩序，损害国家利益或者其他经营者合法权益等不正当价格行为，不得有价格违法行为。应当在许可的经营区域内从事经营活动，超出许可的经营区域的，起讫点一端应当在许可的经营区域内。应当依法纳税，为乘客购买承运人责任险等相关保险，充分保障乘客权益。应当加强安全管理，落实运营、网络等安全防范措施，严格数据安全保护和管理，提高安全防范和抗风险能力，支持配合有关部门开展相关工作。网约车平台公司和驾驶员提供经营服务应当符合国家有关运营服务标准，不得途中甩客或者故意绕道行驶，不得违规收费，不得对举报、投诉其服务质量或者对其服务做出不满意评价的乘客实施报复行为。任何企业和个人不得向未取得合法资质的车辆、驾驶员提供信息对接，开展网约车经营服务。不得以私人小客车合乘名义提供网约车经营服务。网约车车辆和驾驶员不得通过未取得经营许可的网络服务平台提供运营服务。

《网络预约出租汽车经营服务管理暂行办法》对网约车平台、驾驶员、车辆提出了指导性要求，各地结合当地具体情况制定详细的控制性参数。其中关于车辆排气量、车辆长度、运营期间的具体规定等，直接影响到网约车的从业资格，是《细则》颁布前利益相关者重点关注的事项。

识别结论："技术经济方案"识别为社会稳定风险的显著性影响因素。《细则》具体表现形式为"从业要求"。

（5）劳动用工。

评判指标：是否签订劳动合同或者协议。

识别依据：出租车驾驶员与公司均签订了劳动用工协议或合同。网约车平台驾驶员（不包括专车），目前通过网络认证取得从业资格，与平台尚未签订双方用工协议和合同。一旦出现纠纷，缺少法律解决途径，容易引发群体性事件。

识别结论："劳动用工（合同、薪酬、劳动保护等）"识别为社会稳定风险的显著性影响因素。

第 2 章 重大政策类事项社会稳定风险评估——以某市网络预约出租汽车经营服务管理实施细则为例

（6）生产经营、劳动就业。

评判指标：由于《细则》实施对车辆和驾驶员有所要求，造成网约车岗位减少。《细则》实施后，网约车运营条件较好，对出租车行业的就业产生一定影响。

识别依据：《某市网络预约出租汽车经营服务管理实施细则》《某市关于深化改革推进出租汽车行业健康发展的实施意见》《某市关于规范私人小客车合乘的实施意见》的出台，确定了网约车运营和合法地位，出租车运营中加入了新的竞争者，对出租车产生了一定的影响。虽然岗位数量不会够显著减少，但是由于行业竞争加剧，未来出租车的投放量存在减少的可能性。对于网约车辆，由于《细则》对从业资格做出要求，部分网约车平台驾驶员无法继续从事网约车运营。

识别结论："生产经营、劳动就业"识别为社会稳定风险的显著性影响因素。《细则》具体表现形式为"劳动就业"。

（7）收入影响。

评判指标：出租车和网约车驾驶员收入。

识别标准：短期内影响出租车驾驶员收入。根据可能出现的不同情景，未来对各利益相关者收入的影响有多种可能性：情景一是城市出租客运市场维持不变，网约车通过优良的服务，占领了高端客运市场，出租车服务对象则定位为中低端出行服务，形成较为固定的客户群体，这种情景条件下影响到出租车驾驶员收入；情景二是网约车和出租车形成良性竞争，提升服务水平和质量，城市出租客运市场总量增加，出租车驾驶员和网约车驾驶员收入均增加；情景三是《细则》对网约车限定较为严格，导致竞争力下降，网约车平台驾驶员收入下降；情景四是网约车和出租车形成恶性竞争，城市出租客运市场总量萎缩，城市客运出行转变至公交车、地铁、私家车等方式，出租车和网约车驾驶员收入均降低。

识别结论："收入影响"识别为社会稳定风险的显著性影响因素。

（8）利益分配。

评判指标：出租车和网约车驾驶员对"份子钱"和平台管理费是否认可。

识别依据：出租车驾驶员对公司收取的管理费提出较大诉求，往往拿自身缴纳的管理费（俗称"份子钱"）与网约车平台管理费进行比较，认为存在不平等竞争。网约车平台存在管理费制定不规范，随意提升和降低平台管理费的现象，网约车驾驶员的利益不能得到有效保障。

识别结论："利益分配"识别为社会稳定风险的显著性影响因素。

（9）社会舆论与社会包容。

评判指标：项目建设是否会带来负面社会舆论，是否被社会各界包容，是否超越地方政府财力和承受能力，是否被人民群众所接受。

识别依据：网约车作为一种新的出行方式，得到较广泛的支持，如《细则》出台对网约车限制较大，影响其服务水平，将会引起媒体的广泛关注并引起社会较大范围的讨论。

识别结论："社会舆论与社会包容"识别为社会稳定风险的显著性影响因素。

2.4　风险估计

2.4.1　估计方法

风险估计一般采用定性分析与定量分析相结合的方法，逐一对风险因素进行多维度分析，估计其发生的概率和影响程度，选取的维度通常包括：可能产生风险的项目阶段、地域、群体，以及风险的成因、影响表现、风险分布、影响程度等特性。

主要风险因素的估计可对风险概率、影响程度和风险程度进行定性和定量的分析评判，也可根据专家经验确定。根据风险程度进行排序，以揭示主要因素的风险程度。

本次风险估计通过选取可能产生风险的项目阶段、风险的成因、影响表现等特性，列表逐一对识别的各风险因素进行多维度分析。

2.4.2　估计内容

2.4.2.1　主要风险因素识别

经对初步识别的各风险因素进行多维度分析，筛选、归纳出主要风险因素并形成主要风险因素识别，见表2-10。

第2章 重大政策类事项社会稳定风险评估——以某市网络预约出租汽车经营服务管理实施细则为例

表2-10 主要风险因素识别表

序号	分类	风险因素	发生阶段	风险的成因	影响表现	是否为主要风险因素
1	政策规划审批程序	公众参与	决策准备实施	1. 决策过程中缺失公共参与，公共参与不具有普遍性及不符合相关规定； 2. 开展了公共意见的征集整理，公共参与工作没有形式化和流程化，没有起到应有的风险化解作用，对潜在的矛盾没有应对措施和化解； 3. 实施过程中，缺失公共监督人员的参与； 4. 公共参与工作没有发布在主流媒体上，发布的信息不完全或者有倾向性，直接利益相关者获取信息较少或者无法获取信息	1. 部分出租车驾驶员不了解国家政策，尚不了解国家颁布《关于深化改革推进出租汽车行业健康发展的指导意见》将网约车合法化，已经按照出租车进行管理，主观地认为《细则》的出台会影响出租车的利益，大量网约车参与将影响收入和未来的就业； 2. 部分网约车驾驶员希望尽快出台《细则》，取得合法化身份。同时特别关注《细则》中关于车辆类型、裸车价格、经营条件等的要求，希望自已能够继续从事网约车工作。如拥有的车辆和自身条件不满足《细则》规定，则提出较为激烈的反对意见； 3. 部分热心群众参与标讨论，提出意见的热心人群往往存在冷嘲热讽的声音，希望更多参加入围营，方便出行。提出出台《细则》是否影响网约车运行和发展进行质疑； 4. 公共参与过程中，存在反对声音，且通过相关释难较难达成一致意见吸收； 5. 在存在反对声音的情况下，市政府需要进行决策，反对者会对公共参与的广泛性、代表性产生质疑	是

续表

序号	分类	风险因素	发生阶段	风险的成因	影响表现	是否为主要风险因素
2	技术经济	从业要求	决策准备实施	1. 车辆要求过高，关键指标为排气量和裸车价格等； 2. 年度网约车投放总量过高或者过低； 3. 驾驶员从业资质要求过高； 4. 网约车平台设加附条件过高。	1. 部分已经从事网约车的驾驶员（专职或者兼职），由于车型达不到要求，无法继续从事网约车工作。如果影响面较大，短时间内极易引起群体性事件； 2. 制定的车辆和驾驶员标准过低，入职门槛无法控制网约车总量，对传统出租车短期影响较大，容易引起出租车的群体性事件； 3. 网约车预为预约车，质疑初审较难通过，无法将私家车的使用性质发生在网约车平台司机内部，都会引起社会群体事件过高或者过低，正在从事网约车或者曾经从事网约车度过的人员为重点关注对象； 4. 网约车的年度投放量过高或者过低，都会引起社会群体性事件。出租车驾驶员希望投放量越低越好，网约车平台希望投放量越多越好，已经从事网约车的驾驶员希望投放量越低越好，未从事网约车的驾驶员希望投放量越多越好。该指标直接影响到各个群体的直接利益，而且是希望直接对立。该影响为持续的和长期的，将对网约车平台驾驶员的群体直接部门； 5. 由于《某市网络预约出租车经营服务管理实施细则》《某市关于深化改革推进出租汽车行业健康发展的实施意见》的出台，《某市关于网约车营运资格准入小客车合乘意见》如营运不利影响，容易引起网约车驾驶员的群体性事件（往往针对运营公司）	是

第2章 重大政策类事项社会稳定风险评估——以某市网络预约出租汽车经营服务管理实施细则为例

续表

序号	分类	风险因素	发生阶段	风险的成因	影响表现	是否为主要风险因素
3	建设管理	劳动用工	实施	1. 网约车平台和从业驾驶员不签订合同或者协议； 2. 网约车平台利用不合理协议的问题规则，做出对平台有利的决定； 3. 网约车平台和驾驶员社会福利保障（尤其是社会保险）的要求不一致，人员对平台提出社会保障诉求	1. 由于国家颁布的网约车管理办法容许驾驶员兼职或者专职从事网约车，对应签订合同来说，签订协议较为有利，存在部分专职驾驶员以协议方式与网约车平台建立法律关系，存在不平等条款，且此负面情绪一直存在，某一外界因素较容易引起这一群体的共同诉求，形成群体性事件。 2. 网约车驾驶员从业期间，为了得到和维持现有工作，将对网约车平台的一些要求忍让。一旦从事了新工作或离职，将会对工作的不合理之处提出诉求	是
4	经济利益	劳动就业	实施	1. 网约车岗位数量减少； 2. 出租车岗位数量减少； 3. 网约车平台数量减少； 4. 出租车公司数量减少	1. 出租车公司和从业人员数量不断萎缩； 2. 网约车平台从业人员数量不断萎缩； 3. 矛盾主要表现在网约车内部，也存在出租车和网约车之间发生矛盾的可能性	是

续表

序号	分类	风险因素	发生阶段	风险的成因	影响表现	是否为主要风险因素
5	经济利益	收入影响	实施	1. 细则颁布初期，由于引入网约车导致出租车驾驶员的收入降低，机场等长距离、利益高的"活"将管理制度、部分驾驶员将归结于网约车生活等外在因素，提出由于网约车导致收入降低的反馈意见；	1. 对政府的管理政策、手段、方法、力度产生质疑； 2. 收入降低将直接引发群体性事件	是
6	经济利益	利益分配	实施	1. 出租车管理费过高； 2. 网约车平台管理费过高	1. 出租车驾驶员的集会和罢工； 2. 网约车驾驶员的集会和罢工	是
7	社会环境	社会舆论与社会包容	决策准备实施	1. 新生事物对传统行业产生冲击； 2. 新闻媒体对政府管理水平持有观望的态度，一旦出现不合理情况，将质疑政府的管理能力	1. 反对者发表意见后，形成负面舆论趋势； 2. 反对者通过信访、建议信等方式给主管部门发表意见	是

第 2 章　重大政策类事项社会稳定风险评估——以某市网络预约出租汽车经营服务管理实施细则为例

（1）公众参与风险因素分析和风险程度估计。交通运输部公布《关于深化改革进一步推动出租汽车行业健康发展的指导意见》和《网络预约出租汽车经营服务管理暂行办法》（下称"两个文件"），向社会征求意见。经汇总梳理，共收到 5008 件、6832 条意见建议。由此可见此细则对社会影响巨大，是各利益群体关注的重要事件。

1）风险发生概率和影响程度分析：决策阶段、社会稳定分析阶段均存在公共参与。

决策阶段：根据《某市人民政府重大决策规则》，《某市网络预约出租汽车经营服务管理实施细则》《某市关于深化改革推进出租汽车行业健康发展的实施意见》《某市关于规范私人小客车合乘的实施意见》出台工作是需要市人民政府决策的重大事项，第八条规定，对涉及经济社会发展和人民群众切身利益的重大决策事项，重大决策承办单位应当自行或者委托专门研究机构进行决策风险评估，形成风险评估报告。第十一条规定，重大决策承办单位应当通过召开座谈会、走访、问卷调查等形式，广泛听取人大代表、政协委员、民主党派、人民团体、专家学者、基层群众等社会各界对决策备选方案的意见和建议。第十四条规定，有关部门或者单位对决策备选方案有不同意见的，由重大决策承办单位主要负责人进行协调，达成一致意见；不能达成一致意见的，提请市人民政府分管副市长召开专题会议进行协调；涉及多位副市长分管且情况复杂、协调难度较大的，提请市长或者常务副市长召开专题会议进行协调。

《某市网络预约出租汽车经营服务管理实施细则》《某市关于深化改革推进出租汽车行业健康发展的实施意见》《某市关于规范私人小客车合乘的实施意见》征求意见稿向社会公开征求意见。市民及相关利益群体积极献言献策，通过电话、电子邮件等方式表达了对《某市网络预约出租汽车经营服务管理实施细则》《某市关于深化改革推进出租汽车行业健康发展的实施意见》《某市关于规范私人小客车合乘的实施意见》的建议和诉求。此信息在政府网站上进行了为期 16 天的公示。

在市政协十三届一次会议上，民革某市市委对促进网约车有序发展提出意见：建议落实管理责任，确保服务过程不出现盲点。加强内部制度建设，根据消费者个性化需求特点，构建和不断完善服务标准体系。充分发挥现代网络技术优势，建设车载终端设备与业务管理中心联系的信息网络平台。全方位地对网约车服务过程实时定位跟踪，确保服务活动得到全面有效控制。在新规出台后，建议设置相应过渡期，对于不能满足规定条件的在营网约车及从业人员，根据车辆的使用年限和行驶公里数，提供合适的过渡期措施，如设立一定时间内继续营运的免责期，或动员厂家和经销商以旧换新等。同时建议适时将电召出租车纳入网约车平台。

社会稳定分析阶段：根据国家发展改革委办公厅《关于印发〈重大固定资产投资项目社会稳定风险分析篇章和评估报告编制大纲（试行）〉的通知》（发改办投资〔2013〕428号）文件要求，征求特定群体意见。一般低风险要求被调查群体对项目支持率达到90%以上。

综上分析，公共参与对象较广，抽样率及抽样范围较难确定，很有可能发生群众质疑公共参与结果透明性和公正性的现象。如果公共参与存在问题，利益群体容易形成较为一致的诉求，可能引发一般风险事件，造成一定负面影响。

2）风险程度估计：经定性分析风险发生概率和影响程度，确定拟建项目公共参与风险因素的概率中等，影响程度中等，风险程度一般。并根据风险概率、影响程度、风险程度的评判参考标准，定量预测拟建项目风险因素的概率为0.6，影响程度为0.6，风险程度为0.36。公共参与影响因素引发社会稳定风险可能性不大，社会影响和损失不大，不影响出台《某市网络预约出租汽车经营服务管理实施细则》《某市关于深化改革推进出租汽车行业健康发展的实施意见》《某市关于规范私人小客车合乘的实施意见》的可行性，应采取积极有效的防范和化解措施。

（2）从业要求风险因素分析和风险程度估计。

1）风险发生概率和影响程度分析：根据《某市网络预约出租汽车经营服务管理实施细则》，关于从业要求的规定如下：

第2章 重大政策类事项社会稳定风险评估——以某市网络预约出租汽车经营服务管理实施细则为例

对驾驶员的要求如下：

①无交通肇事犯罪记录，无危险驾驶犯罪记录，无吸毒记录，无酒后驾驶记录，驾驶证最近连续3个记分周期内没有记满12分记录；

②无暴力犯罪记录；

③男60周岁以下，女55周岁以下；

④初中以上文化程度；

⑤具有本市户口或居住证明；

⑥网约车驾驶员从业资格考试合格；

⑦近3年内无吊销出租汽车驾驶员从业资格证件的记录；

⑧取得C1以上驾驶证并具有3年以上驾驶经历；

⑨法律法规规定的其他条件。

对车辆的要求如下：

①车籍所在地为某市行政区域；

②车型为7座及以下乘用车；

③车辆轴距在2.70m以上，发动机功率不小于100kW，达到我市机动车污染物排放标准；裸车价格不低于12万元，排量不低于1.8L。注册登记时间不超过2年，行驶里程不超过6万km（此为初次投放标准，此后投放的应一律为新车）；纯电动车辆轴距2.65m以上、续航里程250km以上；插电式混合动力车辆轴距2.65m以上、纯电驱动状态下续航里程50km以上；

④安装嵌入式具有行驶记录功能的车辆卫星定位装置、应急报警装置；

⑤车辆技术性能符合运营安全相关标准要求；

⑥车体颜色采用单一颜色；

⑦不得安装用于巡游经营的标志。

关于从业资格，是各利益群体主要关注的内容。为了更好地分析某市网约车从业条件严格还是宽松，整理了国内已经颁布网约车管理实施细则的18

个城市（北京、上海、广州、深圳、天津、重庆、杭州、成都、武汉、南京、青岛、宁波、合肥、东莞、三亚、石家庄、沈阳、大连），经综合整理各利益群体最为关注的主要指标区间见表2-11～表2-14。

从表2-11和表2-12中可以看出，燃油车轴距、车长最小值在对比城市中位于中等偏下指标，排气量和裸车价格均为对比城市的最低值。新能源主要指标要求基本和参考城市相同。

表2-11 车辆主要指标要求（燃油车）

项目		最低值	最高值	某市	备注
车型		1. 7座及以下 2. 5座和7座 3. 7座以下5座以上		7座及以下	17座城市做出规定
轴距最小值（m）		2.60	3.00	2.70	18座城市做出规定
车长最小值（m）		4.50	5.10	4.60	4座城市做出规定
排气量	（L）	1.8	2.0	1.8	12座城市做出规定
	（t）	1.4	1.8	—	3座城市做出规定
裸车价格（万元）		12	18	12	5座城市做出规定

表2-12 车辆主要指标要求（新能源）

项目	最低值	最高值	某市	备注
轴距（m）	2.60	2.70	2.65	16座城市做出规定
功率（kW）	90	100	—	14座城市做出规定
续航里程（km）	50	250	250/50	纯电/插混，13座城市做出规定

从表2-11和表2-12中可以看出已经颁布网约车管理条例的城市关于从业资格的要求以及代表城市网约车管理实施细则主要内容。

第2章 重大政策类事项社会稳定风险评估——以某市网络预约出租汽车经营服务管理实施细则为例

表2-13 已经颁布网络约车管理条例的城市关于从业资格的要求

项目	内容		北京	上海	广州	深圳	天津	重庆
车辆要求	号牌		本市号牌车辆	本市号牌车辆	本市号牌车辆（且《机动车行驶证》申请《网络预约出租汽车运输证》之日未满1年；办法实施之日起180天内的，可延长至2年）	本市号牌车辆（且初次注册登记日期至申请网约车经营时未满2年）	本市号牌车辆，符合本市实施新排放标准，且机动车初次注册日期至申请网约车经营时未满2年	车辆行驶证初次注册登记日至申请办理《网络预约出租汽车运输证》之日间隔时间不超过2年
	车型要求		5座三厢小客车或7座乘用车	轴距达到2.7m以上	7座及以下乘用车	5座以上7座以下乘用车	7座及以下乘用车	7座及以下乘用车
	指标数据	燃油车	5座三厢小客车排气量不小于1.8L、车辆轴距不小于2.7m；7座乘用车排气量不小于2.0L、轴距不小于3m、车长大于5.1m		车身长度大于4.60m，车身宽度大于1.70m，车身高度大于1.42m；配置ABS防抱死制动系统、前排座位安全气囊和前、后排安全带；采用自然吸气发动机的车辆，排量不小于1950mL，采用增压发动机的车辆，排量不小于1750mL且发动机功率不小于110kW（办法实施起180日内申请的，排量可不小于1550mL且发动机功率不小于108kW）	燃油车辆轴距2.7m以上，1.95m以上，或者车辆轴距1.75m以上，且发动机功率110kW以上	采用自然吸气发动机的车辆，排量不小于2.0L，采用压发动机的车辆，排量不小于1.8L，轴距2.7m以上	车辆排量在1.6T（大于1550mL）或2.0L（大于1950mL）以上

续表

项目	内容		北京	上海	广州	深圳	天津	重庆
车辆要求	指标数据	新能源车	轴距不小于2.65m	轴距达到2.65m以上	还应当配有EBD电子制动力分配系统；办法公布之日起取得行驶证的，插电式（含增程式）混合动力客车纯电动续驶里程不得低于100km	电动车辆轴距2.65m以上，续航里程250km以上；插电式（含增程式）混合动力车辆轴距2.65m以上，纯电驱动状态下续航里程50km以上	新能源车辆轴距2.65m以上，续航里程250km以上	新能源车辆、混合动力车辆发动机功率不低于90kW；车辆轴距不少于2.65m；新能源车辆续航里程不少于250km
	车辆属性		车辆使用性质登记为"预约出租客运"	车辆使用性质登记为"预约出租客运"	车辆使用性质登记为"预约出租客运"	车辆使用性质登记为"预约出租客运"	车辆使用性质登记为"预约出租客运"	
	标识标志		张贴网约车专用标识	外观颜色和车辆标识应当明显区分于巡游出租汽车	外观颜色和车辆标识应当明显区分于巡游出租汽车	不得设置与巡游出租汽车相同或相似的车辆外观颜色和车辆标识	不得设置与巡游出租汽车相同或相似的车辆外观颜色和车辆标识	不得设置与巡游出租汽车相同或相似的车辆外观颜色和车辆标识
	保险要求		按照营运客车类保险费率，投保交强险，赔付额度不低于100万元的第三者责任险和乘客意外伤害险	投保营业性强险、营业性第三者责任险和乘客意外伤害险	具有交强险、第三者责任险、乘客意外伤害险、承运营运车辆相关保险	具有交强险、第三者责任险、乘客意外伤害险、承运营运车辆相关保险	车辆须投保营业性机动车交通事故责任强制保险、营业性第三者责任险、乘客意外伤害险，网约车运营服务中发生安全事故，网约车平台经营者应对乘客的损失承担先行赔付责任	具有营运车辆相关保险

第2章 重大政策类事项社会稳定风险评估——以某市网络预约出租汽车经营服务管理实施细则为例

续表

项目	内容	北京	上海	广州	深圳	天津	重庆
车辆要求	安全保障	车辆卫星定位装置、应急报警装置	车辆卫星定位装置、应急报警装置	车辆卫星定位装置	车辆卫星定位装置、应急报警装置	安装符合国家和本市相关规定的具有行驶记录功能的车辆卫星定位装置、应急报警装置，以及具备固态存储、无线传输、车内外影像监控功能的行车记录装置	安装具有行驶记录定位报警功能的车辆卫星定位装置；网约车安装的与政府监管平台实现直接对接
	资质申请	由网约车平台公司或出租汽车企业申请，个人所有的由网约车平台公司代理	由车辆所有者向市交通行政主管部门申请	由车辆所有者向市交通行政主管部门申请	由车辆所有者向市交通行政主管部门申请	拟在本市申请网约车许可的，应当由网约车经营者统一向市交通运输行政主管部门提出申请	车辆所有人或者网约车平台公司申请
	经营年限	车辆经营许可期限自车辆注册之日起不超过8年；行驶里程达到60万km时强制报废；行驶里程未达到60万km但使用年限达到8年时，退出网约车运营	有效期为3年	有效期自机动车行驶证初次注册之日起不超过3年	有效期起始日为发证之日，届满日为车辆行驶证载明的初次注册之日顺延8年对应的日期；网约车车辆行驶里程达到60万km时强制报废；2016年11月1日前已经在本市行政区域内从事网约车服务，排量在1580mL以上的燃油车辆，可申请办理有效期为两年的运输证	有效期自机动车行驶证初次注册之日起不超过8年；网约车平台达到60万km时强制报废；行驶里程未达到60万km但使用年限达到8年时，退出网约车运营	经营期限为4年

续表

项目	内容	北京	上海	广州	深圳	天津	重庆
驾驶员要求	户籍	本市户籍	本市户籍	本市户籍或取得本市居住证	具有本市户籍或持有有效的《深圳经济特区居住证》	具有本市户籍	具有本市户籍
	驾照资质	本市核发的相应准驾车型机动车驾驶证；考试取得《网络预约出租汽车驾驶员证》（名下没有其他的巡游车和网约车，并驾驶自有车辆提供服务）	本市核发的相应准驾车型机动车驾驶证；考试取得《网络预约出租汽车驾驶员证》（个人权限为其所有一辆车辆申请从事网约车经营）	本市核发的相应准驾车型机动车驾驶证；考试取得《网络预约出租汽车驾驶员证》（个人权限为其所有一辆车辆申请从事网约车经营）	本市核发的相应机动车准驾车型驾驶证；考试取得《网络预约出租汽车驾驶员证》（名下没有其他的巡游车和网约车，并驾驶自有车辆提供服务）	取得本市核发的相应准驾车型机动车驾驶证	取得相应准驾车型机动车驾驶证
	资质有效期	网约车驾驶员从业资格注册有效期为3年	网约车驾驶员从业资格注册有效期为3年		2016年11月1日前已经在本市行政区域内从事网约车服务的驾驶员，可申请办理有效期限为两年的《网络预约出租汽车驾驶员证》	《网络预约出租汽车驾驶员证》，证件注册有效期限为3年	《网络预约出租汽车驾驶员证》有效期为6年
	性别年龄	男性年龄在60周岁、女性年龄在55周岁以下		男性年龄在60岁、女性年龄在55岁以下，初中以上文化程度	未达到法定退休年龄	男性年龄60周岁以下、女性年龄55周岁以下	男性年龄不超过60周岁、女性年龄不超过55周岁
	驾龄	具有3年以上驾驶经历			具有3年以上驾驶经历	具有3年以上驾驶经历	具有3年以上驾驶经历

第2章 重大政策类事项社会稳定风险评估——以某市网络预约出租汽车经营服务管理实施细则为例

续表

项目	内容	北京	上海	广州	深圳	天津	重庆
驾驶员要求	其他要求	一年内无驾驶机动车发生5次以上道路交通安全违法行为;最近连续3个记分周期内没有记录12分记满记录;从事过巡游车服务的,服务期间,未被列入严重违法信息库	前1年内无驾驶机动车发生安全违法行为;前5年内无被吊销出租汽车驾驶员从业资格证的记录	最近连续3个记分周期内没有记分满12分记录	最近连续3个记分周期内没有12分记录;3年内无被吊销出租汽车驾驶员从业资格证件的记录	最近连续3个记分周期内没有记分满12分记录;经指定考试机构考试合格;5年内没有被吊销出租汽车驾驶员资格证记录	最近连续3个记分周期内没有记分满12分记录;申领之日无被吊销道路运输驾驶员从业资格证记录;无被禁止终身驾驶营运车辆的

项目	内容	杭州	成都	武汉	南京	青岛	宁波
车辆要求	号牌	市号牌车辆必须为浙A;车辆使用年限不超过5年,行驶里程不超过60万km	经公安部门登记,使用性质为预约出租客运的成都籍(川A车牌)车辆	车辆在本市登记注册,且车辆初次注册日期至申请时未满3年	在本市公安机关交通管理部门登记注册且车辆初次注册登记《行驶证》之日起至申请之日未满2年	车辆应当在青岛市行政区域内注册登记,车辆价格不低于巡游出租汽车礼宾型同期购置价格,车龄从取得机动车行驶证记注册登记之日至申请日期未满2年且行驶里程未满5万千米	本市号牌,车辆购置税的计税价格12万元以上;车辆初次注册登记证行驶证的初次注册日期至申请之日未满4年
	车型要求	7座及以下乘用车	7座及以下乘用车	7座及以下乘用车	7座及以下乘用车	7座及以下乘用车	7座及以下乘用车

续表

项目	内容		杭州	成都	武汉	南京	青岛	宁波
车辆要求	指标数据	燃油车	燃油车车辆轴距达到2.7m以上或者车辆购置的计税价格在12万元以上	车辆排气量不小于1.6L或1.4T	车辆具有车身电子稳定系统，安全气囊不少于4个，轴距不小于2.7m	燃油汽车车辆轴距达到2.7m以上，且发动机功率达到108kW以上	轿车车型，车长不小于4.8m，车宽不小于1.8m，车高不小于1.45m，轴距不小于2.75m,行李厢容积不小于440L，发动机功率不小于100kW,发动机扭矩不小于230Nm,综合工况油耗不高于8L1百公里。其他车型，车长不小于4.5m，车宽不小于1.8m，车高不小于1.6m，轴距不小于2.65m,发动机功率不小于100kW,发动机扭矩不小于230Nm,综合工况油耗不高于10.5L1百公里	燃油、清洁能源车辆轴距2.65m以上

续表

项目	内容		杭州	成都	武汉	南京	青岛	宁波
车辆要求	指标数据	新能源车	新能源车车辆轴距达到2.6m以上,综合工况续航里程达到250km或...	鼓励使用新能源汽车	使用新能源车辆的,轴距不小于2.65m,续航里程不低于250km且功率不小于100kW	新能源汽车轴距达到2.65m以上,其中纯电动汽车续航里程150km以上,插电式(含增程式)混合动力汽车纯电驱动状态下续航里程达到50km以上	插电式混合动力车型(含增程式),纯电动续驶里程须不低于50km。发动机功率、扭矩不作要求。车长不小于4.55m,车宽不小于1.7m,车高不小于1.45m,轴距不小于2.6m,电动机功率不小于90kW,电动机扭矩不小于250Nm,续航里程不低于200km	新能源车辆轴距2.6m以上,综合工况续航里程200km以上
	车辆属性		使用性质登记为"预约出租客运"	使用性质为"预约出租客运"	车辆使用性质登记为"预约出租客运"	车辆使用性质登记为"预约出租客运"	使用性质登记为"预约出租客运"	车辆使用性质为预约出租客运
	标识标志		不得喷涂巡游出租汽车标识,不安装顶灯装置	车身不得喷涂、安装巡游出租汽车专用图案、标识	网约车不得待安装顶灯、空车待租灯等巡游出租汽车标识,可以在接入平台后喷涂或张贴的车辆上张贴网约车标识	车辆具有网约车运营标识	可以在车窗规定位置上张贴服务标志,但不得喷涂、张贴、安装巡游出租营运标志	网约车车身不得喷涂、张贴各类服务标识,不得安装顶灯等专用设施设备,不得利用车身做商业性广告

续表

项目	内容	杭州	成都	武汉	南京	青岛	宁波
车辆要求	保险要求	具有营运车辆相关保险	具有营运车辆相关保险	投保营业性交强险、营业性第三者责任险、乘客意外伤害险和承运人责任险	为乘客购买承运人责任险等相关保险	证车辆具有交强险、第三者责任险、乘客意外伤害险、承运人责任险等营运车辆相关保险	投保营运车辆相关保险
	安全保障	安装具有行驶记录功能的车辆卫星定位装置、应急报警装置	安装具有行驶记录功能的车辆卫星定位装置，鼓励使用国产的卫星导航定位系统。按照政府监管技术要求，将车辆卫星定位装置直接接入政府监管平台，实现数据共享	安装具有的固定卫星定位装置、应急报警装置	安装具有行驶记录功能的车辆卫星定位装置。具有车内影像摄录功能的装置及应急报警装置	安装符合国家相关标准的具有行驶记录功能的车辆卫星定位装置、应急报警装置	安装符合国家相关标准的具有行驶记录功能的车辆卫星定位装置、应急报警装置
	资质申请	由车辆所有人向市公安车辆管理部门提出申请	网约车平台公司申请，由车籍所在地县级交通运输主管部门进行审核	网约车平台公司或者车辆所有人向市交通运输管理部门申请	由共所有人或者网约车平台公司按照规定，向市交通运输行政主管部门提出申请	应当由网约车平台公司或网约车道路运输机构提出	网约车平台公司应当持市出租汽车管理机构出具的网约车预受理证明，向市公安机关车辆管理部门提出申请

第2章 重大政策类事项社会稳定风险评估——以某市网络预约出租汽车经营服务管理实施细则为例

续表

项目	内容	杭州	成都	武汉	南京	青岛	宁波
车辆要求	经营年限	有效期与车辆使用年限挂钩，最长不超过8年	《网络预约出租汽车运输证》有效期起始自发证之日，届满日为车辆行驶证载明的初次注册之日顺延8年对应的日期	网约车运输证有效期自车辆初次注册登记之日起未满3年	网约车运输证有效期自车辆初次注册登记之日起不得超过8年	《网络预约出租汽车运输证》有效期起始日为发证之日，届满日为车辆行驶证载明的初次注册之日起顺延8年。有效期届满后，不予延续	《网络预约出租汽车运输证》使用年限挂钩，最长不超过8年
驾驶员要求	户籍	市户籍或者在该市取得浙江省居住证6个月以上	具有成都市户籍或者成都市居住证	具有本市户籍或取得本市居住证	有本市户籍或者取得本市居住证	具有本市户籍或本市居住证	本市户籍或者在本市取得浙江省居住证6个月以上
	驾照资质	取得相应准驾车型机动车驾驶证	取得相应准驾车型的机动车驾驶证	取得本市公安机关核发的C1以上《机动车驾驶证》	取得相应准驾车型机动车驾驶证	取得相应准驾车型机动车驾驶证	取得相应准驾车型机动车驾驶证
	资质有效期			有效期为3年	有效期为3年	网约车驾驶员从业资格注册有效期为3年	网约车驾驶员从业资格注册有效期为3年
	性别年龄	男年龄在60、女年龄在55周岁以下，初中以上文化程度	男年龄在60、女年龄在55周岁以上文化程度	男年龄60，女年龄在55周岁以下，初中以上文化程度	男年龄在60周岁、女年龄在55周岁以下，初中以上文化程度	男性年龄在60周岁以下、女性年龄在55周岁以下	男年龄在60周岁、女年龄在55周岁以下
	驾龄	具有3年以上驾驶经历	具有3年以上驾驶经历	具有3年以上驾驶经历	具有3年以上驾驶经历	具有3年以上驾驶经历	具有3年以上驾驶经历

续表

项目	内容	杭州	成都	武汉	南京	青岛	宁波
驾驶员要求	其他要求	最近连续3个周期内没有记录12分记录;自申请考试之日前3年内没有被吊销出租汽车驾驶员从业资格证的记录	最近连续3个记分周期内没有记满12分记录;最近5年内在我市没有被吊销巡游车从业资格记录,最近5年内在我市没有被查处从事仿冒巡游车营运及其他非法运营的记录	最近连续3个记分周期内没有记满12分记录;自申请之日前5年内无被吊销出租汽车从业资格证记录	最近连续3个记分周期内没有记满12分记录	最近连续3个记分周期内没有记满12分记录	最近连续3个记分周期内没有记满12分记录。巡游出租汽车驾驶员申请从事网约车服务的,还应当在申请之日前3年内没有被吊销巡游出租汽车从业资格证的记录

项目	内容	合肥	东莞	三亚	石家庄	沈阳	大连
车辆要求	号牌	在市区注册登记,车辆初始登记日期至申请时未超过3年	本市登记注册,车辆行驶证载明的初次注册日期至申请时未满8年,且行驶公里数未满60万km	本市号牌、车辆购置的计税价格12万元以上;车辆行驶证载明的初次注册日期至申请之日未满4年	石家庄市牌照,车辆行驶证载明的初次注册日期至申请时未满8年	本市登记注册,车辆行驶证载明的初次注册日期至申请时未满2年,且行驶公里数未满60万km,车辆购置计税价在13万元以上	车籍所在地是本市行政区车辆行驶证载明的初次注册日期至申请时未满8年
车辆要求	车型要求	7座及以下乘用车	7座及以下乘用车	5座以上七座以下乘用车	5座或7座乘用车	7座及以下乘用车	7座以下乘用车

第2章 重大政策类事项社会稳定风险评估——以某市网络预约出租汽车经营服务管理实施细则为例

续表

项目	内容		合肥	东莞	三亚	石家庄	沈阳	大连
车辆要求	指标数据	燃油车	标准高于市区主流巡游车；燃油车辆轴距达到2.700m以上，排量达到1.6L以上	使用燃油车辆的，排量不少于1750mL，轴距不小于2.7m	车辆轴距不小于2.7m，采用自然吸气发动机的车辆排量不少于1.8L。采用增压发动机的车辆排量不少于1.4L	5座：轴距不小于2.7m，排量不低于2.0L或1.8L，功率不少于100kW；7座：排量不小于2.0L，轴距不小于3m，车长大于5.1m。	车辆轴距不小于2.7m，排气量1.8T或者2.0，排量1.8T	车辆发动机最大功率110kW以上，轴距2.7m以上
		新能源车	新能源车辆轴距达到2.6m以上	使用纯电动车型的，轴距不小于2.6m	轴距不小于2.65m，插电式混合动力车辆纯电动里程不小于50km，纯电动车辆连续行驶里程不小于250km	车辆轴距2.65m以上，续航里程250km以上，纯电动驱动状态下续航里程50km以下	车辆轴距2.65m以上，续航里程250km以上	最大功率80kW以上，轴距2.7m以上，续航里程170km以上
	车辆属性		车辆使用性质为"预约出租客运"	使用性质预约出租客运	使用性质登记为预约出租客运	使用性质登记为预约出租客运	使用性质登记为预约出租客运	使用性质登记为预约出租客运
	标识标志		—	不得违反规定涂色，不得与市巡游出租汽车相似颜色，安装巡游顶灯、空载灯等巡游出租汽车服务专用设施设备	颜色应为单一颜色，不得与市巡游出租汽车相似颜色，不得涂装巡游顶灯、空载灯等	不得违反规定涂色，不得与市巡游出租汽车相似颜色，安装巡游顶灯、空载灯等巡游出租汽车服务专用设施设备	车身不得喷涂、安装巡游出租汽车专用图案、标识	车身不得喷涂、安装巡游出租汽车专用图案、标识
	保险要求		保证车辆具有交强险、商业第三者责任险、乘客意外伤害险等营运相关保险	保证车辆具有交强险、第三者责任险、乘客意外伤害险、承运人责任险等营运车辆相关保险	保证车辆具有交强险、第三者责任险、乘客意外伤害险、承运人责任险等营运车辆相关保险	保证车辆具有交强险、第三者责任险、乘客意外伤害险、承运人责任险等营运车辆相关保险	保证车辆具有交强险、第三者责任险、乘客意外伤害险、承运人责任险等营运车辆相关保险	保证车辆具有交强险、第三者责任险、乘客意外伤害险、承运人责任险等营运车辆相关保险

续表

项目	内容	合肥	东莞	三亚	石家庄	沈阳	大连
车辆要求	安全保障	安装符合规定的具有行驶记录仪功能的车辆卫星定位装置、应急报警装置	安装符合国家、广东省、本市技术标准、具有行驶记录功能的车辆卫星定位装置、应急报警装置	安装符合规定的具有行驶记录仪功能的车辆卫星定位装置、应急报警装置	安装符合规定的具有行驶记录仪功能的车辆卫星定位装置、应急报警装置	安装具有行驶记录仪功能的车辆卫星定位装置、应急报警装置，以及发票打印装置	车辆安装卫星定位系统、应急报警装置，发票打印装置
	资质申请	应由车辆所有人或者网约车平台公司向市道路运输管理机构提出申请	车辆所有人或者网约车平台公司向市交通运输主管部门申请	车辆所有人或者网约车平台公司向市交通运输主管部门申请	车辆所有人或者网约车平台公司向市交通运输主管部门申请	车辆所有人或者网约车平台公司向市交通运输主管部门申请	车辆所有人或者网约车平台公司向市交通运输主管部门申请
	经营年限	《网络预约出租汽车运输证》经营期限不超过8年，与该车辆可从事网约车经营的最长年限使用年限相一致	《网络预约出租汽车运输证》有效期起始日为发证之日，届满日为车辆初次注册登记日期对应之日顺延8年对应的日期	《网络预约出租汽车运输证》经营期限不超过8年，与该车辆网约车经营可使用最长年限相一致	《网络预约出租汽车运输证》使用年限挂钩，最长不超过8年	《网络预约出租汽车运输证》使用年限挂钩，最长不超过8年	车辆许可期限为5年，经营区域为本市行政区域
驾驶员要求	户籍	具有本市户籍或取得市区居住证	无限制	具有本市户籍或取得本市居住证	具有本地户籍，或持有本市有效居住证（满6个月以上）	本市户籍或者持有居住证	为本市户口或者持有居住证
	驾照资质	取得相应准驾车型机动车驾驶证	持有有效的相应准驾车型机动车驾驶证	本市核发机动车驾驶证；考试取得《网络预约出租汽车驾驶员证》（个人仅限为其所有的一辆网约车辆申请从事网约车经营）	本市核发的相应准驾车型机动车驾驶证；考试取得《网络预约出租汽车驾驶员证》（个人仅限为其所有的一辆网约车辆申请从事网约车经营）	本市核发的相应准驾车型机动车驾驶证；考试取得《网络预约出租汽车驾驶员证》（个人仅限为其所有的一辆网约车辆申请从事网约车经营）	持有相应有效驾驶证

第2章 重大政策类事项社会稳定风险评估——以某市网络预约出租汽车经营服务管理实施细则为例

续表

项目	内容	合肥	东莞	三亚	石家庄	沈阳	大连
	资质有效期	有效期为6年	网约车驾驶员从业资格注册有效期为3年	网约车驾驶员从业资格注册有效期为3年	网约车驾驶员从业资格注册有效期为3年	网约车驾驶员从业资格注册有效期为3年	网约车驾驶员从业资格注册有效期为3年
驾驶员要求	性别年龄	年龄不超过60周岁	男年龄在60周岁、女年龄在55周岁以下，初中以上文化程度	男年龄在60周岁、女年龄在55周岁以下	男年龄在60周岁、女年龄在55周岁以下	男性60周岁以下，女性55以下	60周岁以下
	驾龄	具有3年以上驾驶经历	具有3年以上驾驶经历	具有3年以上驾驶经历	具有3年以上驾驶经历	取得C1以上驾驶证并具有3年驾龄	具有3年以上驾龄经历
	其他要求	最近连续3个记分周期内没有记满12分记录；最近5年内无被吊销出租汽车驾驶员从业资格证件的记录	最近连续3个记分周期内没有记满12分记录；申请之日前3年内无被吊销出租汽车驾驶员从业资格证件的记录	最近连续3个记分周期内没有记满12分记录；3年内无被吊销出租汽车驾驶员从业资格证件的记录	最近连续3个记分周期内没有记满12分记录；3年内无被吊销出租汽车驾驶员从业资格证件的记录	最近连续3个记分周期内没有记满12分记录；3年内无被吊销出租汽车驾驶员从业资格证件的记录	最近连续3个记分周期内没有记满12分记录；3年内无被吊销出租汽车驾驶员从业资格证件的记录

表2-14 代表城市网约车管理实施细则主要内容

项目	内容	北京	上海	广州	深圳	天津	重庆
政策导向	原则	优先发展城市公共交通,适度发展出租汽车,网约车与巡游出租汽车错位发展,为乘客提供高品质出行服务	坚持依法管理,绿色环保,安全运营,公平竞争,保障消费者合法权益	优先发展城市公共交通,适度发展出租汽车,按照发展高品质服务、差异化经营、规范化管理的原则,有序发展网约车	优先发展城市公共交通,适度发展出租汽车,按照发展高品质服务、差异化经营、规范化管理的原则,有序发展网约车	本市坚持优先发展城市公共交通,适度发展出租汽车,按照发展高品质服务、差异化经营的原则,有序发展网约车	坚持优先发展城市公共交通,适度发展出租汽车,按照发展高品质服务、差异化经营的原则,有序发展网约车
	机制	总量动态调控,合理布局巡游与网约车运力规模与结构	综合考虑经济发展水平、出租汽车里程利用率及城市交通拥堵状况等因素,建立网约车运力规模动态调整机制	综合考虑经济发展水平、出租汽车里程利用率及城市交通拥堵状况等因素,建立网约车运力规模动态调整机制	建立网约车运力规模动态调整机制	综合考虑经济发展水平、出租汽车里程利用率及城市交通拥堵状况等因素,建立网约车运力规模动态调整机制	市、区县(自治县)人民政府应当建立出租汽车管理协作机制,防范化解各类矛盾,协调解决重大问题
平台公司	设立条件	具有企业法人资格,并在本市依法纳税	本市注册;非本市注册的企业法人应当在本市设立分支机构	本市注册;注册地不在本市行政区域内的,申请企业应当提交已取得企业注册地交通出租汽车行政主管部门核发的《网络预约出租汽车经营许可证》	具有企业法人资格,其中非本市企业法人的,应当在本市设立分支机构	具有企业法人资格,非本市企业法人的,应当在本市设立分支机构,并在本市依法纳税	具有企业法人资格;在本市有相应服务机构及服务能力,服务机构应在本市办理工商注册登记

第2章 重大政策类事项社会稳定风险评估——以某市网络预约出租汽车经营服务管理实施细则为例

续表

项目	内容	北京	上海	广州	深圳	天津	重庆
平台公司	经营许可	经营许可有效期为4年	经营许可有效期为3年	经营许可有效期为8年	经营许可有效期为5年	经营期限为4年	在本市多个行政区域从事网约车经营的，经营范围为网络预约出租汽车，经营区域为本市，经营期限为4年；在主城区域内从事一行政区域内网约车经营的，经营范围为网络预约出租汽车，经营区域为所在行政区，经营期限为4年
车辆要求	号牌	本市号牌车辆	本市号牌车辆	本市号牌车辆且初次注册登记取得《机动车行驶证》之日至申请《网络预约出租汽车运输证》之日未满1年；办法实施之日起180天内的，可延长至2年	本市号牌车辆且初次注册日期至申请网约车经营时未满2年	本市号牌车：符合本市实施的最新机动车排放标准，且车辆初次注册日期至申请网约车经营时未满2年	车辆行驶证初次注册登记办理《网络车运输证》之日间隔时间不超过2年

续表

项目	内容	北京	上海	广州	深圳	天津	重庆
车辆要求	车型要求	5座三厢小客车或7座乘用车		7座及以下乘用车	5座以上7座以下乘用车	7座及以下乘用车	7座及以下乘用车
	指标数据 燃油车	5座三厢小客车排气量不小于1.8T,车辆轴距不小于2700毫米;7座乘用车排气量不小于2.0L,轴距不小于3m,车长大于5.1m	轴距达到2.7m以上	车身长度大于4.60m,车身宽度大于1.70m,车身高度大于1.42m;配置ABS防抱死制动系统、前排座位安全气囊和前、后排安全带;采用自然吸气发动机的车辆,排量不小于1950mL;采用增压发动机的车辆,排量不小于1750mL且发动机功率不小于110kW(办法实施180日内申请的,排量可不小于1550mL且发动机功率可不小于108kW)	燃油车辆轴距2.7m以上,或车辆轴距1.95mL以上,排量2.7m以上,排量1.75mL以上,且发动机功率110kW以上	采用自然吸气发动机的车辆,排量不小于2.0L,采用增压发动机的车辆,排量不小于1.8L,轴距不小于2.7m以上	车辆排量在1.6T(大于1.55L)或2.0L(大于1950mL)以上
	指标数据 新能源车	轴距不小于2.65m	轴距达到2.65m以上	还应当配有EBD电子制动力分配系统;办法公布日起取得行驶证的,插电式、增程式纯电动力客车纯电动续驶里程不得低于100km	电动车辆轴距2.65m以上,续航里程250km以上;插电式(含增程式)混合动力车辆轴距2.65m以上,纯电驱动状态下续航里程50km以上	新能源车辆轴距2.65m以上,续航里程250km以上	新能源车辆、混合动力车辆发动机功率不低于90kW;车辆轴距不少于2.65m;新能源车辆续航里程不少于250km

第 2 章 重大政策类事项社会稳定风险评估——以某市网络预约出租汽车经营服务管理实施细则为例

续表

项目	内容	北京	上海	广州	深圳	天津	重庆
车辆要求	车辆属性	车辆使用性质登记为"预约出租客运"	车辆使用性质登记为"预约出租客运"	车辆使用性质登记为"预约出租客运"	车辆使用性质登记为"预约出租客运"	车辆使用性质登记为"预约出租客运"	车辆使用性质登记为"预约出租客运"
	标识标志	张贴网约车专用标识	外观颜色和车辆标识应当明显区分于巡游出租汽车	外观颜色和车辆标识应当明显区分于巡游出租汽车	不得设置与巡游出租汽车相似的车辆外观颜色和车辆标识	不得设置与巡游出租汽车相似的车辆外观颜色和车辆标识	不得设置与巡游出租汽车相似的车辆外观颜色和车辆标识
	保险要求	按照营业车类保险费率，投保交强险、赔付额度不低于100万元的第三者责任险和乘客意外伤害险	投保营业性交强险、营业性第三者责任险和乘客意外伤害险	具有交强险、第三者责任险、乘运人责任伤害险、承运营等车运相关保险	具有交强险、第三者责任险、乘客意外伤害险、承运人责任险等车运营相关保险	车辆机动车交通事故责任强制性保险第三者责任险乘客意外伤害险。网约车运营服务中发生安全事故、网约车平台经营者应对乘客的损失承担先行赔付责任	具有营运相关保险
	安全保障	车辆卫星定位装置、应急报警装置	车辆卫星定位装置、应急报警装置	车辆卫星定位装置	车辆卫星定位装置、应急报警装置	安装符合国家和本市相关规定的具有行驶记录功能的车辆卫星定位装置、应急报警装置，以及具备固态存储、无线传输、行车记录装置	安装具有行驶记录功能的车辆卫星定位装置、应急报警装置；网约车安装的卫星定位装置与政府监管平台实现直接对接

续表

项目	内容	北京	上海	广州	深圳	天津	重庆
车辆要求	资质申请	由网约车平台公司或出租汽车企业申请,个人所有的由网约车平台公司代理	由车辆所有者向市交通行政主管部门申请	由车辆所有者向市交通行政主管部门申请	由车辆所有者向市交通行政主管部门申请	拟在本市申请网约车车辆许可的,应当由网约车平台经营者统一向市交通运输行政主管部门提出申请	车辆所有人或者网约车平台公司申请
	经营年限	车辆经营许可期限自车辆注册之日起不超过8年;行驶里程达到60万km时强制报废;行驶里程未达到60万km但使用年限达到8年时,退出网约车运营	有效期为3年	有效期自机动车行驶证初次注册之日起不超过3年	有效期起始日为发证之日,届满日为车辆行驶证记载的车辆初次注册的日期顺延8年对应的日期;网约车车辆行驶里程达到60万km时强制报废;2016年11月1日前已经在本市行政区域内从事网约车服务,排量在1580mL以上的燃油车辆,可申请办理有效期为2年的运输证	有效期自机动车行驶证初次注册之日起不超过8年;行驶里程达到60万km时强制报废;行驶里程未达到60万km但使用年限达到8年时,退出网约车运营	经营期限为4年

第2章 重大政策类事项社会稳定风险评估——以某市网络预约出租汽车经营服务管理实施细则为例

续表

项目	内容	北京	上海	广州	深圳	天津	重庆
驾驶员要求	户籍	本市户籍	本市户籍	本市户籍或取得本市居住证	具有本市户籍或持有效的《深圳经济特区居住证》者	具有本市户籍	具有本市户籍
	驾照资质	本市核发的相应准驾车型机动车驾驶证；考试取得《网络预约出租汽车驾驶员证》（名下没有其他的巡游车和网约车辆并驾驶自有车辆提供服务）	本市核发的相应准驾车型机动车驾驶证；考试取得《网络预约出租汽车驾驶员证》（个人仅限为其所有的一辆车申请从事网约车经营）	本市核发的相应准驾车型机动车驾驶证；考试取得《网络预约出租汽车驾驶员证》（个人仅限为其所有的一辆车申请从事网约车经营）	本市核发相应准驾车型的机动车驾驶证；考试取得《网络预约出租汽车驾驶员证》（名下没有其他的巡游车和网约车辆，并驾驶自有车辆提供服务）	取得本市核发的相应准驾车型机动车驾驶证	取得相应准驾车型机动车驾驶证
	资质有效期	网约车驾驶员从业资格注册有效期为3年	网约车驾驶员从业资格注册有效期为3年		2016年11月1日前已经在本市行政区域内从事网约车服务的驾驶员，申请办理的《网络预约出租汽车驾驶员证》有效期限为2年	《网络预约出租车驾驶员证》注册有效期限为3年	《网络预约出租汽车驾驶员证》有效期为6年
	性别年龄	男年龄在60周岁、女年龄在55周岁以下		男年龄在60周岁、女年龄在55周岁以下，初中以上文化程度	未达到法定退休年龄	男60周岁以下，女55周岁以下	男性年龄不超过60周岁，女性年龄不超过55周岁
	驾龄	具有3年以上驾驶经历			具有3年以上驾驶经历	具有3年以上驾驶经历	具有3年以上驾驶经历

续表

项目	内容	北京	上海	广州	深圳	天津	重庆
驾驶员要求	其他要求	1年内无驾驶机动车发生5次以上道路交通安全违法行为；最近连续3个记分周期内没有记满12分记录；从事过巡游车服务的，服务期间，未被列入严重违法信息库	前1年内无驾驶机动车发生5次以上道路交通安全违法行为；前5年内无被吊销出租汽车从业资格证的记录	最近连续3个记分周期内没有记满12分记录	最近连续3个记分周期内没有记满12分记录；3年内无被吊销出租汽车驾驶员从业资格证件的记录	最近连续3个记分周期内没有记满12分记录；经指定考试机构考试合格；5年内没有被吊销出租汽车驾驶员资格证记录	最近连续3个记分周期内没有记满12分记录；申领之日无被吊销驾驶员从业资格证起5年内；无被禁止终身驾驶营运车辆的
价格要求	定价机制	实行市场调节价，必要时可实行政府指导价	实行市场调节价	实行市场调节价	实行市场调节价，必要时可实行政府指导价	本市网约车运价实行市场调节价，必要时可实行政府指导价	本市网约车运价实行市场调节价
价格要求	计价机制	提前公示作价规则，计程计价方式和价格标准，按规定明码标价	严格执行明码标价的规定，在网络服务平台和经营场所平台位置醒目及时、准确公示服务内容、收费标准、投诉方式	合理确定网约车运价水平和结构，并按照明码标价规定在网约车平台公司网约车客户端应用程序对收费标准和服务价格进行明示	符合国家有关定的计程计价方式的规定；明确计程服务项目和质量承诺，合理确定网约车运价，实行明码标价	网约车平台公司应当合理确定网约车运价并实行公示价码标价办法	网约车平台公司应当合理确定网约车运价，实行明码标价
价格要求	票据	提供本市出租汽车专用发票	提供本市电子或者纸质出租汽车发票	出具本市出租汽车发票	提供本市出租汽车发票	须向乘客提供相应的出租汽车发票	向乘客提供经本市税务部门监制的发票

第2章 重大政策类事项社会稳定风险评估——以某市网络预约出租汽车经营服务管理实施细则为例

续表

项目		内容	杭州	成都	武汉	南京	青岛	宁波
政策导向		原则	坚持依法管理、绿色环保、安全运营、公平竞争，保障消费者合法权益	坚持优先发展城市公共交通，适度发展出租汽车，按照高品质服务、差异化经营的原则，有序发展网约车	坚持高品质服务、差异化经营的发展原则；依法规范管理，切实保障经营者合法权益；发挥市场配置资源的决定性作用，调节网约车数量和运价	市人民政府积极推进互联网和经济社会融合发展，鼓励出租汽车经营服务创新，按照科学引导、高品质服务、差异化经营原则，有序发展网约车	应当坚持优先发展城市公共交通，适度发展出租汽车服务，按照高品质服务、差异化经营要求，有序发展网约车	坚持优先发展城市公共交通，适度发展出租汽车，按照高品质服务、差异化经营的原则，统筹、规范、有序发展网约车
		机制	建立网约车运力规模动态调整机制	综合考虑经济发展水平、出租汽车里程利用率及城市交通拥堵状况等因素，建立网约车运力规模动态调整机制	建立网约车运力规模动态调整机制	综合考虑经济发展水平、出租汽车里程利用率及城市交通拥堵状况等因素，建立网约车运力规模动态调整机制	对网约车运力规模进行动态监测，提出运力规模调整方案	建立网约车运力规模动态监测机制。为维护公共利益和社会公众利益，政府在必要时可以对网约车数量和价格实行临时管控
平台公司		设立条件	在本市行政区域范围内设立或具有法人资格的企业有法人营业执照的分支机构	具有企业法人营业执照，属子公司的还应提交企业法人营业执照，外商投资企业还应当提供外商投资企业批准证书	具有企业法人资格。在本市外地注册企业法人的，应在本市行政区域内注册登记分支机构	应当符合国家相关规定，未在本市注册地的法人应当在本市设立分支机构，具备线上线下服务能力	具有企业法人资格	具有企业法人资格，其中非本市企业法人应当在本市设立分支机构，在本市执照，取得本市执照，依法纳税
		经营许可	有效期为1年	经营期限为5年	有效期为6年	有效期为4年	经营期限为8年	有效期为4年

续表

项目	内容	杭州	成都	武汉	南京	青岛	宁波
车辆要求	号牌	市号牌车辆必须为浙A；车辆使用年限不超过5年，行驶里程不超过60万km	经公安部门登记，使用性质为预约出租客运的成都籍（川A车牌）	车辆在本市登记注册，且车辆初次注册日期至申请时未满3年	在本市公安机关交通管理部门登记注册且申请时距初次注册登记取得《机动车行驶证》之日起未满2年	车辆应当在青岛市行政区域内注册登记，车辆价格不低于巡游出租汽车礼宾型同期购置价格，车龄从初次注册登记取得机动车行驶证之日至申请日未满2年且行驶里程未满5万km	本市号牌，车辆购置的计税价格12万元以上；车辆行驶证的初次注册日期至申请之日未满4年
车辆要求	车型要求	7座及以下乘用车	7座及以下乘用车	7座及以下乘用车	7座及以下乘用车	7座及以下乘用车	7座及以下乘用车
车辆要求	指标数据 燃油车	燃油车车辆轴距达到2.7m以上或者车辆购置的计税价格在12万元以上	车辆排气量小于1.6L或1.4T	车辆具有车身电子稳定系统、安全气囊不少于4个，轴距不小于2700mm	燃油汽车车辆轴距达到2.7m以上，且发动机功率108kW以上	轿车车型，车长不小于4.8m，车宽不小于1.8m，轴距不小于1.45m，行李厢容积不小于2.75m，行李厢容积不小于440L，发动机功率不小于100kW，发动机扭矩不小于230Nm，综合工况油耗不高于8L/百km。其他车型，车长不小于4.5m，车宽不小于1.8m，车高不小于1.6m，轴距不小于2.65m，发动机功率不小于100kW，发动机扭矩不小于230Nm，综合工况油耗不高于10.5L/百公里	燃油、清洁能源车辆轴距2.65m以上

第2章 重大政策类事项社会稳定风险评估——以某市网络预约出租汽车经营服务管理实施细则为例

续表

项目	内容		杭州	成都	武汉	南京	青岛	宁波
车辆要求	指标数据	新能源车	新能源车车辆轴距达到2.6m以上或综合工况续航里程达到250km以上	鼓励使用新能源汽车	使用新能源车辆的,轴距不小于2.65m,续航里程不低于250km且功率不小于100kW	新能源汽车轴距达到2.65m以上,其中纯电动汽车续航里程达到150km以上,插电式(含增程式)混合动力汽车纯电驱动状态下续航里程达到50km以上	插电式混合动力车型(含增程式),纯电动续驶里程不低于50km,发动机功率不作要求。纯电动车型,车长不小于4.55m,车宽不小于1.7m,车高不小于1.45m,轴距不小于2.6m,电动机功率不小于90kW,电动机扭矩不小于250Nm,续航里程不低于200km	新能源车辆轴距2.6m以上,综合工况续航里程200km以上
	车辆属性		使用性质登记为"预约出租客运"	使用性质为"预约出租客运"	车辆使用性质登记变更为"预约出租客运"	车辆使用性质登记为"预约出租客运"	使用性质登记为"预约出租客运"	车辆使用性质为"预约出租客运"
	标识标志		不喷涂巡游出租汽车标志标识,不安装车顶灯装置	车身不得喷涂、安装巡游出租汽车专用图案、标识	网约车不得安装车顶灯、空车待租标志灯等巡游出租汽车标识,可以在车辆上张贴平台的喷涂网约车标识	车辆具有网约车运营标识	可以在车窗规定位置上张贴服务标志,但不得喷涂、张贴、安装巡游出租营运标志	网约车不得喷涂、张贴各类标识,不得安装顶灯等专用设施设备,不得利用车身做商业性广告

续表

项目	内容	杭州	成都	武汉	南京	青岛	宁波
车辆要求	保险要求	具有营运车辆相关保险	具有营运车辆相关保险	投保营业性交强险、营业性第三者责任险、乘客意外伤害险和承运人责任险	为乘客购买承运人责任险等相关保险	证车辆具有交强险、第三者责任险、乘客意外伤害险、承运人责任险等营运车辆相关保险	投保营运车辆相关保险
	安全保障	安装具有行驶记录功能的车辆卫星定位装置、应急报警装置	安装具有行驶记录功能的车辆卫星定位装置，鼓励使用国产的卫星导航定位系统。按政府监管平台接入技术要求，将车辆卫星定位装置相关数据直接接入改府监管平台，实现数据实时共享	安装具有行驶记载式车载卫星定位装置、应急报警装置	安装具有功能的车辆行驶记录定位装置，具有车内影像摄录功能的装置及应急报警装置	安装符合国家相关标准的具有行驶记录功能的车辆卫星定位装置、应急报警装置	安装符合国家相关标准的具有行驶记录功能的车辆卫星定位装置、应急报警装置
	资质申请	由车辆所有人向市公安车辆管理部门提出申请	网约车平台公司申请，由车籍所有人或者车籍所在地县级交通运输主管部门进行审核	网约车平台公司或者车辆所有人向市区交通运输管理部门提出申请	由共所有人或者网约车平台公司按照规定，向市交通运输行政主管部门提出申请	应当由车辆所有人或者网约车平台公司向道路运输管理机构提出	网约车平台公司应当持市出租汽车管理机构出具的网约车预受理证明，向市公安机关车辆管理部门提出申请

第2章 重大政策类事项社会稳定风险评估——以某市网络预约出租汽车经营服务管理实施细则为例

续表

项目	内容	杭州	成都	武汉	南京	青岛	宁波
车辆要求	经营年限	有效期与车辆使用年限挂钩，最长不超过8年	《网络预约出租汽车运输证》有效期起始日为发证之日，届满日为车辆行驶证载明的初次注册之日顺延8年对应的日期	《网络预约出租汽车运输证》有效期自车辆初次注册登记之日起未满3年	《网络预约出租汽车运输证》有效期自车辆初次注册登记之日起不得超过8年	《网络预约出租汽车运输证》有效期起始日为发证之日，届满日为车辆行驶证载明的初次注册之日起顺延8年。有效期届满后，不予延续	《网络预约出租汽车运输证》有效期与使用年限挂钩，最长不超过8年
驾驶员要求	户籍	市户籍或者在该市取得浙江省居住证6个月以上	具有成都户籍或者成都市居住证	具有本市户籍或者取得本市居住证	有本市户籍或者取得本市居住证	具有本市户籍或本市居住证	本市户籍或者在本市取得浙江省居住证6个月以上
	驾照资质	取得相应准驾车型机动车驾驶证	取得相应准驾车型的机动车驾驶证	取得本市公安机关核发的C1以上机动车驾驶证	取得相应准驾车型机动车驾驶证	取得相应准驾车型机动车驾驶证	取得相应准驾车型机动车驾驶证
	资质有效期	—	—	有效期为3年	有效期为3年	网约车驾驶员从业资格注册有效期为3年	网约车驾驶员从业资格注册有效期为3年
	性别年龄	男年龄在60周岁以下、女年龄在55周岁以下，初中以上文化程度	男年龄在60周岁以下、女年龄在55周岁以下，初中以上文化程度	男年龄在60周岁以下、女年龄在55周岁以下，初中以上文化程度	男年龄在60周岁以下、女年龄在55周岁以下，初中以上文化程度	男性年龄在60周岁以下、女性年龄在55周岁以下	男年龄在60周岁以下、女年龄在55周岁以下
	驾龄	具有3年以上驾驶经历	具有3年以上驾驶经历	具有3年以上驾驶经历	具有3年以上驾驶经历	具有3年以上驾驶经历	具有3年以上驾驶经历

续表

项目	内容	杭州	成都	武汉	南京	青岛	宁波
驾驶员要求	其他要求	最近连续3个记分周期内没有记满12分记录；自申请之日前3年内没有被吊销出租汽车驾驶员从业资格证的记录	最近连续3个记分周期内没有记满12分记录；最近5年在我市没有从业资格被吊销记录，最近5年内在我市没有被查处从事营运及其他非法客运经营的记录	近连续3个记分周期内没有记满12分记录；自申请之日前5年内无被吊销出租汽车从业资格证记录	最近连续3个记分周期内没有记满12分记录	最近连续3个记分周期内没有记满12分记录	最近连续3个记分周期内没有记满12分记录。巡游出租汽车驾驶员申请从事网约车服务的，还应当在申请之日前3年内没有被吊销巡游出租汽车从业资格证的记录
价格要求	定价机制	网约车运价实行市场调节价	市场公平竞争	发挥市场配置资源的决定性作用，调节网约车数量和运价	网约车运价实行市场调节价	网约车运价实行市场调节价，必要时实行政府指导价。市价格行政主管部门应会同市交通运输行政主管部门制定网约车价格指导意见	网约车数量规模和运价实行市场调节
	计价机制	网约车经营者应当合理确定网约车运价，实行明码标价；运价规则调整时，应当提前15天向社会公布，并向相关部门报备	网约车运价应当合理确定网约车运价，实行明码标价	合理确定网约车运价，实行明码标价，需要实行政府定价的，应当制定动态加价规则，向市价格部门备案，并向社会公告	网约车平台公司应当按照本办法规定合理确定网约车运价，实行明码标价	在提供网约车服务前，应通过电子协议等形式向乘客明确各方权责，明码标价	网约车平台公司应当合理确定网约车运价，按照有关规定公开运价结构，计价方式和价格标准，明码标价。接受社会监督。计价规则调整时，应当提前15天向社会公布

第2章 重大政策类事项社会稳定风险评估——以某市网络预约出租汽车经营服务管理实施细则为例

续表

项目		杭州	成都	武汉	南京	青岛	宁波
价格要求	票据（内容）	向乘客提供相应的出租汽车发票	向乘客提供相应的出租汽车发票	按照税务机关规定的方式向乘客提供出租汽车发票	主动向乘客提供本市车费票据	完成服务后，出具相应出租汽车发票	向乘客提供发票

项目		合肥	东莞	三亚	石家庄	沈阳	大连
政策导向	原则（内容）	坚持优先发展城市公共交通、适度发展出租汽车，按照差异化经营、差异化服务、提高品质经营的原则，有序发展网约车	坚持优先发展公共交通、适度发展出租汽车，按照差异化服务、提高品质经营的原则，有序发展网约车	优先发展公共交通、适度发展出租汽车，坚持依法管理、安全运营、绿色环保、公平竞争、保障消费者合法权益，规范化管理，有序发展网约车	坚持优先发展城市公共交通、适度发展出租汽车，按照差异化经营、差异化服务、品质经营的原则，统筹规范、有序发展网约车	坚持优先发展城市公共交通、适度发展出租汽车，按照差异化服务、品质经营的原则，统筹规范、有序发展网约车	优先发展城市公共交通、适度发展出租汽车，网约车与巡游出租汽车错位发展、差异化经营，为乘客提供高品质出行服务
	机制	坚持依法管理、绿色环保、安全运营、公平竞争、保障消费者合法权益	综合考虑经济发展水平、出租汽车里程利用率及城市交通拥堵状况等因素，建立网约车运力规模动态调整机制	坚持依法管理、安全运营、绿色环保、公平竞争、保障消费者合法权益	综合考虑经济发展水平、出租汽车里程利用率及城市交通拥堵状况等因素，建立网约车运力规模动态调整机制	建立网约车运力规模动态调整机制	综合考虑经济发展水平、出租汽车里程利用率及城市交通拥堵状况等因素，建立网约车运力规模动态调整机制
平台公司	设立条件	在市区内设立具有企业法人资格的企业或者具有营业执照的分支机构	具有企业法人资格，其中非本市企业法人应当在本市设立分支机构	具有企业法人资格，其中非本市企业法人应当在本市设立分支机构	具有企业法人资格，其中非本市企业法人应当在本市设立分支机构	具有企业法人资格，其中非本市企业法人应当在本市设立分支机构	具有企业法人资格，其中非本市企业法人应当在本市设立分支机构
	经营许可	经营期限为4年	有效期为4年	有效期为4年	不超过8年	有效期不超过8年	不超过8年

续表

项目	内容		合肥	东莞	三亚	石家庄	沈阳	大连
车辆要求	号牌		在市区注册登记,车辆初始登记日期至申请时未超过3年	本市登记注册,车辆行驶证注明的初次注册日期至申请时未满8年,且行驶公里数未满60万km	本市号牌,车辆购置税的计税价格12万元以上;车辆行驶证明的初次注册日期至申请之日未满4年	石家庄市牌照,车辆行驶证注明的初次注册日期至申请时未满8年	本市登记注册,车辆行驶证载明的初次注册日期未满2年,且行驶公里数未满60万公里,车辆购置税的购价在13万元以上	车籍所在地是本市行政区车辆行驶证载明的初次注册日期至申请时未满8年
	车型要求		7座及以下乘用车	7座及以下乘用车	5座以上7座以下乘用车	5座或7座乘用车	7座及以下乘用车	7座以下乘用车
	指标数据	燃油车	主流巡游车型标准;燃油车辆轴距达到2.7m以上、排量达到1.6L以上	使用燃油车辆的,排量不小于1750mL,轴距不小于2.7m	车辆轴距不小于2.7m,采用自然吸气发动机的车辆,排量不小于1.8L。采用增压发动机的车辆排量不小于1.4L	5座:轴距不小于2.7m,排量不低于2.0L 或 1.8L,功率不少于100kW;7座:轴距不小于2.0L,轴距不小于3m,车长大于5.1m	车辆轴距不小于2.7m,排气量不小于2.0或者1.8T	车辆发动机最大功率110千瓦以上、轴距2.7m以上
		新能源车	新能源车辆轴距达到2.6m以上	使用纯电动车型的,轴距不小于2.6m	轴距不小于2650毫米,插电式混合动力车辆纯电动里程不少于50公里,纯电动车辆连续行驶里程不小于250公里	车辆轴距2.65m以上,续航里程250km以上,纯电驱动状态下续航里程50km以上	车辆轴距2.65m以上,续航里程250km以上	最大功率80kW以上,轴距2.7m以上,续航里程170km以上

86

第2章 重大政策类事项社会稳定风险评估——以某市网络预约出租汽车经营服务管理实施细则为例

续表

项目	内容	合肥	东莞	三亚	石家庄	沈阳	大连
车辆要求	车辆属性	车辆使用性质为"预约出租客运"	使用性质登记为预约出租客运	使用性质登记为预约出租客运	使用性质登记为预约出租客运	使用性质登记为预约出租客运	使用性质登记为预约出租客运
	标识标志	—	不得违反规定喷涂与我市巡游出租汽车相似颜色，以及安装顶灯、空载灯等巡游出租汽车服务专用设施设备	颜色应为单一颜色，不得违反规定喷涂与我市巡游出租汽车相似颜色，以及安装顶灯、空载灯	不得违反规定喷涂与我市巡游出租汽车相似颜色，以及安装顶灯、空载灯等巡游出租汽车服务专用设施设备	车身不得喷涂、安装巡游出租汽车专用图案、标识	车身不得喷涂、安装巡游出租汽车专用图案、标识
	保险要求	保证车辆具有交强险、商业第三者责任险、乘客意外伤害险等营运车辆相关保险	保证车辆具有交强险、第三者责任险、乘客意外伤害险、承运人责任险等营运车辆相关保险	保证车辆具有交强险、第三者责任险、乘客意外伤害险、承运人责任险等营运车辆相关保险	保证车辆具有交强险、第三者责任险、乘客意外伤害险、承运人责任险等营运车辆相关保险	保证车辆具有交强险、第三者责任险、乘客意外伤害险、承运人责任险等营运车辆相关保险	保证车辆具有交强险、第三者责任险、乘客意外伤害险、承运人责任险等营运车辆相关保险
	安全保障	安装符合规定功能的具有行驶记录功能的车辆卫星定位装置、应急报警装置	安装符合国家、本市技术标准、具有行驶记录功能的车辆卫星定位装置、应急报警装置	安装具有功能的具有行驶记录功能的车辆卫星定位装置、应急报警装置	安装行驶记录具有合规定功能的车辆卫星定位装置、应急报警装置	安装具有功能的车辆卫星定位装置、应急报警装置，以发发票打印装置	车辆安装卫星定位系统、应急报警装置、发票打印装置
	资质申请	应由车辆所有人或者公司向市道路运输管理机构提出申请	车辆所有人或者网约车平台公司向市交通运输主管部门申请	车辆所有人或者网约车平台公司向市交通运输主管部门申请	车辆所有人或者网约车平台公司向市交通运输主管部门申请	车辆所有人或者网约车平台公司向市交通运输主管部门申请	车辆所有人或者网约车平台公司向市交通运输主管部门申请

续表

项目	内容	合肥	东莞	三亚	石家庄	沈阳	大连
车辆要求	经营年限	《网络预约出租汽车运输证》经营许可期限不超过8年，与该车辆可从事网约车经营的使用年限一致	《网络预约出租汽车运输证》有效期起始日为发证之日，届满日为车辆行驶证登记日期之日顺延8年	《网络预约出租汽车运输证》经营许可期限不超过8年，与该车辆可从事网约车经营的最长使用年限相一致	《网络预约出租汽车运输证》有效期与车运期限挂钩，最长不超过8年	《网络预约出租汽车运输证》有效期使用年限挂钩，最长不超过8年	车辆许可期限为5年，经营区域为全市行政区域
	户籍	具有本市户籍或取得市区居住证	无限制	具有本市户籍或者取得本市有效居住证	具有本地户籍，或持有本市有效居住证（满6个月以上）	本市户籍或者居住证	为本市户口或者有本地居住证
驾驶员要求	驾照资质	取得相应准车型机动车驾驶证	持有有效的相应准驾车型机动车驾驶证	本市核发的相应准驾车型机动车驾驶证；考试取得《网络预约出租汽车驾驶员证》（个人仅限为其所有的一辆网约车辆申请从事网约车经营）	本市核发的相应准驾车型机动车驾驶证；考试取得《网络预约出租汽车驾驶员证》（个人仅限为其所有的一辆网约车辆申请从事网约车经营）	本市核发的相应准驾车型机动车驾驶证；考试取得《网络预约出租汽车驾驶员证》（个人仅限为其所有的一辆网约车辆申请从事网约车经营）	持相应有效驾驶证
	资质有效期	有效期为6年	网约车驾驶员从业资格注册有效期为3年	网约车驾驶员从业资格注册有效期为3年	网约车驾驶员从业资格注册有效期为3年	网约车驾驶员从业资格注册有效期为3年	网约车驾驶员从业资格注册有效期为3年
	性别年龄	年龄不超过60周岁	男年龄在60岁、女年龄在55岁以下，初中以上文化程度	男性60周岁以下，女性55周岁以下	男性60周岁以下，女性55周岁以下	男性60周岁以下，女性55周岁以下	60周岁以下

第2章 重大政策类事项社会稳定风险评估——以某市网络预约出租汽车经营服务管理实施细则为例

续表

项目	内容	合肥	东莞	三亚	石家庄	沈阳	大连
驾驶员要求	驾龄	具有3年以上驾驶经历	具有3年以上驾驶经历	具有3年以上驾经历	具有3年以上驾经历	取得C1以上驾驶证并具有3年驾龄	具有3年以上驾龄经历
	其他要求	最近连续3个记分周期内没有记满12分记录；最近5年内无被吊销出租汽车驾驶员从业资格的记录	最近连续3个记分周期没有记满12分记录；申请之日前3年内无被吊销出租汽车驾驶员从业资格证件的记录	最近连续3个记分周期内没有记满12分记录；3年内无被吊销出租汽车驾驶员从业资格证件的记录	最近连续3个记分周期内没有记满12分记录；3年内无被吊销出租汽车驾驶员从业资格证件的记录	最近连续3个记分周期内没有记满12分记录；3年内无被吊销出租汽车驾驶员从业资格证件的记录	最近连续3个记分周期内没有记满12分记录；3年内无被吊销出租汽车驾驶员从业资格证件的记录
价格要求	定价机制	网约车实行市场调节价，市人民政府在必要时可实行指导价	网约车运价实行市场调节价	网约车运价实行市场调节价	市场公平竞争	市场公平竞争	网约车运价实行市场调节价
	计价机制	合理确定网约车运价，严格执行明码标价规定，服务场所醒目位置公示网约车运价、计价方式、服务内容、收费标准等	公布有关规定符合国家确定的计程计价方式，明确服务项目和质量承诺，合理确定网约车运价方式、计价方式，实行明码标价	提前公示作价规则，计程计价方式和价格标准，按规定明码标价	严格执行明码标价的规定，在网络服务平台和经营场所醒目位置及时、准确公示服务内容、收费标准、投诉电话	提前公示作价规则，计程计价方式和价格标准，按规定明码标价	提前公示作价规则，计程计价方式和价格标准，按规定明码标价
	票据	在本市依法纳税并向乘客提供税务发票	向乘客提供本市出租汽车发票	向乘客提供本市出租汽车发票	向乘客提供相应的出租汽车发票	向乘客提供相应的出租汽车发票	向乘客提供相应的出租汽车发票

综上分析,从业要求涉及多方利益,是直接利益相关者和间接利益相关者重点关注的内容,提出了较多的意见诉求。由于出租车和网约车存在利益矛盾冲突,往往提出的诉求存在较大差异,政府需要寻求各方利益的平衡点,化解社会潜在矛盾。正式文件颁布后,从业要求社会风险因素很有可能发生,对相关群体合法权益构成不利影响。其风险影响规模中等,涉及出租车和网约车等一定数量人群,可能引发一般风险事件,造成一定负面影响。

2)风险程度估计:经定性分析,风险发生概率和影响程度,确定从业要求风险因素的风险概率较高,影响程度中等,风险程度较大,并根据风险概率、影响程度、风险程度的评判参考标准,定量预测风险因素的风险概率为0.8,影响程度为0.6,风险程度为0.48,即引发社会稳定风险可能性较大,社会影响和损失较大,影响和损失是可以接受的,需采取积极有效的防范和化解措施。

(3)劳动用工风险因素分析和风险程度估计。

1)风险发生概率和影响程度分析:根据《中华人民共和国劳动法》要求,国家机关、事业组织、社会团体和与之建立劳动合同关系的劳动者,需依法执行。第三条规定,劳动者享有平等就业和选择职业的权利、取得劳动报酬的权利、休息休假的权利、获得劳动安全卫生保护的权利、接受职业技能培训的权利、享受社会保险和福利的权利、提请劳动争议处理的权利以及法律规定的其他劳动权利。第十六条规定,劳动合同是劳动者与用人单位确立劳动关系、明确双方权利和义务的协议。建立劳动关系应当订立劳动合同。第七十二条规定,社会保险基金按照保险类型确定资金来源,逐步实行社会统筹。用人单位和劳动者必须依法参加社会保险,缴纳社会保险费。

根据《网络预约出租汽车经营服务管理暂行办法》,明确网约车平台公司与驾驶员应根据工作时长、服务频次等特点签订多种形式的劳动合同或协议,明确双方的权利和义务。就网约车平台来说,签订协议较为有利。但会存在部分专职驾驶员以协议方式与网约车平台建立法律关系,存在不平等条款,且此负面情绪一直存在,某一外界因素较容易引起这一群体的共同诉求,形成群体性事件。网约车驾驶员从业期间,为了得到和维持现有工作,将对网

第 2 章　重大政策类事项社会稳定风险评估——以某市网络预约出租汽车经营服务管理实施细则为例

约车平台的一些要求选择忍让。一旦从事了新工作或者离职，将会对劳动用工的不合理之处提出诉求。劳动用工风险因素引发的社会稳定风险发生的可能很小，涉及人数较少，影响时间较短，可能零星引发一般风险事件，局部范围造成不利负面影响。

2）风险程度估计：经定性分析风险发生概率和影响程度，确定劳动用工风险因素的风险概率较低，影响程度较小，风险程度较小，并根据风险概率、影响程度、风险程度的评判参考标准，定量预测拟建项目风险因素的风险概率为 0.4，影响程度为 0.4，风险程度为 0.16，即引发的社会稳定风险可能性较小，社会影响和损失较小，不影响出台《某市网络预约出租汽车经营服务管理实施细则》《某市关于深化改革推进出租汽车行业健康发展的实施意见》《某市关于规范私人小客车合乘的实施意见》的可行性。

（4）劳动就业风险因素分析和风险程度估计。

1）风险发生概率和影响程度分析：出租汽车服务主要包括巡游、网络预约等方式。根据城市特点、社会公众多样化出行需求和出租汽车发展定位，应综合考虑人口数量、经济发展水平、城市交通拥堵状况、出租汽车里程利用率等因素，合理确定出租汽车运力规模及在城市综合交通运输体系中的分担比例，建立动态监测和调整机制，逐步实现市场调节，统筹发展巡游出租车和网约车，对网约车发展实行总量调控，根据市场供求变化实施动态调整，交通运输主管部门将会同有关部门提出年度网约车发展计划，报市政府批准后投放。网约车运价实行市场调节价，必要时实行政府指导价。某市稳定在线运营的网约车数量约为 5000 辆，全市每天网约车呼叫量约 8 万次。2016 年 6 月至 8 月，呼叫用车次数平均以每月 25% 的速度增长。网约车身份合法化后，对出租车的劳动就业产生一定影响。随着社会的发展和国家政策的出台，部分反对网约车的出租车驾驶员的诉求有所变化，由反对和抵制网约车转变为合理管控网约车运营，创建良好公平竞争环境的诉求。基于此种考虑，此处将发生概率和影响程度均定为中等。

2）风险程度估计：经定性分析风险发生概率和影响程度，确定劳动就业的概率中等，影响程度中等，风险程度一般，并根据风险概率、影响程度、风险程度的评判参考标准，定量预测拟建项目工程质量风险因素的风险概率为 0.6，影响程度为 0.6，风险程度为 0.36，即劳动就业影响因素引发社会稳定风险可能性不大，社会影响和损失不大，不影响出台《某市网络预约出租汽车经营服务管理实施细则》《某市关于深化改革推进出租汽车行业健康发展的实施意见》《某市关于规范私人小客车合乘的实施意见》的可行性，应采取积极有效的防范和化解措施。

（5）收入影响风险因素分析和风险程度估计。

1）风险发生概率和影响程度分析：目前某市出租车市场，实行政府特许经营，即政府将城市的出租车业务授予少数几家大公司经营，这些公司再向司机出售营运资格，司机则向公司交纳一定的管理费（经营权有权使用费，俗称"份子钱"）。部分出租车司机购买出租车永久经营权，而网约车合法化导致出租车收入降低，出租车司机出现较大损失，直接影响到个人收入。根据《中国经济周刊》的统计，截至 2016 年 12 月，南京、广州、昆明、济南、杭州、长沙、南昌等城市已经取消出租车经营权有偿使用费，其他城市还在继续执行该政策。哈尔滨出租车每月的"份子钱"在 4000～6000 元，出租车驾驶员从业压力较大。由于网约车的准入门槛较低，大量网约车参与城市客运，对出租车司机收入存在较大影响，是出租车驾驶员的主要诉求之一。期间，大连、芜湖等城市纷纷爆发网约车和出租车驾驶员之间的群体性事件，在全国范围内产生较大影响。不同于出租车驾驶员已经具有稳定的收入，网约车驾驶员可为专职或兼职驾驶员，专职驾驶员一般被高收入吸引，兼职驾驶员有其他稳定的经济来源，网约车收入为额外收入。网约车和出租车驾驶员对收入的感受存在较大差异。

2）风险程度估计：经定性分析风险发生概率和影响程度，确定收入影响风险因素的风险概率较高，影响程度较大，风险程度较大，并根据风险概率、影响程度、风险程度的评判参考标准，定量预测拟建项目交通出行风险因素的概率为 0.8，影响程度为 0.8，风险程度为 0.64，即收入影响因素引发社会稳定风险很有可能发生，关系到出租车和网约车驾驶员的重要权益，如发生社会群体性事件，风险影响的规模较大，涉及人数较多，影响时间较长，可能引发较大风险事件，在某市造成较大负面影响。

（6）利益分配风险因素分析和风险程度估计。

1）风险发生概率和影响程度分析：国务院办公厅《关于深化改革推进出租汽车行业健康发展的指导意见》（国办发〔2016〕58 号）指出，采取承包经

第2章 重大政策类事项社会稳定风险评估——以某市网络预约出租汽车经营服务管理实施细则为例

营方式的承包人和取得经营权的个体经营者，应取得出租汽车驾驶员从业资格，按规定注册上岗并直接从事运营活动。要利用互联网技术更好地构建企业和驾驶员运营风险共担、利益合理分配的经营模式。鼓励、支持和引导出租汽车企业、行业协会与出租汽车驾驶员、工会组织平等协商，根据经营成本、运价变化等因素，合理确定并动态调整出租汽车承包费标准或定额任务，现有承包费标准或定额任务过高的要降低。要保护驾驶员合法权益，构建和谐劳动关系。严禁出租汽车企业向驾驶员收取高额抵押金，现有抵押金过高的要降低。鼓励巡游车经营者、网络预约出租汽车经营者（以下简称"网约车平台公司"）通过兼并、重组、吸收入股等方式，按照现代企业制度实行公司化经营，实现新老业态融合发展。鼓励巡游车企业转型提供网约车服务。鼓励巡游车通过电信、互联网等电召服务方式提供运营服务，推广使用符合金融标准的非现金支付方式，拓展服务功能，方便公众乘车。鼓励个体经营者共同组建具有一定规模的公司，实行组织化管理，提高服务质量，降低管理成本，增强抗风险能力。鼓励经营者加强品牌建设，主动公开服务标准和质量承诺，开展安全、诚信、优质服务创建活动，加强服务质量管理，提供高品质服务。

相比之下，传统出租车企业无论在缴纳税金、社会保险费用、从业人员门槛，还是车辆维护和报废年限、保险费率、定价权等诸方面，都有着远远高出网约车平台的标准和更为沉重的负担，双方的竞争显然有失公平，并由此导致近年来出租车行业士气低迷，从业人员流失，服务水准大幅下降，行业生态急剧恶化。

2）风险程度估计：经定性分析风险发生概率和影响程度，确定利益分配风险因素的风险概率中等，影响程度中等，风险程度一般，并根据风险概率、影响程度、风险程度的评判参考标准，定量预测拟建项目工程质量风险因素的概率为 0.6，影响程度为 0.6，风险程度为 0.36，即利益分配影响因素引发社会稳定风险可能性不大，社会影响和损失不大，不影响出台《某市网络预约出租车经营服务管理实施细则》《某市关于深化改革推进出租汽车行业健康发展的实施意见》《某市关于规范私人小客车合乘的实施意见》的可行性，应采取积极有效的防范和化解措施。

（7）社会舆论风险因素分析和风险程度估计。

1）风险发生概率和影响程度分析：社会舆情就是在群体性突发事件发生前后社会舆论和社会情绪的反应，也是群体性突发事件参与者的社会态度。舆情在群体性突发事件的各个演化阶段的作用不同，舆情表现的是参与者普遍持有的一种对某个社会问题的态度和看法，当出现诱发条件或者受到诱因刺激时，上述的社会心理就会爆发，产生群体性突发事件。应当注意的是，在信息时代社会舆情不一定是真实的社会态度和情绪表达，通过互联网与手机等现代通信工具可以便捷、大规模和快速地形成包括谣言和不真实信息在内的社会舆情。错误的社会舆情会蒙蔽一些潜在的参与者，形成大规模的群体性突发事件。

2）风险程度估计：经定性分析风险发生概率和影响程度，确定拟建项目社会舆论风险因素的概率较高，影响程度较大，风险程度一般。并根据风险概率、影响程度、风险程度的评判参考标准，定量预测拟建项目社会舆论风险因素的概率为0.6，影响程度为0.6，风险程度为0.36。

2.4.2.2 主要风险因素及其风险程度汇总

根据上述对识别出的主要单因素风险的风险概率、影响程度、风险程度的定性分析、定量计算，将拟建项目主要单因素风险风险程度进行排序、汇总，见表2-15。拟建项目初始综合风险指数见表2-16。

表2-15 主要风险因素及其风险程度汇总表

序号	风险类型	发生阶段	风险因素（W）	风险概率（p）	影响程度（q）	风险程度（$R=p \times q$）
1	政策规划审批程序	决策准备实施	公众参与	较高（0.6）	中等（0.6）	一般（0.36）
2	技术经济	决策准备实施	从业要求	较高（0.8）	中等（0.6）	较大（0.48）
3	建设管理	实施	劳动用工	较低（0.4）	较小（0.4）	较小（0.16）
4	经济利益	实施	劳动就业	中等（0.6）	中等（0.6）	一般（0.36）
5	经济利益	实施	收入影响	较高（0.8）	较高（0.8）	较大（0.64）
6	经济利益	实施	利益分配	中等（0.6）	中等（0.6）	一般（0.36）
7	社会环境	实施	社会舆论	中等（0.6）	中等（0.6）	一般（0.36）

第 2 章　重大政策类事项社会稳定风险评估——以某市网络预约出租汽车经营服务管理实施细则为例

表 2-16　拟建项目初始综合风险指数计算表

风险因素 W	权重 I	风险程度（R）					风险指数 $T=I\times R$
		微小 (0~0.04]	较小 (0.04~0.16]	一般 (0.16~0.36]	较大 (0.36~0.64]	重大 (0.64~1.00]	
公众参与	0.10			0.36			0.036
从业要求	0.25				0.48		0.120
劳动用工	0.10		0.16				0.016
劳动就业	0.10			0.36			0.036
收入影响	0.25				0.64		0.160
利益分配	0.10			0.36			0.036
社会舆论	0.10			0.36			0.036
合计	1.00						0.440

2.5　风险防范和化解措施

2.5.1　主要风险因素风险防范和化解措施

拟建项目建设规模适中、时间跨度较长、社会稳定牵涉点较少，在工程建设过程中，要坚持社会稳定问题全过程动态管理，及时发现问题、采取措施。为保护人民群众利益，规范项目建设、确保项目顺利实施及运营，需对可能出现的社会稳定风险源进行有效的防范和化解，对可能存在的问题制定相关的防范解决措施，维护社会稳定。

结合风险识别和风险估计结果，提出拟建项目的风险防范、化解措施如下。

（1）公众参与风险防范、化解措施。

网约车市场活力较大，随着社会需求加上互联网技术的深入发展，公众对网约车的接受度不断提高。政府和相关部门必须重视网约车制度的完善，明确自身的职责，充分发挥自身的主观能动性，最重要的一点在于充分吸收群众的意见建议，让公众参与到改革当中来，充分尊重公众意见；建立合法合规的途径疏导人们的负面情绪,让人们的意见和建议通过正式的程序表达出来而非以街头游行的方式,充分发挥程序正义的价值,改变传统的"上面决策、下面接受"的思想,让民众参与到项目的决策中去,以开放的姿态和合法的途径赢得民众的信任,建立起一套保障民众参与的有效机制;通过发挥程序正义的价值,让民众可以通过正规程序途径来合理地表达意见,降低民众采取极端方式反对项目的可能性,从而降低项目的社会稳定风险;强化公众参与,合法合理地实施《某市网络预约出租汽车经营服务管理实施细则》《某市关于深化改革推进出租汽车行业健康发展的实施意见》《某市关于规范私人小客车合乘的实施意见》的公开和公示;严格按照合法性原则实施决策前公示、社会稳定评估等过程中的公众参与工作。

建议:根据公示 2016 年 11 月份公示期间收到的诉求和意见总体情况,以及群众意见和诉求的采纳情况,另附最新版《某市网络预约出租汽车经营服务管理实施细则》《某市关于深化改革推进出租汽车行业健康发展的实施意见》《某市关于规范私人小客车合乘的实施意见》。

(2) 从业要求风险防范、化解措施。

根据《网络预约出租汽车经营服务管理暂行办法》《关于深化改革推进出租汽车行业健康发展的指导意见》《关于网络预约出租汽车车辆准入和退出有关工作流程的通知》《关于网络预约出租汽车经营者申请线上服务能力认定工作流程的通知》等文件要求,合理制定符合某市市情的政策导向(原则、机制)、平台公司(设置条件、经营许可)、车辆要求(牌照、车辆指标、车辆属性、标识标志、保险要求、安全保障、资质申请、经营年限)、驾驶员(户籍、驾照资质、资质有效期、性别年龄、驾龄、其他要求)、价格要求(定价机制、计价机制、票据)等关键指标数据,尽量听取和采纳出租车、网约车和市民的意见和诉求。

依靠专家团队,依据《出租汽车驾驶员从业资格管理规定》,制定网约车驾驶员考核办法和内容,出台考核内容、范围,实现考核的标准化和公开化,制定科学合理的考核制度。

在《细则》规定范围外,严禁网约车平台公司自行制定对网约车驾驶员的附加要求。

第2章 重大政策类事项社会稳定风险评估——以某市网络预约出租汽车经营服务管理实施细则为例

建议：规范行业管理制度，加强对黑车和非法运营网约车的打击力度，《某市网络预约出租汽车经营服务管理实施细则》《某市关于深化改革推进出租汽车行业健康发展的实施意见》《某市关于规范私人小客车合乘的实施意见》颁布后切实落实具体条款。

（3）劳动用工防范、化解措施。

根据网约车的车辆和驾驶司机的来源，四方协议模式又可以进一步细分。网约车车辆有三种来源，即网络平台公司自有车辆、租赁公司车辆以及私家车辆（挂靠在租赁公司的私家车辆）；同样驾驶员的来源也有三种：网络平台公司雇佣驾驶员、劳务公司派遣驾驶员以及私家车主充当驾驶员。由此，在实践中形成了三种常见的经营模式，即"私家车+私家车主"模式、"租赁公司车辆+劳务公司驾驶员"模式、"平台自有车辆+劳务公司（平台）驾驶员"模式。在"私家车+私家车主"模式中，四方协议实质上演化为网络平台与私家车主的雇佣或者合作关系，双方的权利义务通过劳动合同或者合作协议确定为"合作伙伴"，网络平台通过有效撮合供需服务信息完成旅客运输服务。从我国网约车运营的实际情况看，"私家车+私家车主"模式占据了网约车的绝大多数。在该模式下，私家车车主本应将私家车挂靠在汽车租赁公司名下，再通过劳务派遣公司派遣作为驾驶员，从而形成一份由网络平台公司、汽车租赁公司、劳务派遣公司以及司机共同签订的"四方协议"。但实际上，网约车车辆为驾驶员所有，汽车租赁公司、劳务派遣公司仅为规避法律法规的监管而存在，是车辆和司机名义上的管理者，并不能对车辆和驾驶员行使实际的管理职责。网络平台牵头将汽车租赁公司、劳务派遣公司以及私家车主等相关主体关联在一起，从实际情况看，网络平台对于网约车运营中出现的各种侵权损害事件和事故承担了最大限度的赔偿义务，但是需要防止网络平台通过四方协议形式逃避责任，使其仅仅成为乘客出行信息的提供者，将网约车运营中出现的法律纠纷推给汽车租赁公司、劳务派遣公司或者私家车司机。现有网约车中的"滴滴专车"等绝大多数即采用该种模式。滴滴《专车使用条款》第1条"我们的服务"规定，"滴滴出行平台提供的不是出租车及驾驶服务，我们所提供的仅是租赁车辆及驾驶人员的相关信息。我们只是您和供应商之间的平台。因此，租车服务供应商向您提供的租车服务受到您与租车服务供应商之间协议条款的约束；驾驶服务供应商向您提供的驾驶服务受到您与驾驶服务供应商之间的协议条款的约束"。认定网约车服务平台公司的运输服务提供者角色是网约车平稳正常发展的前提,如果不是这样必将引发网约车市场的极大混乱,使其难以为继。从管理者的角度看,只有认定网约车服务平台公司的运输服务提供者身份,才能对网约车实施有效的监督管理;从消费者保护角度看,对于网约车服务过程中出现的责任事故、侵权行为以及服务质量问题等,只有网络平台才有能力履行运输服务合同中规定的义务,并在出现服务异常时予以处理。也正因为如此,虽然网络平台往往宣称自己仅仅是运输信息提供者或者运输合同的居间者,但在网约车运营中实际发生责任事故、侵权行为或者服务质量等情况时,绝大多数情况下网络平台都实际承担了相应的赔偿责任,甚至当网约车司机被行政执法机关以未经许可经营道路运输服务而处以行政处罚时,网约车服务平台还为被罚司机支付了高额的行政处罚金。从网约车实际情况看,网约车服务平台都是网约车的实际管理人,网约车运营的每个环节,车辆、人员的运营管理、运输合同订立、服务质量监管、责任事故处理等所有方面都是由网络平台在进行,因此应当认定网络平台的运输服务提供者的角色定位。《网络预约出租汽车经营服务管理暂行办法》已经明确规定,网约车平台承担承运人责任。

网约车平台经营过程中应严格执行《中华人民共和国劳动法》《网络预约出租汽车经营服务管理暂行办法》,核实驾驶员的实际从业情况和合同(协议)签订情况,对网约车平台加强劳务用工监管。

建议:定期与网约车驾驶员代表座谈,并抽查网约车平台劳动用工情况。签订的合同(协议)应与驾驶员实际从业情况相符。

(4)劳动就业风险防范、化解措施。

某市将打造以常规公交为主体、城市轨道交通为骨干、出租车为有效补充的城市公共交通网络体系。出租车的定位基本可以确定为满足具有一定消费能力群体的个性化出行、部分公务出行和社会大众特殊出行需求的交通方式,是大中容量公交的补充。

随着生活水平的提高,廉价的大中容量公交对人们的吸引力将越来越小,相对"昂贵"的出租车会受到更广泛欢迎,而且成为唯一可与私家车竞争的交通方式。出租车与其他城市客运形式之间既有替代关系,又有互补关系。

第2章 重大政策类事项社会稳定风险评估——以某市网络预约出租汽车经营服务管理实施细则为例

现实中,表现比较充分的是替代关系,即竞争关系。出租车与私家车、公交的竞争关系,主要取决于方便、舒适、及时等服务质量要素与价格。考虑到出租车的运营效率较低,总量应适度发展。

出租车与网约车之间存在就业岗位竞争,高端人群对价格不十分敏感,两者之间竞争的焦点是服务。如果出租车服务令人满意,网约车的发展会相应缓慢一些;相反,出租车服务不能令人满意,网约车的发展会快一些。出租车的竞争对象是不可持续的私家车,应该在不波及大中容量公交的前提下尽量压低出租车运价水平,以保持与私家车竞争的价格优势,延缓私家车的增长并限制其使用。

某市的网约车发展应实行总量调控,根据市场供求变化实施动态调整。交通运输主管部门应会同有关部门,综合考虑道路交通状况、经济发展水平、人口数量、地域面积、消费习惯、出租汽车里程利用率等因素,提出年度网约车发展计划,报市人民政府批准后投放,具体的投放方式将采取以服务质量信誉为主要竞标条件的招投标方式。网约车运价实行市场调节价,必要时实行政府指导价。

应明确私家车不能从事网约车服务。出租汽车是营运服务,网约车作为出租汽车的一种方式,提供服务的车辆应为营运车辆。而传统意义上的私家车是指个人所拥有的非营运性质的小客车。我国对于营运与非营运车辆实行严格区分管理,二者在车辆技术性能、安全检测、报废年限、保险税费等很多方面都存在不同。因此,私家车不能从事网约车服务,但符合条件的私家车按程序申请经核准登记为预约出租客运后,可以从事网约车服务,虽然仍是个人所有,但已转变为营运性质。

建议:由第三方编制年度出租车投放量总量研究专题,作为巡游出租车和网约车投放量的支撑。在保障客运服务功能的同时,预测分析投放量对出租车驾驶员和网约车驾驶员收入的影响,应保证收入水平不降低。采用市场竞争的方式分配出租车和网约车的岗位。

(5)收入影响风险防范、化解措施。

从内部挖潜,提升出租车服务质量。认真宣传贯彻《出租汽车经营服务管理规定》《出租汽车运营服务规范》,严格规范出租车行业经营行为。加强驾驶员准入和日常管理,开展出租汽车行业优质服务竞赛活动,多方协作开展出租车市场秩序整治，应用科技管理手段，完善车载硬件设施。加强行业精神文明建设，加强对出租汽车经营者的规范管理。

具体措施：①针对召车方式不便捷的问题，出租车公司需要采用互联网技术打造新的召车平台，确保乘客快速叫到车。与传统的电召平台相比，互联网召车平台成本低且影响力巨大，应引起出租车公司重视。②提高乘客乘坐体验。具体来说主要有升级出租车车型、提高司机服务水平、车内提供多种消费方式，比如除先进支付外，还可以通过银行卡、IC 卡、支付宝与微信等方式支付。③打造可靠的司机队伍。在网约车车引入私家车造成安全隐患的当下，出租车公司可以凭借可靠的司机队伍获得消费者信赖。这需要出租车公司认真审核司机资质、加强司机岗位的相关培训，提高司机的服务质量与水平。

建议：调动出租车企业以及驾驶员的积极性，当地政府每年拨一定资金，对考核成绩优秀的企业和驾驶员进行奖励，提升出租车的服务能力和竞争能力。建立出租车供需信息共享平台，实现出租车传统行业"互联网+"的转变。

（6）利益分配风险防范、化解措施

出租车和网约车应该公平竞争，提升服务水平，赢得各自的发展，政府在具体实施过程中充分平衡好利益关系。

关于出租车的"份子钱"，根据国务院办公厅《关于深化改革推进出租汽车行业健康发展的指导意见》（国办发〔2016〕58 号）指出，出租汽车服务主要包括巡游、网络预约等方式。城市人民政府要优先发展公共交通，适度发展出租汽车，优化城市交通结构。要统筹发展巡游出租汽车和网络预约出租汽车，实行错位发展和差异化经营，为社会公众提供品质化、多样化的运输服务。新增出租汽车经营权一律实行期限制，不得再实行无期限制，具体期限由城市人民政府根据本地实际情况确定。新增出租汽车经营权全部实行无偿使用，并不得变更经营主体。既有的出租汽车经营权，在期限内需要变更经营主体的，依照法律法规规定的条件和程序办理变更手续，不得炒卖和擅自转让。对于现有的出租汽车经营权未明确具体经营期限或已实行经营权有偿使用的，城市人民政府要综合考虑各方面因素，科学制定过渡方案，合理确

第2章 重大政策类事项社会稳定风险评估——以某市网络预约出租汽车经营服务管理实施细则为例

定经营期限,逐步取消有偿使用费。建立完善以服务质量信誉为导向的经营权配置和管理制度,对经营权期限届满或经营过程中出现重大服务质量问题、重大安全生产责任事故、严重违法经营行为、服务质量信誉考核不合格等情形的,按有关规定收回经营权。

建议:政府出租车主管部门抓紧制定出租车经营权改革机制,减少出租车驾驶员的从业负担。

(7) 社会舆论风险防范、化解措施。

项目单位和基层政府部门应加强媒体正面宣传和引导,加大舆论正面引导。合理引导群众对项目的心理态度,使群众了解《某市网络预约出租汽车经营服务管理实施细则》《某市关于深化改革推进出租汽车行业健康发展的实施意见》《某市关于规范私人小客车合乘的实施意见》出台的背景及重要意义,科学认知本项目的环境、安全风险,避免群众因对本细则缺乏了解而受到恶意造谣者的挑唆,并及时收集群众意见,对群众的误解及时解释和澄清,加强信息的公开化、透明化,营造健康发展的舆论环境。

重视网络舆论所反映的民众对本项目的态度、意见和情绪,主动关注弱势群体诉求和表达,包括理性的和不理性的。积极对项目进行正面宣传引导,监控网络流言和虚假信息对项目的不良影响,对关于项目的负面舆论及时做出回应。将网络舆情监控作为一项日常性的工作,建立监测、预警、应对机制,及时监控和采集行业网站、有影响力的论坛和网络社区、项目所在地地方论坛和网络社区的信息。

应建立危机管理机制,如遇突发事件,通过网络、报纸、电视等多种渠道密切关注舆论走向,及时疏导群众情绪,防止矛盾激化。建立舆情管理岗位责任制,对舆情引导工作的人员配备、工作原则、工作职能、工作重点等内容做出详细规定,明确任务、标准和完成时限,定期将舆情及处置信息报送上级主管部门,并以此作为年终考核的重要指标。

2.5.2 编制并形成风险防范、化解措施汇总表

提出的风险防范、化解措施编制的风险防范、化解措施汇总见表2-17。

表2-17 风险防范和化解措施汇总表

序号	风险发生阶段	风险因素	主要防范、化解措施	实施时间和要求	责任主体	协助单位
1	决策准备实施	公众参与	建立合法合规的正式途径来疏导人们的负面情绪，和建议通过正式的程序表达出来，让人们的意见以开放的姿态和合法的途径赢得民众的信任。参与的有效机制。强化公众参与，合法合理地实施《某市网络预约出租汽车经营服务管理实施意见》《某市关于深化改革推进出租汽车行业健康发展的实施意见》的公开和公示。 建议：公示2016年11月份公示期间收到的诉求和意见总体情况，以及根据群众意见和诉求的采纳情况，另附最新版《某市网络预约出租车经营服务管理实施细则》《某市关于规范私人小客车合乘的实施意见》	决策准备实施	出租车管理处	市交通运输局
2	决策准备实施	从业要求	落实《网络预约出租汽车经营服务管理暂行办法》的相关要求，制定符合某市市情的网约车管理实施细则，尽量听取出租车纳租车、网约车和市民的意见和诉求。依靠专家团队，依据《出租汽车驾驶员从业资格管理规定》，制定网约车平台考核办法和采纳《细则》规定范围内，严禁网约车平台公司自行制定对网约车驾驶员的附加要求	决策准备实施	出租车管理处	市交通运输局
3	实施	劳动用工	严格执行《中华人民共和国劳动法》《网络预约出租汽车经营服务管理暂行办法》和《网络预约车驾驶员管理办法》。 建议：定期与网约车驾驶员代表座谈，并抽查网约车平台动用工情况。签订的合同（协议）应与驾驶员实际从业情况相符	实施	出租车管理处 出租车公司 网约车平台	市交通运输局

第2章 重大政策类事项社会稳定风险评估——以某市网络预约出租汽车经营服务管理实施细则为例

续表

序号	风险发生阶段	风险因素	主要防范、化解措施	实施时间和要求	责任主体	协助单位
4	实施	劳动就业	某市的网约车发展实行总量调控。网约车运价实行市场调节价，根据市场需求变化实施动态调整，必要时实行政府指导价。建议：由第三方编制年度出租车投放量调控专题，运营服务功能的同时，预测分析投放量对出租车驾驶员和网约车驾驶员收入的影响，投放量应保证收入水平不降低。采用市场竞争的方式分配出租车和网约车的岗位	实施	出租车管理处 出租车公司 网约车平台	市交通运输局 市劳动保障局
5	实施	收入影响	从内部挖潜，提升出租车服务质量。建议：调动出租车企业以及驾驶员的企业和驾驶员的积极性，对考核成绩优秀的企业和驾驶员进行奖励，当地政府每年拨款一定资金。提升出租车的服务能力和竞争能力，建立出租车供需信息共享平台，实现出租车传统行业"互联网+"的转变	实施	出租车管理处 出租车公司 网约车平台	市政府
6	实施	利益分配	切实落实《国务院办公厅关于深化改革推进出租汽车行业健康发展的指导意见》（国办发〔2016〕58号）文件要求。建议：政府出租车主管部门紧密制定出租车经营权改革机制，减少出租车驾驶员的从业负担	实施	出租车管理处 出租车公司 网约车平台	某市人民政府
7	实施	社会舆论	出租车管理处和基层政府部门应加强媒体正面宣传和引导，关注网络舆论所反映的民众对本项目的态度、意见和情绪，包括理性表达和不理性的。应建立危机管理机制，如遇突发事件，通过网络、报纸、电视等多种渠道密切关注舆论走向，及时疏导群众情绪，防止矛盾激化	实施	出租车管理处 市新闻办	某市人民政府

2.6 风险等级

2.6.1 风险防范及化解措施判断依据

（1）合法性。

提出的风险防范、化解措施符合现行相关法律、法规、规范以及国家有关政策，符合产业政策、标准规范、前期支持性文件。

（2）可行性。

提出的风险防范、化解措施有比较具体的方案和措施、实施时间和要求、责任主体及协助单位，具有可行性。

（3）有效性。

提出的风险防范、化解措施所依据的有关文件合法有效。

（4）可控性。

提出的风险防范、化解措施执行基本可控。

2.6.2 落实措施前后主要风险因素变化趋势和结果

结合单因素风险估计结果，以及上述风险防范、化解措施，预测在落实措施前后各主要风险因素变化的趋势和结果见表2-18。

表2-18 落实措施前后各主要风险因素变化对比表

序号	风险因素（W）	风险概率		影响程度		风险程度	
		前	后	前	后	前	后
1	公众参与	较高（0.6）	较低（0.4）	中等（0.6）	中等（0.6）	一般（0.36）	一般（0.24）
2	从业要求	较高（0.8）	中等（0.6）	中等（0.6）	中等（0.6）	较大（0.48）	一般（0.36）
3	劳动用工	较低（0.4）	较低（0.3）	较小（0.4）	较小（0.4）	较小（0.16）	较小（0.12）
4	劳动就业	中等（0.6）	较低（0.4）	中等（0.6）	中等（0.6）	一般（0.36）	一般（0.24）
5	收入影响	较高（0.8）	中等（0.6）	较高（0.8）	中等（0.6）	较大（0.64）	一般（0.36）
6	利益分配	中等（0.6）	中等（0.5）	中等（0.6）	中等（0.6）	一般（0.36）	一般（0.30）
7	社会舆论	中等（0.6）	中等（0.5）	中等（0.6）	中等（0.5）	一般（0.36）	一般（0.25）

2.6.3 落实措施后风险等级判断

（1）落实措施后拟建项目综合风险指数计算。

在进行单因素风险估计的基础上，运用专家评分统计法等适当的方法确定各单因素风险在拟建项目整体风险中的权重和风险程度值，采用综合风险指数法定量计算项目综合风险指数。拟建项目综合风险指数计算结果见表 2-19。

表 2-19　拟建项目综合风险指数计算表

风险因素	权重 W	风险程度（R）					风险指数 $T=I\times R$
	I	微小 (0～0.04]	较小 (0.04～0.16]	一般 (0.16～0.36]	较大 (0.36～0.64]	重大 (0.64～1.00]	
公众参与	0.10			0.24			0.024
从业要求	0.25				0.36		0.090
劳动用工	0.10		0.12				0.012
劳动就业	0.10				0.36		0.036
收入影响	0.25			0.30			0.075
利益分配	0.10			0.30			0.030
社会舆论	0.10			0.25			0.025
合计	1.00						0.292

注：风险因素权重应做归一化处理。

（2）落实措施后拟建项目预期风险等级判断。

落实措施后拟建项目预期综合风险指数为 0.292＜0.36，通过风险估计计算结果与综合风险指数评判标准的对比，确定落实措施后拟建项目预期的风险等级为低风险等级，意味着项目实施过程中得到多数群众理解支持，但少部分群众对项目建设实施有意见，通过有效工作可进一步防范和化解矛盾。根据国家有关文件要求，项目存在低风险，但有可靠防控措施的，可以进行审批、核准，但应完善应急处置预案。

同时，还应注意到社会稳定问题的发生和发展具有很大的不确定性，在项目实施过程中，如果有关措施落后于《细则》出台或没有按要求实施，则发生社会不稳定可能性较大，反之会较低；另外，社会稳定问题的处理也是影响社会稳定数量和程度的因素之一，处理得当可以有效避免再次发生和事态扩大。

2.7 风险分析结论

2.7.1 拟建项目主要的风险因素

拟建项目存在从业要求、收入影响、利益分配、社会舆论、公众参与、劳动就业、劳动用工等 7 个主要风险因素。

2.7.2 拟建项目风险等级

经分析，拟建项目社会稳定风险等级综合评定为低风险。

在项目建设实施过程中多数群众表示理解支持，但少部分人可能对项目的建设有意见，可通过有效工作进行防范和化解矛盾，采取必要的防范措施减少或者避免这些社会稳定风险的发生。在严格落实相应的宣传解释、风险防范及化解措施后，项目的社会稳定风险将会得到有效控制和降低，不会影响到《细则》的出台。

目前本《细则》尚处于决策阶段，仍存在许多不确定因素。本次社会稳定风险评估结论和防范措施是在依据现有资料和深度的基础上进行的分析论证。随着工作的深入和外部环境的变化，可能会出现新的社会稳定风险因素，进而影响到评估结论。在《某市网络预约出租汽车经营服务管理实施细则》《某市关于深化改革推进出租汽车行业健康发展的实施意见》《某市关于规范私人小客车合乘的实施意见》实施过程中需对社会稳定风险进行全程动态跟踪，及时发现新的社会稳定风险隐患，调整完善相应的防范措施和应急预案，更好地维护社会稳定，促进社会和谐发展。

2.7.3 落实风险防范、化解措施的有关建议

网约车和巡游车一样，提供的是针对广大公众的客运服务，设定规则、维护秩序、兜住底线、保障安全，是政府部门应尽的职责，应发挥政府引导

第 2 章　重大政策类事项社会稳定风险评估——以某市网络预约出租汽车经营服务管理实施细则为例

和监管作用。从原来的重许可、轻监管，调整到事前准入与事中事后监管并重，同时发挥社会公众的监督作用。一是做好事前准入审核。重点针对平台服务能力、车辆性能、驾驶员和驾驶安全等方面设置了基本的准入条件，由政府委托出租车管理处实施事前审核，把好源头关。二是定期向社会公布网约车平台公司基本信息、服务质量测评结果、乘客投诉处理情况等信息，将事中事后监督结果及时公布，增加行业监管透明度。三是建设和完善政府监管平台，通过信息化手段实现全过程监管。四是建立多部门联合监管机制，特别是实现部门间的信息共享与互联互通，提升监管效能。五是加强信用体系建设，建立评价系统，将平台公司和驾驶员的违法违规及失信行为、投诉举报、乘客服务评价等信息记录作为市场准入退出的重要依据，并纳入全国信用信息共享平台，通过信用体系建设规范网约车经营管理服务行为。

网约车监管部门要明确自身职责，制定网约车安全规章制度、网约车驾驶员操作规范制度、网约车准入制度等，同时要合理管控网约车的数量，做到不影响传统出租车行业的基本利益。通过有效的监管体制实现网约车行业的良性运营，形成网约车、出租车之间的良性竞争机制，便利人们的出行需求，提高市民的生活幸福指数。

在文案研究、现场走访和专家评估的基础上，认为拟颁布的《某市网络预约出租汽车经营服务管理实施细则》《某市关于深化改革推进出租汽车行业健康发展的实施意见》《某市关于规范私人小客车合乘的实施意见》存在"从业要求、收入影响、利益分配、社会舆论、公众参与、劳动就业、劳动用工"等7个主要社会稳定风险因素。针对各主要社会稳定风险因素，本次评估提出了相应的风险防范和化解措施，并辅以应急预案，以综合防范、化解可能引发的社会稳定风险。采用定性、定量方法对存在的主要社会稳定风险因素进行了估计，综合评估了拟颁布的《某市网络预约出租汽车经营服务管理实施细则》《某市关于深化改革推进出租汽车行业健康发展的实施意见》《某市关于规范私人小客车合乘的实施意见》主要社会稳定风险因素的风险程度，并经加权计算，分析了项目的整体风险水平，评估认为落实风险防范措施后的综合风险指数为 0.292，风险等级为低风险。

具体建议如下。

（1）共调查了 10 家出租车公司，3 家网约车平台公司（滴滴平台提供了

6家加盟单位的书面意见），共18家单位的意见，其中12家支持、2家反对、4家有条件支持出台《某市网络预约出租汽车经营服务管理实施细则》《某市关于深化改革推进出租汽车行业健康发展的实施意见》《某市关于规范私人小客车合乘的实施意见》。

调查驾驶员713名（网约车驾驶员181名，出租车驾驶员532名）。驾驶员53.16%支持、5.19%无所谓、41.65%反对出台《某市网络预约出租汽车经营服务管理实施细则》《某市关于深化改革推进出租汽车行业健康发展的实施意见》《某市关于规范私人小客车合乘的实施意见》。其中，被调查网约车驾驶员49.72%支持、1.66%无所谓、48.62%反对出台《某市网络预约出租汽车经营服务管理实施细则》《某市关于深化改革推进出租汽车行业健康发展的实施意见》《某市关于规范私人小客车合乘的实施意见》；被调查出租车驾驶员54.32%支持、6.39%无所谓、39.29%反对出台《某市网络预约出租汽车经营服务管理实施细则》《某市关于深化改革推进出租汽车行业健康发展的实施意见》《某市关于规范私人小客车合乘的实施意见》。

《某市网络预约出租汽车经营服务管理实施细则》《某市关于深化改革推进出租汽车行业健康发展的实施意见》《某市关于规范私人小客车合乘的实施意见》的出台可能引发社会不稳定风险，应保证提出的风险防范和化解措施有效落实。切实做好某市出租汽车行业协会、某市联盟出租汽车股份有限公司、某市凯乐汽车经纪有限公司、某省永达汽车租赁股份有限公司等持有较大意见和诉求单位的政策宣传引导工作。

（2）市出租车管理处应结合实际情况，配合政府相关部门做好社会舆论宣传工作，营造良好的舆论环境，同时要制定有针对性的风险防范措施，落实责任主体，并建立社会稳定动态评估机制，对风险进行跟踪监控，制定风险防范预案，及时排查隐患，确保《细则》顺利实施，并与地方政府的应急预案协调联动。

（3）建立健全市出租车管理处与出租车、网约车的协商机制。在日常工作中，市出租车管理处除与出租车公司和网约车平台多沟通交流外，还应注重与当地党委、政府沟通交流和互通，及时分析和预测可能出现的社会稳定风险，并采取预防或防范措施，注重及时发现和观察细微矛盾的出现，及时制定应对措施并采取相应措施加以解决，预防矛盾的积累和集中暴发。

第 2 章　重大政策类事项社会稳定风险评估——以某市网络预约出租汽车经营服务管理实施细则为例

（4）建议市出租车管理处组建维稳工作小组，与政府相关部门密切配合开展维稳工作。日常维稳工作主要从以下几方面重点开展：与出租车和网约车驾驶员开展对话，了解主要意见、建议和要求，并及时与有关部门沟通，认真细致地做好矛盾化解和社会稳定。及时掌握出租车和网约车动态，协助相关部门采取预防性措施，防止矛盾扩大和激化。根据不稳定因素驾驶员构成特点，与街道办、公安局一起开展对相关者背景情况的调查，制定具有针对性的化解措施，为推进整体矛盾化解工作创造条件。根据驾驶员的实际情况，制定各项安抚方案。采用多种形式，做好个别意见较大、反映较强烈的驾驶员矛盾的化解工作和有一定影响力的驾驶员代表的说服工作，积极争取居民的理解和支持。同时，做好个别驾驶员个案的化解工作。

（5）统一政策解答口径，做好各种疑惑的解答工作。为了消除出租车司机对网约车合法性及涉及的有关问题的质疑，实现《某市网络预约出租汽车经营服务管理实施细则》《某市关于深化改革推进出租汽车行业健康发展的实施意见》《某市关于规范私人小客车合乘的实施意见》的公开、透明，建议市出租车管理处根据工作职能，针对驾驶员的主要诉求，做好政策解答准备工作，形成统一的答复意见。在政策解答的同时，市出租车管理处还应通过媒体，正面宣传《某市网络预约出租汽车经营服务管理实施细则》《某市关于深化改革推进出租汽车行业健康发展的实施意见》《某市关于规范私人小客车合乘的实施意见》对规范出租汽车运行市场的重要作用。政府、媒体或个人宣传、引导不当以及出租车和网约车驾驶员误读相关政策法规，都有可能引发群体性事件。因此，必须正确引导媒体和群众的舆论导向，做到信息的公开、透明。强化宣传工作管理制度，严格宣传纪律。

（6）出租车管理处及其相关部门应落实监管责任和风险防范化解措施，制定突发性社会稳定事件应急预案，做好出租车和网约车驾驶员的维稳工作，确保社会稳定。

（7）《某市网络预约出租汽车经营服务管理实施细则》《某市关于深化改革推进出租汽车行业健康发展的实施意见》《某市关于规范私人小客车合乘的实施意见》颁布后，要切实增强出租车监督监管力量，加强事后监管，规范运营秩序。出租车管理处及其相关部门加强对黑车和非法运营网约车的打击力度，切实落实《某市网络预约出租汽车经营服务管理实施细则》《某市关于深化改革推进出租汽车行业健康发展的实施意见》《某市关于规范私人小客车合乘的实施意见》提出的各项具体要求，创建公平、公开、公正的出租车运营环境。

（8）根据综合问卷调查和现场走访的调研结果，出租车驾驶员对《某市网络预约出租汽车经营服务管理实施细则》《某市关于深化改革推进出租汽车行业健康发展的实施意见》《某市关于规范私人小客车合乘的实施意见》中"计税价格不低于 12 万元"提出较大异议。考虑公示"裸车价格不低于 15 万元"（第一次公示）期间引起网约车驾驶员较大争议，从维护社会稳定角度出发，建议删除"计税价格不低于 12 万元"的表述（调查了 18 座城市的网约车管理实施细则，仅 5 座城市对裸车价格或者计税价格提出了要求）。

（9）采取有效措施提升巡游出租车驾驶员收入。网约车的无序竞争，对传统出租车行业冲击较大，体现在驾驶员收入大幅度降低，进而引起出租车和网约车驾驶员的矛盾对立。建议行业主管部门根据《国务院办公厅关于深化改革推进出租汽车行业健康发展的指导意见》（国办发〔2016〕58 号）的要求，抓紧出台适合市情的出租车管理规定，减轻巡游出租车运营压力，增加驾驶员收入。调动出租车企业以及驾驶员的积极性，当地政府每年划拨一定资金，对考核成绩优秀的企业和驾驶员进行奖励，提升出租车的服务能力和竞争能力。建立出租车供需信息共享平台，实现传统的出租车行业向"互联网+"的转变。

（10）从维持社会稳定角度出发，建议由第三方编制年度出租车投放量总量研究专题，在保障客运服务功能的同时，预测分析投放量对出租车驾驶员和网约车驾驶员收入的影响，投放量应保证传统出租车司机收入水平不降低。

第3章 大型活动类事项社会稳定风险评估
——以某少数民族大型庆典活动为例

3.1 基本情况

3.1.1 活动概况

嘎布喀草原属于温带季风气候，年平均降水量 450.9mm 左右，虽然位于黑龙江省第三积温带上限，但因土质沙性强，增温快，全年无霜期为 120~125 天。每年的 6 月 18 日是鄂温克族传统节日——"瑟宾节"。"瑟宾"是鄂温克族语，意为"欢乐祥和"。近年来，在某市委市政府的大力支持下，瑟宾节举办规模不断扩大，知名度不断提升，文化效益、经济效益逐步彰显，2017 年拉动消费 470 万元。某市通过举办第二十五届鄂温克族"瑟宾节"，进一步传承和弘扬民族文化，充分挖掘讷河自然、历史、人文、资源等特色优势，着力打造具有民族特色的传统文化旅游品牌。"瑟宾节"部分文体活动见图 3-1。

图 3-1　"瑟宾节"部分文体活动

集聚规模：2017 年吸引游客 4.2 万人次，当时预计此次最大高峰集聚量为 5.5 万人。主要人员来源为哈尔滨市、富裕县、拉哈镇、莫力达瓦旗以及周边县市居民。按照每辆车承载 4 人计算，最大高峰车辆集聚量为 1.375 万辆。

交通方式：主体为自驾游，部分游客乘坐旅游大巴（专业旅游公司负责组织）。

活动方案：第二十五届"瑟宾节"采取政府主办和商业化运营相结合的模式。2018 年 6 月 17 日晚，在圣女湖水上舞台举办"我的根在草原明星表演"，邀请多位知名艺人进行专场演出；在嫩江岸边举办焰火表演；在敖包旁举办篝火晚会。同时，举办民俗展，展出鄂温克民族特色服装、农业生产用具、桦树皮、兽皮、柳编、草编等工艺品；举办民间艺术展，展出剪纸、树皮画、石子画等代表讷河本土文化的特色工艺品；举办图片展，展出有关鄂温克族历史发展变迁的相关照片；举办展览，组织讷河及周边喜爱石头工艺的客商到玛瑙产业园举办展览；举办"瑟宾节"论坛，邀请中国社会科学院民族文学研究所党委书记朝克等民族民俗专家学者参加论坛进行学术研讨交流。6 月 18 日上午，在敖包前举办祭祀仪式；在嘎布喀草原举办有奖赛马、少数民族运动会、风筝表演；举办踏青穿林订"跨栏猪""上树鸡"活动；举办鄂温克民俗体验游活动，体验抢枢、颈力、拉棍、骑马、捕鱼、射猎、采摘等；举办原生态观光游活动，还可在民族风情园参观民俗馆，在黄花岛赏花、泛舟垂钓，在百路村游览老榆树、古井、圣女湖，在新江林场感受天然生态氧吧。

建设工程：正在进行规划功能区设置：扩建圣女湖，建设水上舞台，修砂石路，铺设涵管，搭建厕所，打机电井，浇灌草场，建设接待中心。活动场地分布见图3-2。

图3-2 瑟宾节活动场地分布图

环境保护、水土保持：施工期噪声主要来自施工及材料运输中的各种施工设备、运输车辆作业，活动期舞台音响、群众欢庆、烟花爆响、车辆噪声等。施工期污水主要来自施工队伍的生活污水及施工机械、设备等产生的少量含油废水。活动期污水主要来自群众欢庆产生的废水，主要污染物为 SS、COD、BOD 和氨氮等。对水源保护区主要影响为施工期基础开挖、钻孔产生的泥浆水以及施工营地的生活污水。施工作业产生废水泥浆如不及时处理，可能影响圣女湖水体水质及嫩江水质。施工期主要的空气污染物为施工机械排放的尾气和施工扬尘，活动期间为燃放庆典烟花产生氮氧化合物和篝火的烟尘，主要为一氧化二氮（N_2O）、一氧化氮（NO）、二氧化氮（NO_2）、三氧化二氮（N_2O_3）等。施工期固体废物主要为工程施工产生的建筑垃圾和工作人员产生的生活垃圾。活动期固体废物主要来源于游客产生的垃圾。

生态变化：对嘎布喀草原和圣女湖主要影响为施工期舞台建设、圣女湖水面扩大及其他人为施工活动和机械碾压对地表植被带来破坏和扰动，易产生水土流失。施工场地及施工车辆、施工人员的活动会给沿线环境产生影响并带来视觉反差。扩建圣女湖、建设水上舞台、修砂石路、铺设涵管、搭建厕所、打机电井、建设接待中心等工程永久占地将改变原有土地的利用类型，使土地原有使用功能丧失、地表植被破坏，对生态环境造成影响。取弃土场、施工场地及施工便道等临时工程也将占地破坏植被。工程建设中填挖和取土将改变原有自然地貌形态和地表结构，对场地水土资源产生影响，使地表土层松动、植被破坏，土壤抗蚀性下降，加剧水土流失。施工中弃土、钻孔桩泥浆若不及时清运，将占压土地、掩埋植被，遗弃的松散堆积层易形成水土流失；若对圣女湖锥体坡面防护不当，容易造成水蚀，加剧水土流失。开辟（使用）施工便道和场地以及其他人为施工活动和机械碾压均会对地表植被和地表土层结构造成破坏和扰动，导致土层板结或松动，渗水和蓄水能力降低，易产生水土流失。

施工期间对施工营地产生的生活污水集中收集统一处理达标后排放，避免直接排入水体。各种施工机械、车辆洗刷废水设简易隔油池处理，基础施工污水做沉淀处理。活动期对污水的处理本着统一规划、合理布局、集中排放的原则，建设 4 处厕所，采用车辆运输的方式纳入城市污水处理系统。通过加强施工期环境保护措施，优化施工工艺，加强环境监管，使工程建设对圣女湖和嫩江水质产生的影响可控。工程建成后，无污染物排放，对水源保护区无影响。施工期，采取洒水的方式降低扬尘的产生，施工机械定期检修，确保尾气达标排放。活动期燃放庆典烟花产生的氮氧化合物和篝火的烟尘带来的影响随着活动的结束而消除。周边不存在噪声、震动敏感点。施工期通过采用低噪声设备、科学设置施工场界、合理安排施工时间等措施，减轻工程施工造成的噪声和震动影响；活动期噪声影响随着活动的结束而消除。施工期建筑垃圾，活动期表演、生活垃圾及游客垃圾集中收集后交由当地环卫部门统一处理。

圣女湖扩建工程合理调配土方，尽量考虑移挖作填，控制和减少对原地貌、地表植被、水系的扰动和损坏，保护植被、地表土，少占耕地林地，节约用地。施工产生的弃土和泥浆及时清运和处置，以防产生水土流失或污染地表水体。取、弃土场尽量结合地方规划，选择山坡或荒地，同时应做好排水设计，避免形成地面径流，造成水土流失。

社会环境：活动所在地位于黑龙江省西北部，松嫩平原北端，大、小兴

第3章 大型活动类事项社会稳定风险评估——以某少数民族大型庆典活动为例

安岭南缘，嫩江中游东岸，因讷谟尔河横贯境域而得名。松嫩平原赋予讷河辽阔坦荡的气质，这里盛产玉米、土豆、甜菜，是中国马铃薯之乡、中国甜菜之乡和优质大豆主产地。讷河位置优越，交通便利。距省会某市 400km，距鹤城齐齐哈尔市 120km，距开放口岸黑河 335km，交通网络四通八达，京加铁路、111 国道纵贯全境，讷五、讷克、讷尼等公路建成通车，是齐齐哈尔市以北地区重要的物流中心。讷河土地广袤，物产富集，位于世界三大黑土带之一，拥有耕地 600 万亩，常年粮豆薯总产 140 万吨。黄黏土储量和质量居世界首位。兴旺鄂温克族乡是 1987 年 1 月 9 日经省政府批准，以某省较少的世居民族——鄂温克族为主体而命名的。该乡位于某市南部，西隔嫩江与甘南县和内蒙古的莫力达斡尔族自治旗相望，南与富裕县为邻，北与拉哈镇相依。黑龙江省国营新江实验林场坐落在本乡西南境内。全乡面积为 $174.7km^2$，共有 5 个行政村，25 个自然屯，人口 12842 人，其中鄂温克族人口 524 人，还有蒙古族、锡伯族、满族、达斡尔族等少数民族，共 1796 人。兴旺鄂温克族乡地理位置优越，自然资源得天独厚，位于北纬 47°57′至 48°55′、东经 124°18′至 125°59′之间，紧依嫩江河流南缘，境内流长 36.5km，黑龙江"北部引嫩工程"从中部由北向南贯穿全境，长 17.5km，有人工引水渠 28.05km，水利资源丰富，可利用水资源达到 2250 万立方米。全乡有 9 处自然泡沼，2.6 万亩草原，草质优良，适于发展畜牧业。境内林地 36.186 亩，野生动物有水貂、貉子、山兔、狐狸、松鼠、天鹅、野鸭等 20 多种，还有蘑菇、松子、草莓、山里红、山丁子、野生李等山林特产，野生中草药有黄芪、党参、红花、五味子、芍药、龙胆草等 10 多种，地下矿藏资源也很丰富，已开发的有砂石、黄黏土，其中黄黏土储量丰富，可供制瓦配料。耕地面积 9.9 万亩，一年一熟耕作制，粮食作物以玉米、水稻为主，小麦、谷子、高粱的种植面积正在逐年减少，还有大豆、马铃薯、晒烟、葵花、瓜菜等经济作物。

3.1.2 评估依据

3.1.2.1 法律、法规

（1）《中华人民共和国水土保持法》；

（2）《中华人民共和国防洪法》；

（3）《中华人民共和国安全生产法》；

(4)《中华人民共和国消防法》;

(5)《中华人民共和国突发事件应对法》;

(6)《建设工程安全生产管理条例》;

(7)《黑龙江省安全生产条例》。

3.1.2.2 规范性文件

(1)中共中央办公厅、国务院办公厅《关于建立健全重大决策社会稳定风险评估机制的指导意见(试行)》;

(2)《中共黑龙江省委办公厅、黑龙江省人民政府办公厅印发〈关于实施重大事项社会稳定风险评估的指导意见〉的通知》;

(3)《中共黑龙江省委办公厅、黑龙江省人民政府办公厅〈关于黑龙江省重大决策社会稳定风险评估实施办法(试行)〉的通知》;

(4)国务院《国家突发公共事件总体应急预案》;

(5)中华人民共和国《风险管理原则与实施指南》GB/T24353—2009。

3.1.2.3 相关规划

《关于某市 2017 年国民经济和社会发展计划执行情况及 2018 年计划(草案)的报告》。

3.1.2.4 相关资料

(1)《某乡人民政府关于"瑟宾节"活动总结情况的汇报》(2017 年 7 月);

(2)《某市第二十五届"瑟宾节"筹备情况的汇报》(某市委六届三十七次常委会会议材料)。

3.1.3 评估主体

原则:坚持"属地管理"和"谁主管、谁负责"的原则。重大决策由谁主管,谁就负责该重大决策的社会稳定风险评估工作。谁评估谁对评估结果负责,谁决策谁对决策结果负责。某市人民政府指定本活动社会稳定风险评估主体为兴旺鄂温克族乡人民政府。

3.1.4 评估过程和方法

3.1.4.1 评估工作的程序、步骤和主要过程

(1)制订评估工作方案。制订了社会稳定风险评估工作方案,明确了风

第3章 大型活动类事项社会稳定风险评估——以某少数民族大型庆典活动为例

险评估的组织机构、职责分工、工作进度、工作方法与要求、拟征询意见对象及方法、社会稳定风险评估报告编写大纲等事项。

（2）收集和审阅相关资料。按照评估工作方案的进度要求，全面收集并认真审阅了活动的社会稳定风险评估相关资料，主要包括：筹划工作方案；国家和地方相关法律、法规和政策；同类或类似活动社会稳定风险评估资料等。

（3）充分听取意见。结合活动所在地的实际情况，采取实地踏勘走访、召开座谈会等方式听取各方面意见，进行补充调查与核实。

1）实地踏勘走访：对"瑟宾节"活动现场进行了踏勘，见图3-3。

圣女湖扩建工程施工现场（远景）

嘎布喀草原

嘎布喀草原

圣女湖临时舞台施工现场

圣女湖

赛马场远景

现有厕所

第3章 大型活动类事项社会稳定风险评估——以某少数民族大型庆典活动为例

嘎布喀草原东南视角

嘎布喀草原西北视角

嘎布喀草原敖包

团结堤防路

限高设施（至场地共3处）

正在施工的进入活动现场的临时道路（团结堤防路至活动场地）

临近村屯道路（范家屯）

兴旺卫生院　　　　　　　　　　　新力屯进入场地道路

图 3-3 "瑟宾节"活动现场实地踏查

2）召开座谈会：组织召开"某市兴旺鄂温克族乡'瑟宾节'社会稳定风险评估座谈会议"，某市人民政府发改、规划、国土、卫生、安监、城管、环保、交通、林业、水务、维稳、信访、公安、供电等相关部门，活动周边乡政府、百路村等部门和单位派员参加会议，与会人员针对活动社会稳定风险进行了座谈。会上，发放社会稳定风险因素识别调查表16份，收回调查表16

第3章 大型活动类事项社会稳定风险评估——以某少数民族大型庆典活动为例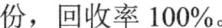

份，回收率100%。

（4）全面评估论证。按照社会稳定风险评估的要求和相关流程，在进行社会调查及与有关部门、单位和专家进行座谈、评估的基础上，分门别类梳理各方意见，参考相同或类似活动引发社会稳定风险的情况，重点围绕活动建设实施的合法性、合理性、可行性和可控性进行了客观、全面的评估论证；对活动所涉及的风险调查、风险识别、风险估计、风险等级评判、风险防范和化解措施等内容逐项进行了评估论证，特别是对风险因素、风险发生概率、可能引发矛盾纠纷的激烈程度和持续时间、涉及人员数量、可能产生的各种负面影响以及相关风险的可控程度进行了评估论证，并提出了风险防范措施及应急预案。

（5）确定风险等级。参考有关社会稳定风险评估指标和评判标准，在综合考虑各方意见和全面分析论证的基础上，按照《中共黑龙江省委办公厅、黑龙江省人民政府办公厅印发〈关于实施重大事项社会稳定风险评估的指导意见〉的通知》（黑办发〔2009〕20号）、《中共黑龙江省委办公厅、黑龙江省人民政府办公厅〈关于黑龙江省重大决策社会稳定风险评估实施办法（试行）〉的通知》（黑办发〔2012〕16号）文件的风险等级划分标准，对活动的社会稳定风险等级做出了评判，确定了活动社会稳定风险等级。

（6）形成评估报告。根据相关各方的意见和建议，形成了评估报告。

3.1.4.2 评估工作所采用的主要方法

（1）社会稳定风险调查所采用的主要方法。根据活动的实际情况，本次评估选用了资料调查收集、召开座谈会、实地踏查走访、问卷调查4种方式听取各方面意见，对活动社会稳定风险进行调查。

（2）社会稳定风险识别所采用的主要方法。根据活动的实际情况，在对沿线各级政府、有关部门和资料研读基础上，本次评估采用对照表法、专家调查法、案例参照法等对社会稳定风险进行了识别。

（3）社会稳定风险等级确定方法。结合社会稳定风险因素识别结果，在对活动单因素风险程度（风险概率×影响程度）进行定性分析和定量计算的基础上，运用专家调查法确定各单因素风险在活动整体风险中的风险程度值和权重，采用综合风险指数法定量计算活动综合风险指数，并与风险等级评判标准进行对比，确定活动社会稳定风险等级。

3.2 评估内容

3.2.1 风险调查评估及各方意见采纳情况

3.2.1.1 风险调查评估

根据活动的实际情况，采取实地走访、召开座谈会、问卷调查和召开评估会议等方式进行了风险调查。

3.2.1.2 各方意见采纳情况

通过风险调查和分析，评估认为，活动建设和运行所涉及的利益群体包括各级政府及有关部门，参加活动的群众，受拟开展活动建设和运行影响的公民、法人和其他社会组织，媒体等。

（1）各方意见。根据收集和审阅的相关资料、社会稳定风险评估公众参与调查问卷、社会稳定风险因素识别调查表结果，认真听取利益群体和专家对活动的意见和建议，某市人民政府发改、规划、国土、卫生、安监、城管、环保、交通、林业、水务、维稳、信访、公安、供电等相关部门，活动周边乡政府等部门和单位对活动均表示支持。

（2）采纳情况。评估认为，各方提出的意见客观公正。承办单位承诺将合理的意见和建议落实到活动组织中，并在活动实施过程中严格依法办事，对受利益损害的群体按国家和地方有关法律、法规和规章制度的规定和要求进行相应补偿，尽力减少和防范社会稳定风险事件的发生。

在对各方意见进行梳理、识别后，相应列入社会稳定风险因素。

3.2.2 风险识别和估计的评估

本次评估针对活动的特点，根据风险调查评估结果，通过对有关社会经济调查及统计资料的分析，结合前述经济影响评价、社会影响评价、环境影响评价、资源利用、土地房屋征收补偿和移民安置影响评价等相关评估结论以及公众参与的完备性程度等的评估，判断了活动的重要风险因素。评估风险因素对照情况见表3-1。

第3章 大型活动类事项社会稳定风险评估——以某少数民族大型庆典活动为例

表 3-1 评估风险因素对照表

类型	分类	序号	风险因素	评价指标	是否主要风险因素	判别依据
工程风险因素	政策规划审批程序	1	立项审批程序	决策权限、范围、内容合法性、立项程序符合相关要求	是	根据中华人民共和国国务院令第505号《大型群众性活动安全管理条例》，本活动属于大型群众性活动（面向社会公众举办的每场次预计参加人数达到1000人以上的焰火晚会）。大型群众性活动的预计参加人数在1000人以上5000人以下的，由活动所在地县级人民政府公安机关实施安全许可；预计参加人数在5000人以上的，由活动所在地设区的市级人民政府公安机关实施或者直辖市人民政府公安机关实施安全许可；跨省、自治区、直辖市举办大型群众性活动的，由县级以上各级人民政府公安机关公安许可门实施安全许可，由国务院公安部门直接举办的大型群众性活动的安全保卫工作，由国务院有关部门、国务院公安部门按照本条例规定的安全保卫工作职责，责成举办地有关公安机关制订更为严格的安全保卫工作方案，并组织实施。本活动向齐齐哈尔市公安局报送安全实施许可。本活动已经列入某市2018年重点工作计划。圣女泉扩建工程性质需要进一步明确。
		2	产业政策、发展规划	是否符合产业政策、总体规划、专业规划、行业准入的要求，是否符合本地区规划和发展状况，是否符合大多数人的利益	否	本活动纳入《某市 2017 年国民经济和社会发展计划执行情况及 2018 年计划》，具体表述为："以"走进讷河•相约悉宾节"为主题，开展为期1个月的文艺活动、体育竞技，融合关联产业发展，打响讷河旅游产业联动品牌；努力建设旅游强市，开展关联产业发展，打响讷河旅游品牌，美食品尝、产品展销、端午爱察活动，促进文化、旅游的有机融合，打响讷河文化旅游品牌"。本活动符合发展规划

续表

类型	分类	序号	风险因素	评价指标	是否主要风险因素	判别依据
工程风险因素	政策规划审批程序	3	规划选址、土地利用	与土地利用规划的符合性，与空制性规划的符合性	否	活动位置位于喀布喇草原，位于嫩江漫滩区，活动为临时活动，用地为临时用地，符合土地利用规划
		4	规划相关参数	容积率、绿地率，与相邻建筑物的间距、功能、形态的协调性	否	活动位于喀布喇草原，不涉及容积率、绿地率，与相邻建筑物的间距、功能、形态的协调性
		5	公众参与	上述环节是否广泛听取意见，公众意见能否真实、及时反馈	否	"恐宾节"活动已经成功举办二十四届，公众了解该项活动
	土地、房屋征收及补偿	6	征用范围	活动实施用地是否符合因地制宜、节约集约利用土地资源的总要求；拆迁红线范围划定的合理性，可行性；征用与相关政策的衔接，是否涉及基本农田、军事用地、宗教用地	否	本活动不涉及
		7	补偿标准	是否按照国家和当地法规规定的程序开展房屋、土地补偿工作；补偿方案是否征求公众意见；实物或货币补偿与市场价格之间的关系，与近期类似土地补偿标准之间的关系等是否合理，可行；对施工损坏建筑物的补偿方案，对土地、青苗的受损补偿方案	否	本活动不涉及

第3章 大型活动类事项社会稳定风险评估——以某少数民族大型庆典活动为例

续表

类型	分类	序号	风险因素	评价指标	是否主要风险因素	判别依据
工程风险因素	土地、房屋征收及补偿	8	安置方案	核征地群众补偿、居住、医疗保障方案是否落实，能否培训和就业计划等诉求；安置居民与当地群众的融合度，安置房源的落实情况是否可行	否	本活动不涉及
		9	资金到位	资金的数量、质量的落实情况是否可行	否	本活动不涉及
	环境影响	10	噪声、震动	噪声、震动等指标是否超标，是否影响群众的日常生产、生活	否	周边不存在噪声、震动敏感点。施工期通过采用低噪声设备、科学设置施工场界、合理安排施工时间等措施，减轻工程施工造成噪声和振动影响；活动期噪声影响随着活动的结束而消除
		11	固体废弃物	固体废弃物的清运是否及时，是否对群众对生活环境及健康造成影响	否	固体废弃物的清运及时，对群众的生活环境及健康造成影响较小。为非主要社会稳定风险因素
		12	电磁辐射、光污染、放射污染	是否存在以上污染源，是否对群众生活环境及健康造成影响	否	本活动不涉及
		13	废气、粉尘	废气排放是否符合相关标准，空气环境质量是否达标，是否对群众的生活环境及健康造成影响	否	活动施工场地、运输过程中产生扬尘、废气排放，时间较短，对生态环境和生命健康的影响较小。为非主要社会稳定风险因素

续表

类型	分类	序号	风险因素	评价指标	是否主要风险因素	判别依据
工程风险因素	环境影响	14	日照、采光、通风、热辐射	因建筑间距造成不符合标准或虽符合标准但仍不可避免产生实质性的影响	否	本活动不涉及
		15	生态环境、绿化、景观影响	公共活动空间、生态环境、城市景观等质和量的影响	是	参考2017年活动情况，活动利用场地约600亩，本次活动扩大了活动场地面积（南北3km，东西800m），活动期间噶布喀草原等被使用。活动完成后，如对噶布喀草原景观造成较大影响，容易引起群体性事件
		16	水体、土壤污染	水体污染、土壤污染、河流改道阻塞	否	施工期污水主要来自施工队伍的生活污水及施工机械、设备等产生的少量含油废水。活动期污染物主要来自群众自庆产生的废水。主要污染物为SS、COD、BOD和氨氮等，对圣女泉和嫩江的水质影响较小
		17	地质沉降、建筑损坏	基坑开挖、打桩等引起地质沉降，对周边建筑安全不产生不利影响	否	本活动不涉及
		18	文物、古木、古墓	文物、古木、古墓是否遭到破坏	否	本活动不涉及
		19	水土保持	满足水土流失防治目标的要求	否	扩建圣女湖，建设水上舞台，修砂石路，铺设涵管，搭建厕所，打机电井，建设接待中心等工程永久占地将改变原有土地的利用类型，使土地原有使用功能丧失，地表植被破坏，对生态环境造成影响。取弃土场、施工场地及施工便道等临时占地将造成水土流失而造成的影响较小。为非主要社会稳定风险因素

第3章 大型活动类事项社会稳定风险评估——以某少数民族大型庆典活动为例

续表

类型	分类	序号	风险因素	评价指标	是否主要风险因素	判别依据
工程风险因素	环境影响	20	水源地、自然保护区及生物多样性	水源地、自然保护区及生物多样性是否遭到破坏	否	本活动不涉及
	技术经济	21	技术经济方案	伴随工程安全、环境影响方面的风险因素的可控性。如生产方案运行时的清洁生产方案是否落实,对易燃易爆项目确定的安全距离是否合理,对可能造成破坏影响的预案是否切实可行;技术方案执行是否科学、环保排放达标是否落实,与国际上同类等同标准的关系;与群众接受能力是否一致;技术方案中对大气、水体污染物排放是否得到有效控制、噪声、震动影响,电磁辐射、是否放射线影响是否得到有效控制,与群众感受体生理指标、与群众关系;对固体废弃物的土地的重金属污染的处置是否合理可行、回收、再利用等方案是否落实,与群众接受能力是否相适应	是	本活动为大型群众活动,对应的技术经济方案为活动工作方案。应包括方案和安全工作方案两部分。本活动已经制定了《某市第二十五届"瑟宾节"》工作方案。 根据中华人民共和国国务院令第505号《大型群众性活动安全管理条例》,举办大型群众性活动,承办者应当制订大型群众活动安全工作方案。 大型群众性活动安全工作方案包括下列内容: (1)活动的时间、地点、内容及组织方式; (2)安全工作人员的数量、任务分配和识别标志; (3)活动场所消防安全措施; (4)活动场所可容纳的人员数量以及活动预计参加人数; (5)治安缓冲区域的设定及其标识; (6)入场人员的票证查验及安全检查措施; (7)车辆停放、疏导措施; (8)现场秩序维护、人员疏导方案; (9)应急救援预案。 本活动应该编制《某市第二十五届"瑟宾节"安全工作方案》

续表

类型	分类	序号	风险因素	评价指标	是否主要风险因素	判别依据
工程风险因素	建设管理	22	环保措施	建设过程中的环境保护措施是否完善	否	活动搭建了4处临时厕所，产生的垃圾及时清理并运送至城市污水、垃圾处理系统。焰火和篝火产生的废气污染随着活动的结束而消失，为非主要社会稳定风险因素
		23	公共安全	建设运营过程中公共安全是否有保障，是否存在引发公共事故的隐患	是	"圣女节"活动产生公共安全的诱因如下： (1) 人口高度集聚引发的风险； (2) 临时性设备设施引发的风险； (3) 不确定意外事件引发的风险。 影响群体性活动安全问题的风险类型主要有： (1) 踩踏事件； (2) 火灾事故； (3) 恐怖活动； (4) 消防安全； (5) 突发公共卫生事件； (6) 重大传染病疫情
		24	质量安全	建设运营过程中的工程质量管理是否到位，是否存在引发质量安全事故的隐患	是	圣女湖扩建工程及搭建舞台的质量管理是否到位，按规范施工和管理，存在引发质量安全事故的隐患
		25	劳动用工（合同、薪酬、劳动保护等）	建设过程中的劳动用工是否合规范，各项制度是否完善，是否保障劳动者权益等	否	建设过程中的劳动用工能够规范，各项制度能够完善，能够保障劳动者权益等存在一定风险。为非主要社会稳定风险因素

第3章 大型活动类事项社会稳定风险评估——以某少数民族大型庆典活动为例

续表

类型	分类	序号	风险因素	评价指标	是否主要风险因素	判断依据
工程风险因素	建设管理	26	组织管理（招投标、承包、采购、工期等）	建设过程中的组织管理是否规范	否	招标采购等组织管理是否规范。为非主要社会稳定风险因素
社会适应性风险因素		27	生产经营、劳动就业	因项目实施导致生活经营场所或其他供应中断等导致无法正常运转，需要关停、迁址，以及就业岗位减少等	否	本活动不涉及
		28	生活成本	致使当地物价水平上升	否	本活动不涉及
	经济利益	29	收入影响	就业机会之外，如餐饮、零售、住宿、房屋租赁收益减少	否	活动期间提供额外就业机会，为非主要社会稳定风险因素
		30	利益分配	补偿、收益分配的科学、合理性	否	补偿、收益分配可以做到科学、合理性。为非主要社会稳定风险因素
		31	对周边房屋价值的影响	活动实施内容（特别是敏感实施）对周边地块房价的影响	否	本活动不涉及
	社会环境	32	传统文化、生活习惯	地方传统文化、邻里关系、生活习惯、社区品质等方面的改变，可能引起居民的不适	否	6月18日是鄂温克族语，意为"欢乐祥和"的鄂温克族传统节日——瑟宾节。通过举办瑟宾节，进一步传承和弘扬民族文化，充分挖掘诃河自然、历史、人文、资源等特色优势，着力打造具有民族特色的传统文化旅游品牌，本活动可宣扬传统文化

续表

类型	分类	序号	风险因素	评价指标	是否主要风险因素	判别依据
社会适应性风险因素	与社会互动环境	33	交通出行	交通路网变化，交通量增加，公交站点、线路布局，停车场布置交通出行方面的影响	是	2017年由于对活动规模预判不足，准备还不够充分，出现车辆出入困难、交通拥堵、停车位严重紧缺等问题。最大高峰车辆每车承载4人计算，2018年按照场地的道路条件较为苛刻，日进出场段为单车道，部分道路需要临时使用团结道路（部分路段为单车道，没有现状道路规范防护；场地内部为草原，没有现状道路）
		34	公共配套服务	医疗、教育、养老、购物、环卫、社区服务、宗教活动等服务质量下降或缺失	否	医疗、教育、养老、购物、环卫、社区服务、宗教活动等服务质量不会下降或缺失
		35	水、电、通信管线等基础设施	是否会因管线意外破坏、改移造成暂时或长期的影响	否	水、电、通信等管线基础设施可能会因管线意外破坏、改移、道路改造造成暂时的影响。为非主要社会稳定风险因素
		36	社会治安	外来务工人员、流动人口增加，环境变化对社会秩序、治安等带来的影响	是	施工期外来人员涌入、与当地居民产生冲突的风险很小。活动期间，具有场所公开、人群密集、财物集中、规模宏大、持续时间长、节点特殊、媒体关注、情况复杂、安全隐患多等特点，活动中容易发生各种安全灾害事故和突发事件，危及人民生命和财产安全，影响社会治安
		37	社会舆论与社会包容	活动社会舆论，是否被社会各界包容，是否超越地方政府财力承受能力，是否被人民群众所接受	否	活动实施不会超出地方政府财力和承受能力，基本被社会各界包容，基本被人民群众所接受
其他	不可预见社会稳定风险	38	不可预见社会稳定风险	贫富差距日益凸显，社会层次矛盾形势较严峻，治安形势较严峻，仇富、仇权的社会心态，非传统安全危机	是	形成新的"灾害链"聚集效应和放大效应，诱发和放大为社会危机

第3章 大型活动类事项社会稳定风险评估——以某少数民族大型庆典活动为例

3.2.2.1 主要风险因素识别

表 3-2 汇总列出了评估识别活动中存在的 8 个主要风险因素。

表 3-2 主要风险因素识别表

序号	风险类型	发生阶段	风险因素	备注
1	工程风险因素	决策	立项审批程序	短期影响
2	工程风险因素	实施运行	生态环境	长期影响
3	工程风险因素	决策准备实施运行	活动方案	短期影响
4	工程风险因素	实施运行	公共安全	短期影响
5	工程风险因素	实施运行	质量安全	短期影响
6	与社会互适性风险因素	实施	交通出行	短期影响
7	与社会互适性风险因素	实施	社会治安	短期影响
8	其他	决策准备实施运行	不可预见社会稳定风险	短期影响

评估认为，活动方案、公共安全、交通出行 3 个风险因素是活动的关键性社会稳定风险因素。

3.2.2.2 风险估计评估

（1）社会稳定单因素风险分析和估计。对评估筛选和归纳出的主要单因素风险，采用定性与定量相结合的风险分析方法进行分析和描述，按下述参考标准对识别出的主要风险因素的风险概率、影响程度、风险程度进行分析和估计。

1）立项审批程序风险因素分析和风险程度估计。

①风险性质特征：活动前期审批环节决策权限、范围、内容合法性、立项程序是否符合相关要求。

②风险未来变化趋势及可能造成的影响后果分析：根据中华人民共和国国务院令第 505 号《大型群众性活动安全管理条例》，本活动属于大型群众性活动（面向社会公众举办的每场次预计参加人数达到 1000 人以上的焰火晚会）。大型群众性活动的预计参加人数在 1000 人以上 5000 人以下的，由活动所在地县级人民政府公安机关实施安全许可；预计参加人数在 5000 人以上的，由活动所在地设区的市级人民政府公安机关或者直辖市人民政府公安机关实施安全许可；跨省、自治区、直辖市举办大型群众性活动的，由国务院公安

部门实施安全许可。县级以上各级人民政府、国务院部门直接举办的大型群众性活动的安全保卫工作,由举办活动的人民政府、国务院部门负责,不实行安全许可制度,但应当按照本条例的有关规定,责成或者会同有关公安机关制订更加严格的安全保卫工作方案,并组织实施。本活动向齐齐哈尔市公安局报送安全实施许可。

本活动已经列入某市 2018 年重点工作计划。

圣女泉扩建工程的工程性质需要进一步明确。

③风险程度估计:经定性分析风险因素的性质特征、未来变化趋势及对社会稳定可能造成的影响后果,并参考专家对主要单因素风险的风险概率、影响程度、风险程度的定量预测结果,确定活动立项审批程序风险因素的概率中等,影响程度中等,风险程度一般。

2）生态环境风险因素分析和风险程度估计。

①风险性质特征:活动施工及运营期的环境是否能达到国家规定标准,是否会扰民,是否会产生集体上访事件。

②风险未来变化趋势及可能造成的影响后果分析:参考 2017 年活动情况,活动利用场地约 600 亩,本次活动扩大了活动场地面积（南北 3km,东西 800m）,活动期间嘎布喀草原临时被使用。

活动完成后,如对嘎布喀草原景观造成较大影响,容易引起群体性事件。

③风险程度估计:经定性分析风险因素的性质特征、未来变化趋势及对社会稳定可能造成的影响后果,并参考专家对主要单因素风险的风险概率、影响程度、风险程度的定量预测结果,确定生态环境风险因素发生的概率中等,影响程度中等,风险程度一般。

3）活动方案风险因素分析和风险程度估计。

①风险性质特征:伴随活动安全、环境影响方面的风险是否得到有效控制,群众是否接受、群众的感受。活动方案是否成熟可靠,是否能得到有效执行。

②风险未来变化趋势及可能造成的影响后果分析:本活动为大型群众活动,对应的技术经济方案为活动工作方案。应包括工作方案和安全工作方案两部分。

本活动已经制定了《某市第二十五届"瑟宾节"工作方案》。

根据中华人民共和国国务院令第 505 号《大型群众性活动安全管理条例》,举办大型群众性活动,承办者应当制订大型群众性活动安全工作方案。

第3章 大型活动类事项社会稳定风险评估——以某少数民族大型庆典活动为例

大型群众性活动安全工作方案包括下列内容。

活动的时间、地点、内容及组织方式;安全工作人员的数量、任务分配和识别标志;活动场所消防安全措施;活动场所可容纳的人员数量以及活动预计参加人数;治安缓冲区域的设定及其标识;入场人员的票证查验和安全检查措施;车辆停放、疏导措施;现场秩序维护、人员疏导措施;应急救援预案。

本活动应该编制《某市第二十五届"瑟宾节"安全工作方案》。

③风险程度估计:经定性分析风险因素的性质特征、未来变化趋势及对社会稳定可能造成的影响后果,并参考专家对主要单因素风险的风险概率、影响程度、风险程度的定量预测结果,确定活动方案风险因素发生的概率中等,影响程度较大,风险程度较大。

4)公共安全风险因素分析和风险程度估计。

①风险性质特征:主要评估活动的安全保障措施等措施是否成熟,是否有具体翔实的方案、预案和完善的配套措施。

②风险未来变化趋势及可能造成的影响后果分析:"瑟宾节"活动进行中会产生一些不受通常的行为规范所指导的、自发的、无组织的、无结构的、同时也是难以预测的群体行为方式。大型群体性活动具有场所开放、人群密集、财物集中、规模宏大、持续时间较长、节点特殊、媒体关注度高、情况复杂、安全隐患多等特点,因而,特别容易发生骚乱、踩踏等各种治安灾害事故和突发事件,危及人民生命和财产安全,必须予以高度重视。据此,大型群体性活动的风险诱因归纳如下。

人口高度集聚引发的风险:参与人数众多、规模大是大型群体性活动的显著特征,参与人员在一定时间内高度集中,形成并达到活动场地的一种饱和状态。在大型群体性活动中,高密度的人群短时间内集聚于特定的场所,不仅造成了人群的大规模拥挤,而且也蕴含着潜在的不确定风险。群体集聚人员的来源与构成上的复杂性意味着他们之间在兴趣爱好、行动方式、性情秉性、思维观念等方面存在巨大差异。如此背景下,一些在常态中微不足道的小问题,如果得不到及时处理,或者处理不当,在心理暗示与从众行为的驱使下都有可能激化矛盾,甚至演变为群体性失控。另外,群体性活动中成员在年龄层次、职业、个人素质、生活习惯、心理素质、安全意识、判断能力、自我保护能力等方面参差不齐,彼此之间没有相互认同的行为规范,也没有固定的行为模式可循，很容易引起情绪的失控和秩序的混乱，继而引发安全事故。

临时性设备设施引发的风险：对大型群体性活动的参与者而言，活动提供了正常选择范围以外或非日常经历的一种体验，这意味着大型群体性活动与日常进行的活动或例行事务有所不同。由于是非常规性的活动，它并不具有固定模式和内容，场地大部分都是临时性的。同时，对于活动承办者来说，一方面为了吸引观众眼球而求新求异，往往在临时搭建设施上动足脑筋，片面追求临时搭建布局上的新奇与功能上的复杂，使得施工的难度大大增加，这也直接增加了场地和设备设施的风险系数，包括活动场地及其内部设备、设施，策划活动所需搭建的舞台、观众看台、高空悬挂、疏散引导标识、临时安全防范、临时用电等都对安全问题存在着潜在的威胁；另一方面为了节省费用，承办者往往把注意力集中于活动形式过程，而以侥幸心理来应对安全方面的风险，这同样对安全问题构成了巨大的威胁。

不确定意外事件引发的风险：大型群体性活动中安全事故可能发生在活动的各个时间、空间节点上，而且事故往往在极短的时间内发生。正是由于风险的时空不确定性，使得对风险的侦测、预防与应急措施很难做到万无一失，而一旦出现某种风险诱因，如一句谣言、一个非常规动作都有可能引发连锁性反应，形成群体集聚中的"羊群效应"。高密度的群体聚集会进一步放大人群的惊慌和拥挤，彻底破坏群体性活动中的秩序与稳定，从而导致人们失去理智的思考，表现为习惯性的盲从，进而个体的集体性盲动又会为群体带来更大的灾难，形成更加严重的二次伤害。

在各类群体性活动中，安全隐患具有隐蔽性、不确定性、紧急性和突发性等特点，给人民群众的生命、财产以及社会治安秩序和公共安全带来较为严重的危害。结合国内外大型群体性活动中发生的安全事故，影响群体性活动安全问题的风险类型主要有以下几种。

踩踏事件：这是国内外大型群体性活动中遭遇到的最多和最具破坏性的群体性灾难。

火灾事故：大型群体性活动本身就蕴含着潜在的火灾风险。焰火、篝火晚会等需要焰火来烘托节庆氛围，然而，一旦管理不当，往往会引发火灾。

恐怖活动：当前包括恐怖活动在内的非传统安全威胁已经成为城市大型群体性活动的一大威胁源。

第3章 大型活动类事项社会稳定风险评估——以某少数民族大型庆典活动为例

消防安全：燃放烟花会造成火灾事故，由于烟花是易燃易爆物品，而且活动区域树木较多，如果燃放烟花时安全间距不足或防护措施不到位，极易引起火灾。

突发公共卫生事件：在特定地点短时间内大量人口的流动和高度聚集，容易增加突发公共卫生事件发生和传播的风险。突发公共卫生事件轻则影响生活，重则造成巨大的经济损失，成为社会关注的焦点。

重大传染病疫情：传染病聚集性疫情，病种包括本地发生的法定传染病、传染性皮肤病以及输入性传染病等。突发中毒事件按照中毒方式和毒物品种综合分类，分别为食物中毒（生物）、腐蚀性物质中毒、有机溶剂中毒、金属及类金属中毒、农药中毒、军事毒剂、有毒生物等。

③风险程度估计：经定性分析风险因素的性质特征、未来变化趋势及对社会稳定可能造成的影响后果，并参考专家对主要单因素风险的风险概率、影响程度、风险程度的定量预测结果，确定活动公共安全、环保措施风险因素发生的概率中等，影响程度较大，风险程度较大。

5) 质量安全风险因素分析和风险程度估计。

①风险性质特征：主要评估活动建设过程中的工程质量管理是否到位是否存在引发质量安全事故的隐患，质量保证体系、施工技术是否成熟，是否有具体翔实的方案和完善的配套措施。

②风险未来变化趋势及可能造成的影响后果分析：圣女湖扩建工程及搭建舞台的质量管理是否到位，是否按规范施工和管理，存在引发质量安全事故的隐患。

③风险程度估计：经定性分析风险因素的性质特征、未来变化趋势及对社会稳定可能造成的影响后果，并参考专家对主要单因素风险的风险概率、影响程度、风险程度的定量预测结果，确定活动公共安全风险因素发生的概率中等，影响程度中等，风险程度一般。

6) 交通出行风险因素分析和风险程度估计。

①风险性质特征：活动在实施建设的过程中是否会造成交通路网变化、交通量增加、公交站点、线路布局、停车场布置等交通出行方面的影响，对公路、铁路等基础设施产生干扰，是否会影响群众正常生产、生活出行，是否能得到大多数群众的支持和认可。

②风险未来变化趋势及可能造成的影响后果分析：2017年由于对活动规模预判不足，准备还不够充分，出现车辆出入困难，交通拥堵，停车位严重紧缺等问题。

2018年按照每辆车承载4人计算，最大高峰车辆集聚量为1.375万辆。且进出场地的道路条件较为苛刻，为双向两车道（部分路段为单车道，部分道路需要临时使用团结堤防路）；场地内部为草原，没有现状道路。

③风险程度估计：经定性分析风险因素的性质特征、未来变化趋势及对社会稳定可能造成的影响后果，并参考专家对主要单因素风险的风险概率、影响程度、风险程度的定量预测结果，确定活动交通出行风险因素发生的概率较高，影响程度中等，风险程度较大。

7）社会治安风险因素分析和风险程度估计。

①风险性质特征：外来务工人员、流动人口增加，环境变化等对社会秩序、治安等带来的影响，流动人口是否会影响群众正常生产、生活出行，是否能得到大多数群众的支持和认可。

②风险未来变化趋势及可能造成的影响后果分析：施工期外来人员涌入，管理得当，与当地居民产生冲突的风险很小。

活动期间，具有场所公开、人群密集、财物集中、规模宏大、持续时间长、节点特殊、媒体关注、情况复杂、安全隐患多等特点，活动中容易发生骚乱、踩踏等各种治安灾害事故和突发事件，危及人民生命和财产安全，影响社会治安。

③风险程度估计：经定性分析风险因素的性质特征、未来变化趋势及对社会稳定可能造成的影响后果，并参考专家对主要单因素风险的风险概率、影响程度、风险程度的定量预测结果，确定社会治安风险因素发生的概率中等，影响程度中等，风险程度一般。

8）不可预见社会稳定风险因素分析和风险程度估计。

①风险性质特征：活动是否存在不可预见社会稳定风险。

②风险未来变化趋势及可能造成的影响后果分析：经济高速增长的背后隐藏着种种复杂多变的不可预见的社会稳定风险，可能形成新的"灾害链"聚集效应和放大效应，诱发和放大为社会危机。

③风险程度估计：经定性分析风险因素的性质特征、未来变化趋势及对

第3章 大型活动类事项社会稳定风险评估——以某少数民族大型庆典活动为例

社会稳定可能造成的影响后果,并参考专家对主要单因素风险的风险概率、影响程度、风险程度的定量预测结果,确定活动不可预见社会稳定风险因素发生的概率很低,影响程度较大,风险程度较小。

(2)主要风险因素及其风险程度汇总。根据上述对识别出的主要单因素风险的风险概率、影响程度、风险程度的定性分析、定量计算,将单因素风险风险程度进行了汇总,见表3-3。

表3-3 经评估的主要单因素风险及其风险程度汇总表

序号	风险因素(W)	风险概率(p)	影响程度(q)	风险程度($R=p \times q$)
1	立项审批程序	中等	中等	一般
2	生态环境	中等	中等	一般
3	活动方案	中等	较大	较大
4	公共安全	中等	较大	较大
5	质量安全	中等	中等	一般
6	交通出行	中等	中等	一般
7	社会治安	中等	中等	一般
8	不可预见社会稳定风险	很低	较大	较小

3.2.3 风险防范和化解措施的评估

活动的规模大、参加人数较多、社会稳定牵涉点较多,在工程建设过程中,要坚持社会稳定问题全过程动态管理,及时发现问题,采取措施。为保护人民群众利益,规范活动实施、确保活动顺利实施及运营,需对可能出现的社会稳定风险源进行有效的防范和化解,对可能存在的问题制定相关的防范解决措施,维护社会稳定。

评估建议,按照地方政府的部署,活动组织单位组建维稳工作组织机构,建立活动组织单位和地方政府的联动机制,制定突发事件处置应急预案。

评估认为,通过上述工作,活动社会稳定风险可以得到进一步控制,相关风险防范、化解措施将进一步完善并得到落实。

结合风险识别和风险估计的评估结论,编制评估后的风险防范、化解措施汇总见表3-4。

表 3-4 评估后的风险防范、化解措施汇总表

序号	风险发生阶段	风险因素	主要防范、化解措施	实施时间和要求	责任主体	协助单位
1	决策	立项审批程序	(1) 本活动向齐齐哈尔市公安局报送安全实施许可； (2) 明确圣女泉扩建工程的性质	活动前	组织方	某市政府、发改局、规划局、土地局、环保局
2	实施运行	生态环境	根据活动方案，圣女泉扩建项目土石方及占地面积相对较少，产生的影响较小： (1) 严格扩建工程规模，做好临时用地的恢复工作； (2) 活动后做好卫生清理工作，降低人文活动对生态环境的影响程度	全过程	组织方、施工单位、监理单位	组织方、环保局
3	决策准备实施运行	活动方案	应优化建设方案，依照现行《中华人民共和国铁路法》等国家法律、法规、规章、标准，规范等制定设计、施工方案，完善环境保护和安全运营方案： (1) 完善《某市第二十五届"赏冰节"》工作方案； (2) 编制《某市第二十五届"赏冰节"安全工作方案》； (3) 编制《某市第二十五届"赏冰节"人员疏散方案》。 建议：进一步明确活动期间密集人员集中出现位置，明确人流方向主要冲突点，落实引导引导人员的岗位设立、规模和位置，规定入园人数最高风险临界数量，确定摊点街道的宽度，容量，非规定区内禁止燃放烟花爆竹醒目标志设置，规范摊点使用明火规范，保安人员配置对讲机	全过程	组织方	某市政府

第3章 大型活动类事项社会稳定风险评估——以某少数民族大型庆典活动为例

续表

序号	风险发生阶段	风险因素	主要防范、化解措施	实施时间和要求	责任主体	协助单位
4	实施运行	公共安全	踩踏事件防控措施： (1) 当地政府和相关部门领导高度重视公共安全风险防范意识； (2) 进行关键地点可能存在风险评估。根据活动方案控制场地人流（保证小于5.5万人，人数过多进行控制）；提出预防措施和应对准备。 (3) 增强预警，加强现场管理。 (4) 采取有效措施尽心现场警告示及播放官方信息，加强自救知识宣传。 此外，人群聚集场地要平坦，尽量减少和避免台阶、陡坡、瓶颈点；确保安全出口的数量、宽度符合要求，安全出口和安全通道标识显眼醒目，畅通无阻；人群行进、疏散路线设计要合理，要因地制宜，尽量避免出现路线交叉，异向人群聚集情况。将活动场地分割不同方块，分片控制人流，并且预留紧急通道，以防人群拥挤。公安机关应当对场地活动场所组织安全检查的法定职权，通过事前对责任单位严格把关，推动活动主办责任主体和场地责任单位严格履行对活动安全设施标准。 火灾事故防范措施： (1) 要根据主要功能区间、公共配套服务设施、生活办公等各项功能合理划分消防安全区域。 (2) 加强执勤力量，安排消防车在现场执勤，分别停放在各分区，各分区安排两个巡查实施命利内部巡查，武警支队、合同特警支队，组成单兵处突小组，调警力，在重点部位定点值守，负责现场突发火警等处置。 (3) 确保消防水源通道通畅；	活动期	组织方、交通局、卫生局、公安局、消防队、安监局	某市政府

139

续表

序号	风险发生阶段	风险因素	主要防范、化解措施	实施时间和要求	责任主体	协助单位
4	实施运行	公共安全	（4）保障消防通信通畅； （5）强化消防监督，进行深入细致的消防监督检查，落实用火、用电、用气等方面的安全措施，督促配足灭火器材； （6）加强消防宣传，充分发挥消防宣传活动的实用性和实效性，进一步宣传普及消防知识和自防自救能力； （7）强化应急处理预案，制定科学合理的火灾事故扑救预案和突发事件应急处理预案，并组织开展演练，进一步组织有关执勤中队熟悉开展区的道路水源情况，做好充分准备。 恐怖活动防控措施：加强活动安全保卫工作。 突发公共卫生事件防控措施： （1）活动中力争不发生任何传染病疫情或公共卫生事件；一旦有事件发生，力争能够及早发现，能够及时有效控制事件的发展的态势，将危害控制在最小； （2）活动前需要与驻地单位对接，建立工作机制和工作网络，在活动正式开始前开展各类传染病和公共卫生风险评估和风险管理； （3）开展健康宣传及发放健康提示； （4）各级疾控中心应对送检样品开通绿色通道，及时反馈检测结果； （5）疾控中心接到发生食物中毒事故和食源性疾患聚集发病报告后，协助食药监部门开展流行病学调查，驻会医疗组医务人员在初步诊治后，应立即将病人转移到隔离区，并及时转运至定点医院； （6）对疑似传染病患者，驻会医疗组医务人员在初步诊治后，应立即将病人转移到隔离区，并及时转运至定点医院			

第3章 大型活动类事项社会稳定风险评估——以某少数民族大型庆典活动为例

续表

序号	风险发生阶段	风险因素	主要防范、化解措施	实施时间和要求	责任主体	协助单位
5	实施运行	质量安全	圣女湖扩建工程及搭建舞台的质量管理是否到位、是否按规范施工和管理，存在引发质量安全事故的隐患。项目单位应从施工安全风险控制、施工安全、安全监管的要求，施工过程中的人身安全和行车安全进行重点防控，安全保障措施监管方面将作为重点关注的重点，把施工中的每一个环节所需搭建的舞台、安全、环保等都纳入质量控制系统。保证活动所需搭建的舞台、看台、特装展台、围建区域、经营设施、广告宣传、临时设施防范。建议：重点关注舞台、观众看台等设备设施与总体活动的关联安全性。建议：重点关注舞台、展台的数量、观众人员的最大数量，载人员的最大数量、承受能力、允许承载的材质、车固程度、承载展品的种类和数量、经营设施（摊位、杜具、表演道具等）的牢固程度，分布密度、分布合理性、设施的匹配性、开关的牢固度、电线走向和架设情况、安全教育落实情况，确保上述关键环节的质量安全。	全过程	组织者、施工单位	设计、监理单位
6	实施运行	交通出行	2017年由于对活动规模预判不足，准备还不够充分，出现车辆出入困难、交通拥堵、停车位严重紧缺等问题。2018年按照每辆车承载4人计算，最大高峰车位集聚量为1.375万辆。且进出场地的道路条件较为奇特，为双向两车道（部分路段为单车道，部分道路需要临时使用团结提防路）；场地内部为草原，没有现状道路。	活动期	组织者、交警队、交通局	沿线市、区、县及乡镇人民政府及其有关部门

141

续表

序号	风险发生阶段	风险因素	主要防范、化解措施	实施时间和要求	责任主体	协助单位
6	实施	交通出行	建议： (1) 根据工作方案确定活动区域内停车场最大容量； (2) 设置备用停车场； (3) 加强进出活动场地车辆的控制，施行单进单出，避免对向冲突； (4) 加强活动场地内交通组织管理； (5) 活动场地进出口和两侧坡度较大，应派专人管理； (6) 进入活动场地车辆应组织直接组织进入停车场，避免车辆进入人员集聚区； (7) 采用设施隔离停车场和活动区域			
7	实施	社会治安	活动期间，具有场所公开、人群密集、财物集中、规模宏大、持续时间长、节点特殊、媒体关注度高、情况复杂、安全隐患多等特点，活动中容易发生骚乱、踩踏等各种治安灾害事故和突发事件，危及人民生命财产安全，影响社会治安。 措施： (1) 增派警力，加强现场治安管理； (2) 及时发现治安事件苗头，防患于未然	活动期	公安局	
8	决策准备实施运行	不可预见社会稳定风险	对于不可预见的社会稳定风险，及时掌握相关信息，有关单位要指定机构和人员，及时发现和解决苗头倾向性问题，防止苗头倾向性和倾向性问题演变成倾向性问题，化解相关风险，切实做好维护社会稳定	全过程	当地政府、公安局	某市政府

3.2.4 落实措施和建议后的风险等级确定

(1) 落实措施和建议后活动各单因素风险变化的趋势和结果。

结合补充的单因素风险,以及上述评估论证的结果,预测在落实措施和建议后各主要风险因素变化的趋势和结果见表3-5。

表3-5 落实措施前后各风险因素变化对比表

序号	风险因素（W）	风险概率		影响程度		风险程度	
		前	后	前	后	前	后
1	立项审批程序	中等	较低	中等	较小	一般	较小
2	生态环境	中等	较低	中等	较小	一般	较小
3	活动方案	中等	较低	较大	中等	较大	一般
4	公共安全	中等	较低	较大	中等	较大	一般
5	质量安全	中等	较低	中等	较小	一般	较小
6	交通出行	中等	较低	中等	中等	一般	一般
7	社会治安	中等	较低	中等	较小	一般	较小
8	不可预见社会稳定风险	很低	很低	较大	较大	较小	较小

(2) 落实措施和建议后活动综合风险指数计算。

在进行单因素风险估计的基础上,运用专家评分统计法等适当的方法确定各单因素风险在活动整体风险中的权重和风险程度值,采用综合风险指数法定量计算综合风险指数。活动综合风险指数计算结果见表3-6。

表3-6 活动综合风险指数计算表

风险因素	权重	风险程度（R）					风险指数
W	I	微小	较小	一般	较大	重大	$T = I \times R$
		0.04	0.16	0.36	0.64	1.00	
立项审批程序	0.05		0.16				0.008
生态环境	0.05		0.16				0.008
活动方案	0.20			0.24			0.048
公共安全	0.20			0.24			0.048

续表

风险因素	权重	风险程度（R）					风险指数
W	I	微小	较小	一般	较大	重大	T=I×R
		0.04	0.16	0.36	0.64	1.00	
质量安全	0.10		0.16				0.016
交通出行	0.10			0.24			0.024
社会治安	0.20		0.16				0.032
不可预见社会稳定风险	0.10		0.16				0.016
合计	1.00						0.200

注：风险因素权重做归一化处理。

（3）落实措施和建议后活动预期风险等级判断。

落实措施和建议后活动预期综合风险指数为 0.20<0.36，存在 3 个一般单因素风险（活动方案、公共安全、交通出行），确定落实措施和建议后活动预期的风险等级为低风险等级，表明活动实施过程中多数群众表示理解支持，通过有效工作可进一步防范和化解矛盾。根据国家有关文件要求，本活动存在低风险，但有可靠防控措施的，可以进行审批、核准，但应完善应急处置预案。

同时，还应注意到社会稳定问题的发生和发展具有很大的不确定性，在活动实施过程中，如果有关措施落后于活动实施或没有按要求实施，则发生社会不稳定可能性较大，反之会较低；另外，社会稳定问题的处理也是影响社会稳定数量和程度的因素之一，处理得当可以有效避免再次发生和事态扩大。

3.3 评估结论

3.3.1 存在的主要风险因素

活动存在的 8 个主要风险因素为：审批程序、生态环境、活动方案、公共安全、质量安全、生产经营、交通出行、社会治安及不可预见的社会稳定风险。其中活动方案、公共安全、交通出行 3 个风险因素是活动的关键性风险因素。

3.3.2 合法性、合理性、可行性、可控性评估结论

（1）合法性。落实措施和建议后，活动的建设实施符合现行相关法律、法规、规范以及国家相关政策；符合国家与地区国民经济和社会发展规划、产业政策等；决策程序符合国家法律、法规、规章等相关规定。

（2）合理性。落实措施和建议后，活动的实施符合科学发展观要求，符合经济社会发展规律，符合社会公共利益、人民群众的现实利益和长远利益，基本兼顾了不同利益群体的诉求，不会引发地区、行业、群体之间的相互盲目攀比。

（3）可行性。落实措施和建议后，活动的建设时机和条件基本成熟，有具体翔实的方案和较完善的配套措施；活动实施与本地区经济社会发展水平相适应，不会超越多数群众的承受能力，能得到多数群众的支持和认可。

（4）可控性。落实措施和建议后，活动实施存在一定公共安全隐患，但社会稳定风险防范措施执行到位后不会引发群体性事件、集体上访，不会引发社会负面舆论、恶意炒作以及其他影响社会稳定的问题；活动可能引发的社会稳定风险基本可控；对可能出现的社会稳定风险有相应的防范、化解措施，措施基本可行、有效；宣传解释和舆论引导措施比较充分。

3.3.3 风险等级

经评估，活动社会稳定风险等级综合评定为低风险。

在活动实施过程中多数群众表示理解支持，可通过有效工作进行防范和化解矛盾，采取必要的防范措施减少或者避免这些社会稳定风险的发生。在严格落实相应的宣传解释、风险防范及化解措施后，活动的社会稳定风险将会得到有效控制和降低，不会影响到活动的实施。

社会稳定问题的发生和发展具有很大的不确定性，在活动实施过程中，如果有关防范措施落后于活动实施或没有按相应防范措施的要求实施，则发生社会不稳定风险的可能性会较大，反之会较低。社会稳定问题的处理也是影响社会稳定风险发生的数量和程度因素之一，处理得当，可以有效避免再次发生及事态扩大。活动实施的决策者、建设者和组织者都要充分认识其中的风险，高度重视，采取有力的防范措施降低社会风险，使活动的建设产生更大的经济和社会效益。

3.3.4 主要风险防范、化解措施

(1) 立项审批程序风险防范、化解措施。本活动向齐齐哈尔市公安局报送安全实施许可；明确圣女泉扩建工程的性质。

(2) 生态环境风险防范、化解措施。根据活动方案，圣女泉扩建项目土石方及占地面积相对较少，产生的影响较小。

措施：严格扩建工程规模，做好临时用地的恢复工作；活动后做好卫生清理工作，降低人文活动对生态环境的影响程度。

(3) 活动方案风险防范、化解措施。应优化建设方案，依照现行《中华人民共和国铁路法》等国家法律、法规、规章、标准、规范等制定设计、施工方案，完善环境保护和安全运营方案。完善《某市第二十五届"瑟宾节"工作方案》；编制《某市第二十五届"瑟宾节"安全工作方案》；编制《某市第二十五届"瑟宾节"人员疏散方案》。

建议：进一步明确活动期间密集人流出现位置，明确人流方向主要冲突点，落实引导标志设立的内容、规模和位置，落实引导工作人员的岗位设立，确定入园人数最高风险临界数量，确定摊点街区街道的宽度、容量，非规定区内禁止燃放烟花爆竹醒目标志设置，规范摊点使用明火规范，保安人员配置对讲机。

(4) 公共安全风险防范、化解措施。踩踏事件防控措施：当地政府和相关部门领导高度重视公共安全风险防范意识；进行关键地点可能存在的大量人员聚集风险进行评估，提出预防措施和应对准备。根据活动方案控制场地人流（保证小于 5.5 万人，人数过多进行人流控制）；增强预警、加强应对措施，加强现场管理；采取有效措施尽心现场警示警告及播放官方信息，加强自救知识宣传。此外，人群聚集场地要平坦，尽量减少和避免台阶、陡坡、瓶颈点；确保安全出口的数量、宽度符合要求，安全出口和安全通道标识显眼醒目、畅通无阻；人群行进、疏散路线设计要合理，要因地制宜，尽量避免出现路线交叉、异向人群聚集的情况。将活动场地分割为不同方块，分片控制人流，并且预留紧急通道，以防人群拥挤。公安机关应当充分履行对活动场所组织安全检查的法定职权，通过事前对场地的严格把关，推动活动主办的责任主体和场地责任单位严格落实安全设施标准。

第3章 大型活动类事项社会稳定风险评估——以某少数民族大型庆典活动为例

火灾事故防控措施：要根据主要功能区间、公共配套服务设施、生活办公等各项功能合理划分消防安全区域；加强执勤力量，安排消防车在现场执勤，分别停放在各防火分区。各分区安排两个巡查组实施待命和内部巡查，此外，抽调警力，会同特警支队、武警支队，组成单兵处突小组（50米一组），在重点部位定点值守，负责现场突发火警等事件处置；确保消防水源通道通畅；保障消防通信通畅；强化消防监督，进行深入细致的消防监督检查，落实用火、用电、用气等方面的安全措施，督促配足灭火器材；加强消防宣传，充分发挥消防宣传活动的实用性和实效性，进一步宣传普及消防知识和自防自救能力；强化应急处置，制定科学合理的火灾事故扑救预案和突发事件应急处理预案，并组织开展演练，进一步组织有关执勤中队熟悉灯展区的道路水源情况，做好充分准备。

恐怖活动防控措施：加强安全保卫工作。

突发公共卫生事件防控措施：活动中力争不发生任何传染病疫情或公共卫生事件；一旦有事件发生，力争能够及早发现；能够及时有效控制事件发展的态势，将危害控制在最小；活动前需要与驻地单位对接，建立工作机制和工作网络。在活动正式开始前开展各类传染病和公共卫生风险评估和风险管理；开展健康宣传及发放健康提示；各级疾控中心应对送检样品开通绿色通道，及时反馈检测结果；疾控中心接到发生食物中毒事故和食源性疾患聚集发病报告后，协助食药监部门开展流行病学调查；对疑似传染病患者，驻会医疗组医务人员在初步诊治后，应立即将病人转移到隔离区，并及时转运至定点医院。

（5）质量安全。圣女湖扩建工程及搭建舞台的质量管理是否到位，是否按规范施工和管理，存在引发质量安全事故的隐患。活动组织单位应从施工安全风险控制、施工安全、安全监管、施工方案、施工过程中的人身安全和行车安全、对安全监管人员的要求、安全保障措施等方面进行重点防控，实施精确管理，把施工中的每一个环节都作为关注的重点，将工程质量、安全、环保等都纳入质量控制系统。保证活动所需搭建的舞台、观众看台、特装展台、围建区域、经营设施、广告宣传、临时安全防范、临时用电等设备设施与总体活动的关联安全性。

建议：重点关注舞台、观众看台的材质，承受能力，允许承载人员的最大数量，展台的高度、牢固程度、承载展品的种类和数量，经营设施（摊位、灶具、表演道具等）的牢固程度、分布密度、分布的合理性，设施的牢固度、临时搭建的牢固度，用电负荷与电线、开关的匹配度，电线走向和架设方式，安全提示、安全责任、安全教育落实情况。确保上述关键环节的质量安全。

（6）交通出行风险防范、化解措施。2017年由于对活动规模预判不足，准备还不够充分，出现车辆出入困难，交通拥堵，停车位严重紧缺等问题。2018年按照每辆车承载4人计算，最大高峰车辆集聚量为1.375万辆。且进出场地的道路条件较为苛刻，为双向两车道（部分路段为单车道，部分道路需要临时使用团结堤防路）；场地内部为草原，没有现状道路。

建议：根据工作方案确定活动区域内停车场最大容量；设置备用停车场；加强进出活动场地车辆的控制，施行单进单出，避免对向冲突；加强活动场地内交通组织管理；活动场地进口和出口两侧坡度较大，应派专人管理；进入活动场地车辆应直接组织进入停车场，避免车辆进入人员集聚区；采用设施隔离停车场和活动区域。

（7）社会治安风险防范、化解措施。活动期间，具有场所公开、人群密集、财物集中、规模宏大、持续时间长、节点特殊、媒体关注度高、情况复杂、安全隐患多等特点，活动中容易发生骚乱、踩踏等各种治安灾害事故和突发事件，危及人民生命和财产安全，影响社会治安。

措施：增派警力，加强现场治安管理；及时发现治安事件苗头，防患于未然。

（8）不可预见性问题社会稳定风险防范措施。针对不可预见性问题，相关单位在日常工作中，除与当地群众多沟通交流外，还应注重与当地政府有关部门进行沟通交流并互通情况，以便及时分析和预测可能出现的问题，及时采取预防及防范措施；注重观察和发现细微矛盾出现的苗头，及时采取相应措施加以解决，预防矛盾的积累和集中爆发。同时在地方政府的领导下，根据有关规定和要求，组建专门机构，并配备相应人员，处理相关事务，化解相关风险，切实做好维护社会稳定。

（9）动态跟踪及时反馈。在活动实施及运营过程中对社会稳定风险全程跟踪，动态监测和评价，不断改进完善和落实风险控制措施。同时采取必要的形式，不间断地收集社会公众（利益相关群体）的意见，及时发现新的社

第3章 大型活动类事项社会稳定风险评估——以某少数民族大型庆典活动为例

会稳定风险隐患，协调相关部门化解实施过程中遇到的矛盾和问题，调整完善防范措施和应急预案。防止因风险处理不当而引起的事件范围扩大、影响程度恶化、连带风险发生等风险升级，将风险控制在苗头阶段，做好活动社会稳定风险的全程动态跟踪、及时反馈。

3.3.5 社会稳定风险应急预案

社会稳定问题产生根源在于工程建设和运营对群众造成的各种影响，但问题的发生又具有很大的不确定性，其表现形式也复杂多变。因此在全面落实上述措施化解风险的同时，还应制定相应的应急处置预案，以便能够及时、高效、有序地开展维稳工作，提高应急反应能力和处理突发事件的水平和能力，一旦发生影响社会稳定问题的苗头和事件时，要及时向相关部门报告并与地方政府相应的应急处置预案联动。

3.3.5.1 工作原则

社会稳定应急处置预案工作原则是重点稳控，紧急处置，职责明确，统筹配合。

3.3.5.2 组织保障

（1）由讷河市人民政府牵头成立社会稳定工作协调领导小组，统一管理和领导，该领导小组包括活动所在乡镇、村屯政府，以及公安、维稳、信访、发改、规划、国土、环保、交通、林业、水务、电业、卫生、消防、安监等部门和活动组织管理等各相关单位。明确参与人员，加强领导、强化责任意识，建立高效的联动工作机制。落实维护社会稳定责任制，明确维护社会稳定工作的重点部位、重点问题。对维护社会稳定工作实行目标管理，并对各责任部门维护社会稳定工作进行考核。

（2）要设立维稳工作岗位，配备专、兼职维稳工作人员，加强维稳工作人员知识技能培训，不断提高维稳接待和处置能力，引导社会稳定问题通过正常途径反映和解决。有关人员要保证24小时值班和电话畅通，随时掌握各方面信息，并保证信息能够及时地上传下达。

3.3.5.3 制度保障

（1）把维护社会稳定工作列入活动实施重要议事日程，定期组织召开维护社会稳定工作会议，听取有关单位社会稳定工作汇报；认真研究公众反映的新情况、新问题，分析可能出现的重大问题研究对策。

（2）坚持走访调研工作制度，由群众反映变为走访，深入工程现场、社区，倾听群众意见建议，有针对性地研究和解决问题。

（3）坚持信息通报、预测排查制度，对群众反映的普遍性、突出性问题，研究制定解决办法，发现群体性事件苗头，要及时就地化解。

3.3.5.4 应急措施

发现重大社会稳定问题苗头或事件时，启动应急处置预案，并展开以下工作程序。

（1）对已发生的群体性事件，相关部门要认真接待，有关人员及时赶赴现场做好耐心细致的疏导工作，防止矛盾激化。

（2）第一时间召开维护社会稳定工作会议，通报不稳定情况和处理情况，分析研究可能出现的重大问题及对策。并将不稳定情况及时向上级有关部门报告。

（3）对已发生的群体性事件，相关人员应迅速赶赴现场进行疏导劝解工作。以说服、教育、疏导为主，力争把问题解决在萌芽或初始状态。对问题复杂、规模较大的群体性事件要及时控制现场，防止矛盾激化，将由此造成的损失降低至最低程度。

（4）对已发生的社会稳定风险进行全面调查，查清事件经过、分析产生的原因和造成的损失，必要时启动问责机制。

（5）各实施主体对社会稳定风险进行细化分析，针对不同的风险制定相应的具体应急处理预案，并上报上级维稳部门。

3.3.6 突发事件应急预案

3.3.6.1 总则

编制目的：建立健全鄂温克族"瑟宾节"活动中突发事件的应急响应工作机制，提高政府应急救援快速反应和协调能力，迅速、及时、有效地处置活动中发生的事故，最大限度地减少人员伤亡和财产损失，保障人民群众生命安全，维护社会稳定，确保鄂温克族"瑟宾节"活动的成功举办。

编制依据：依据《大型群众性文体活动事故应急预案》《突发公共事件总体应急预案》等，制定本预案。

第3章 大型活动类事项社会稳定风险评估——以某少数民族大型庆典活动为例

适用范围：本预案适用于由以下原因造成的突发事件应急处置行动：因人群过分拥挤、通道严重堵塞等原因，发生人员挤压、踩踏、坠落、溺水等伤亡事故；因竞技活动而造成的意外事故；因治安、道路安全等原因造成的事故；因食品安全造成的突发事件；舞台、展台、栏杆等建筑物或临时搭建设施发生倒塌，造成人员伤亡事故；因其他非人为故意损害、破坏而引发的人员伤亡事故。而因为火灾造成人员伤亡的事故按《火灾事故应急预案》处置。

事故等级：按照性质、损失、危害程度和涉及范围等因素，将事故划分为四个等级：特别重大（Ⅰ级）、重大（Ⅱ级）、较大（Ⅲ级）、一般（Ⅳ级）。

（1）特别重大事故（Ⅰ级）。造成30人以上死亡，或100人以上重伤的大型群众性文体活动事故。

（2）重大事故（Ⅱ级）。造成10人以上、30人以下死亡，或50人以上、100人以下重伤的大型群众性文体活动事故。

（3）较大事故（Ⅲ级）。造成3人以上、10人以下死亡，或10人以上、50人以下重伤的大型群众性文体活动事故。

（4）一般事故（Ⅳ级）。造成3人以下死亡，或10人以下重伤的大型群众性文体活动事故。

工作原则包括以下几点。

（1）以人为本。把保障人民群众的生命安全作为首要任务。在事故发生前，及时采取有效的防范和控制措施，预防人员伤亡和危害发生；在事故发生后，采取一切有效措施，积极抢救受伤人员，加强抢险救援人员的安全防护，最大限度地避免人员伤亡，减轻事故危害。

（2）分级负责。坚持"分级响应、条块结合、属地管理为主"的原则，乡政府为事故处置的主体。根据事故严重性、可控性、影响范围等因素，及时启动预案。

（3）快速反应。建立健全快速响应机制，及时获取充分而准确的信息，果断决策，快速处置，最大限度地减少危害和影响。

（4）联动处置。在市政府的统一领导下，加强各部门、乡政府政府之间的沟通协调，互相支持，密切配合，及时准确传递事故信息，确保事故得到快速有效处置。

3.3.6.2 指挥体系及职责

成立"瑟宾节"突发事件处置现场指挥部,负责对活动期间突发事件进行全程指挥。

指挥部组成

总 指 挥:某市委常委、市政府常务副市长

副总指挥:某市政府副市长

某市政府副市长

某市政府党组成员

成员单位:乡政府、安监局、宣传部、民宗局、文体局、公安局、商务局、电业局、消防大队、交警大队、财政局、城管局、市监局、总工会、交通局、卫计局、教育局、人社局、信访办、尼尔基斯湖管委会、艺术团、新江林场、移动公司、联通公司、电信公司等。

指挥部职责:统一指挥、协调突发事件的应急处置行动。及时掌握现场情况,根据现场事态的严重程度,指挥协调乡政府和有关部门,组织人员和物资投入应急救援行动。指导事故处置和善后工作。组织有关部门对事故原因进行调查。全面掌握社会动态信息,正确引导社会舆论,切实维护社会稳定。研究解决事故处置过程中的其他重大事项。

成员单位职责:

(1)公安局:负责组织实施"瑟宾节"期间安全事故的预防、监测、预测、报告和预警,及时掌握事故动态,迅速向现场指挥部报告事故的严重程度;根据预案统一部署,出动警力,严防拥挤、踩踏,实施交通管制、治安管制、协助有关部门做好疏散和救援工作。

(2)乡政府:根据安全监管属地化原则,负责辖区内各类安全管理工作;负责落实祭祀、竞技、篝火、文化展示等群众性活动安全措施,确保不发生事故。

(3)民宗局:负责组织敖包祭祀、环境布置等程序中安全工作。

(4)文体局:负责收集"瑟宾节"群众性活动期间旅游、观光的客流信息,及时发布警示信息,负责安全事故的预防、检查;负责收集活动期间各种游园、展览、美食、篝火等活动的客流信息,及时发布警示信息,负责安全事故的预防、检查。一旦发生重大活动期间安全事故,配合指挥部组织有关人

第3章 大型活动类事项社会稳定风险评估——以某少数民族大型庆典活动为例

员疏散群众、救助伤员。

（5）商务局：负责收集活动期间经营摊点的客流信息。及时发布警示信息，负责安全事故的预防、检查。

（6）安监局：负责收集活动期间安全生产信息，掌握活动地点周边危险化学品、烟花爆竹分布、储存、销售、使用情况，消除火灾、爆炸等隐患。及时发布警示信息，负责安全事故的预防、检查。一旦发生重大活动期间安全事故，配合指挥部组织有关人员疏散群众、救助伤员。

（7）卫计局：负责处置安全事故的医疗救助保障工作。制定相关计划、应急措施及其设施、物资的调度方案，准备医疗救助队伍、救护车辆。医疗救助队伍在应急处置工作中采取有效措施，对受伤人员实施应急救护。

（8）交通局：负责处置安全事故工作中公路、水路运输设施和运输秩序的保障工作，及应急车辆储备的组织工作。在交通基础设施受到危害或损害时，要组织专业队伍尽快抢修，恢复交通，并根据指挥部的决定紧急调集、征用交通运输工具，输送疏散人员或物资。

（9）总工会：负责"相约瑟宾节"厨艺大赛中餐饮操作过程安全工作。

（10）市监局：负责活动期间食品药品安全工作，开展严格检查，确保节日活动期间不发生食品安全事故。一旦发生食品安全事故，根据本行业应急预案要求，快速反应，及时处置。

（11）城管局：负责摊位和牌匾广告设置安全，防止因气象因素导致坍塌、坠落伤人事故发生。

（12）财政局：负责预算安排、筹集处置安全事故工作的经费，以及用于训练、演练处置工作的专项经费。

（13）交警大队：负责执行限行、应急处置的道路封闭和相关执勤任务。

（14）消防大队：负责活动期间安全事故现场火灾的预防、扑救和其他方面的应急救援和处置工作；提供灭火救援车辆，放置指定位置。

（15）电业局：负责用电安全，准备电力抢修车辆及其他设备设施，及时有效处置断电事故。

（16）宣传部：负责协调事故应急处置的新闻报道工作。

教育局、人社局、信访办、尼尔基斯湖管委会、艺术团、新江林场、移动公司、联通公司、电信公司等有关部门和单位分别负责各自行业领域安全工作。

3.3.6.3 应急响应

先期处置：先期处置主要依靠事发地的应急处置力量。事故发生后，乡政府政府和有关单位要立即采取措施控制事态发展，各应急救援队伍和职能部门先期进行处置，并及时组织应急救援行动，同时迅速向应急指挥部报告基本情况和先期处置情况，以及请求事项，全力控制事态扩大，严防次生事故发生。

分级响应：应急响应坚持属地为主的原则，指挥部按照有关规定全面负责鄂温克族"瑟宾节"突发事件的应急处置行动。

（1）应对一般事故，启动本预案。

（2）应对较大事故，启动本预案，市级大型群众性文体活动事故应急预案同时启动。

（3）应对重大、特大事故，本预案及市级大型群众性文体活动事故应急预案立即启动，并报告省大型群众性文体活动事故应急指挥部，请求启动省级总体应急预案。

信息报送与处理：事故发生后，要立即如实向上级政府应急办报告，重大、特大事故必须在半小时内报告，并及时续报事故应急处置的进展情况及有关内容，并落实专人负责现场处置救援情况的摄录工作，不得迟报、漏报、瞒报、虚报，同时通报市级有关部门。报告内容主要包括：活动主办单位，活动规模，事故发生的时间、地点和现场情况，事故发生的原因分析，事故造成伤亡状况，事故的影响范围，事故发展趋势和已经采取的措施。

医疗卫生救援：市卫计局负责组织开展紧急医疗救护和现场卫生防疫工作。医疗卫生机构根据事故类型，及时开展现场医疗救援和疾病预防。

安全防护：现场指挥部根据事故灾难的特点和严重程度，确定保护群众安全需要应采取的防护措施；及时启用应急避难场所，迅速有序地转移、疏散、撤离现场人群；采取有效措施控制事故源头，防止事态扩大、人员伤亡增加；对受伤群众及时组织运送和救治。现场应急救援人员根据现场处置行动需要，携带相应的专业防护装备，采取安全防护措施，严格执行应急救援人员进入和离开事故现场的相关规定。

现场检测与评估：根据应急处置行动需要，现场指挥部成立事故现场检测与评估小组，负责检测、分析和评估工作，查找事故的原因和评估事态的

第3章 大型活动类事项社会稳定风险评估——以某少数民族大型庆典活动为例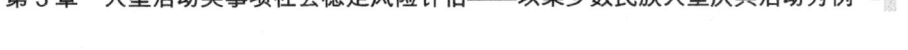

发展趋势，预测事故的后果，为现场指挥部决策提供参考。

应急响应结束：应急处置行动实施后，险情已得到有效控制或消除，事发地人员和遇险对象已全部脱离险境，由现场指挥部批准解除应急状态，应急响应结束。

3.3.6.4 后期处置

善后处理：乡政府政府和公安局、卫计局、文体局、财政局有关部门要积极稳妥、深入细致地做好善后处理工作。对事故中的伤亡人员，以及紧急调集、征用的人力物力等，要按规定给予抚恤、补助或者偿还、补偿。

事故调查：一般事故，由某市政府派出事故调查组进行调查；较大事故，由上级政府派出事故调查组进行调查；重大、特大事故，由省政府或国务院派出调查组进行调查，市有关部门协助调查。事故调查按照国家有关法律、法规的规定，对鄂温克族"瑟宾节"活动事故的原因、性质、影响、责任和经验教训等问题进行综合调查评估，并对有关责任人提出处理建议。

新闻发布：新闻发布按照本级应急响应的发布要求，有宣传部统一发布。新闻发布在不涉及保密内容的情况下，应明确事故的地点、事故的性质、人员伤亡和财产损失情况、救援进展情况、事故区域交通管制情况以及临时交通措施等。

3.3.6.5 应急保障

资金保障：处置鄂温克族"瑟宾节"活动事故所需经费，由财政局将此项经费列入本级财政预算。财政局和审计局要加强对鄂温克族"瑟宾节"活动应急资金的监督管理，保证专款专用，提高资金使用效益。

物资保障：乡政府政府和有关部门应加强鄂温克族"瑟宾节"活动事故应急处置的物资、装备储备，保障应急处置工作需要。

组织纪律：参与应急处置的各部门在接到行动指令后，要迅速组织或指派相关人员、装备，在最短的时间内赶赴现场，在现场指挥部的统一指挥下，根据预案中明确的职责快速投入事故应急处置。各部门要加强联系沟通，互相配合，团结协作，形成合力。工作中要严格做到服从命令，听从指挥，恪尽职守，及时处置。

第4章 基础设施类事项社会稳定风险分析
——以中俄索道工程为例

黑河是黑龙江省最早开放的对俄口岸之一，1982年1月黑河口岸经国务院批准恢复，成为国家一类口岸。2011年9月28日至30日，中国和俄罗斯联邦两国市级地方政府领导在俄罗斯布拉戈维申斯克市进行工作会谈，双方确定推进"两国一城"框架下的关于建设黑龙江跨江空中索道项目。之后双方省、州、市各级政府代表团就共同推进中国黑河—俄罗斯布拉戈维申斯克跨黑龙江（阿穆尔河）空中索道建设项目问题进行了多次洽谈。2013年6月16日，双方政府领导在中国哈尔滨市举行了会谈，并签署了会谈纪要。2013年7月12日，黑河市与阿穆尔州关于推进黑河—布拉戈维申斯克跨黑龙江（阿穆尔河）空中索道项目问题联合工作组在中国黑河市召开了会议，并签订了会议纪要，确定了项目投资方。作为以上两项纪要的最新成果，双方确定了项目建设地点、索道运量、索道形式及中俄项目投资单位等合作细节。此后，索道项目连续6次列入中俄总理定期会晤运输合作分委会公路组会谈议题，并写入会议纪要。2015年6月，在首届中国—俄罗斯博览会上，黑龙江省政府与阿穆尔州政府代表团签署协议，提到黑龙江跨江空中索道项目于2015年8月30日前完成前期及各项准备工作，9月1日前全面开工建设。2015年8月24日，中俄两国总理定期会晤委员会第十九次交通运输分委会在西安召开，中俄两国交通运输部对跨江空中索道项目政府议定书文本进行了核对、草签并报两国政府。2015年9月3日国家主席习近平在人民大会堂会见俄罗斯总统普京。会见后，两国元首共同见证了中俄边境黑河市（中国）与布拉戈维申斯克市（俄罗斯）之间建设、使用、管理和维护跨黑龙江（阿穆尔河）索道协定的签订。

第4章 基础设施类事项社会稳定风险分析——以中俄索道工程为例

4.1 编制依据

编制依据此处不再详述。

4.2 项目概况

4.2.1 项目单位

项目单位情况此处不再详述。

4.2.2 项目拟建地点

工程位于黑河市大黑河岛中部,黑河口岸东侧,建设内容包括联检大楼、索道站房、洋房公寓、商业街、商业配套、附属用房、游客接待中心、办公楼、员工公寓、设备用房、综合楼、员工食堂等。

4.2.3 项目建设必要性

建设中国黑河—俄罗斯布拉戈维申斯克索道项目,能够以最短的路线直接连通黑河市和俄罗斯布拉戈维申斯克市,是落实"一带一路"政策和中俄两国元首协议的重要措施。项目建设的必要性还体现在如下几点。

4.2.3.1 是促进黑河旅游业发展的需要

多年以来,黑河对外经贸活动,虽然开埠较早,但是受到黑河市不是陆路口岸,进出口货物往来不便以及俄罗斯方面的政策多变的影响,发展的规模和在现有条件下的发展趋势,与省内其他口岸如同江、绥芬河参照对比,已经远远达不到 20 世纪末大幅领先的程度。因此,如何促进地方经济发展,是每个地方领导与企业家和市民群众需要考虑思索的问题。因为黑河是国家旅游城市,具有典型难以复制替代的景观——五大连池,具有中俄双子城跨境游的区位优势,具有优美清新的空气和自然环境,具有北方特有的民族风以及清凉舒适的夏日。因此,应转变思路和发展模式,大力开发旅游经济,提高黑河的知名度和影响力,带动相关产业,增加人流、物流的规模,从而间接促进进出口加工和消费等相关产业的发展。客运架空索道不仅仅是一种现代化的交通工具，其本身也是一种旅游景观，是实现黑河转型发展的有效手段。索道的便利和便捷性，使其具有强烈的吸引和规范客流作用。与跨江索道有机融合的口岸，和车站、码头一样，都是人员汇聚集中之地，具有对开发旅游和相关服务业最重要的数量巨大的基础游客量，可以满足游客多层次的需求，兴建索道附属的商业服务、文化娱乐等相关设施，丰富旅游内容，做大做强旅游产业，带动地方经济，促进就业。索道作为交通工具的便利性应与商业文化服务设施的丰富性和全面性相结合，以索道和黑河口岸为中心，完善基础设施。大黑河岛将成为中俄国际文化旅游岛，极大提升和促进黑河市发展模式的转型和转变，通过旅游和对外贸易往来，可带动黑河市社会经济的全面发展。

4.2.3.2 是提升俄方通关能力的需要

黑河市与布拉戈维申斯克市隔黑龙江相望，是中俄边境线上唯一一组距离最近、规模最大、功能最全的对应城市。"两国一城"发展理念是中国黑河与俄罗斯阿穆尔州政府层面达成的共识，成为两个城市跨国合作的共同"品牌"。近年来，随着两个城市在经济、文化、教育、体育等各方面的交往不断加深，两个城市的经济日渐繁荣，社会生活的依存度不断提高，互利双赢、共同打造"两国一城"的理念日渐加深，初步形成了"你中有我、我中有你"的发展格局。随着双城发展格局的成形、来往于两国边境的旅客数量连年上升，两市边境口岸的通关能力常常受到严峻的考验，通关压力日渐增加。中方已经建设了新的民贸专用联检厅，将普通旅客和游客与民贸客分流，提升中方的通关能力。但是，俄罗斯布拉戈维申斯克市现有口岸规模较小，通道数量少，工作效率低，通关能力远远不能满足客流发展的需要。跨江索道建成后，不仅是中方，俄方也会建设一个与中方同等规模的，与索道站连接成一体的联检大厅，成为新的通关口岸。预计新开放18个通道（各9个入关，9个出关），通关效率比现在提高一倍以上。

为了提高通关能力，宜尽早建设中国黑河—俄罗斯布拉戈维申斯克索道项目。

4.2.3.3 是发展绿色经济、节能减排的环保需要

两国人员乘车、船往返于黑河与布拉戈维申斯克市之间，每年产生的能

第4章 基础设施类事项社会稳定风险分析——以中俄索道工程为例

源消耗和车船损耗产生的费用巨大。相比之下，作为运输工具来说，索道由于直线到达，在距离上有优势，并且由于索道使用电力驱动，效率较高，还具有成本优势和无排放的环保优势。索道代替现有渡船、气垫船、冰上汽车运输等方式作为游客出行代步工具后，可以减少传统车船运输的班次和数量，显著地降低能源消耗，降低排放，实现绿色出行。能源消耗的减少和低碳旅游经济的发展可以对当地的环境起到显著的保护作用，顺应了提倡绿色经济的潮流，符合国家节能减排和可持续发展的政策，对地方政府和公司直接的利益可以直接体现在实现节能减排等硬指标上，有益于地方经济发展和 GDP 内在质量的提升。

4.2.3.4 是促进黑河市社会经济整体发展的需要

黑河口岸作为国家一类口岸，在我国对俄经贸合作中一直处于举足轻重的地位，是我省及全国对俄的经贸通道、窗口、基地和平台。黑河作为首批沿边开放城市，有国家级的边境经济合作区和黑龙江省政府正式批准辟建的黑河市中俄边民互市贸易区，国家赋予了黑河特殊的优惠政策，边民互市贸易、国际旅游呈现出强势发展势头。但是黑河旅游和商贸通道一直受界河黑龙江所限，与陆路交通发达的满洲里、绥芬河相比存在先天不足。出入境交通方式受制于黑龙江的地理和气候条件，换乘不便、运输成本高的问题长期存在，已成为中俄经贸合作及旅游发展的瓶颈。黑河市以建设 21 世纪黑龙江畔国际旅贸名城为城市定位，作为中国沿边开放的前沿，肩负着中国对俄贸易、旅游通道的重任，口岸已成为中国对俄罗斯和独联体国家集中展示国家形象的窗口。口岸的开放，需有一种现代化的，方便快捷，可稳定全年运行的、适合散客出行的交通方式。跨江索道项目为破解难题提供了思路。它是现代化的交通方式，速度快、效率高、对恶劣天气适应性强，可全年运转。便于经贸旅游人员出入境，大大提高口岸通关能力，会极大地改善当前制约两岸交流与合作的交通不利条件，对促进两岸乃至两国间的社会经济文化和科技交流，发展区域经济，必将产生深远影响。对于提高黑河的知名度和影响力，拉动黑河的人流、物流，促进进出口加工和消费等相关产业发展作用也将会十分明显。黑河市政府通过积极降低铁路运费，降低和清理口岸收费等方式降低进出口货物的物流成本，并以此提升黑河市在中俄国际贸易中的地位和份额。目前，黑河市与阿穆尔州及远东地区的资源能源合作取得了突破性进展。包括原油油品储运与炼化综合体、水泥粉磨站、煤矿铁矿开发项目、天然气项目等均已落地或开工建设。黑河市利用引进的廉价俄罗斯电能发展进出口加工产业园，大力发育信息、生物、新材料、化工轻工、国际创新、外贸物流六大板块，已经成为全国最大的硅基材料生产基地。同时，黑河市正在推进中俄国际科技产业城，正在发展电子、轻工、新光源、机械、服装、建材等对俄出口项目，拟在阿穆尔州建阿穆尔产业园区，重点开展对俄出口产品的境外组装加工和引进俄罗斯资源的初加工等产业。黑河市和布拉戈维申斯克市之间国际贸易的发展，人员往来和交流的机会必然将显著增加，对交通基础设施建设尤其是跨江交通提出了较高的需求。商业人士往来对社会经济的促进作用远远高于民贸客和普通的游客往来。跨江索道乘坐舒适、快速、便捷，与索道配套的新的口岸通关高效、迅速，口岸附属的商业和文化设施可以提供便利的服务。所以说，跨江索道项目不仅是人员的通道，而且也是人员交流的平台，与黑龙江大桥（主要负责物流）有机结合和相互补充，带动和促进黑河市和布拉戈维申斯克市社会经济的整体发展，其建设具有重要意义。

4.2.4 客运量预测

索道项目客运量预测结果（项目建成前的预测数据）见表4-1。

表4-1 黑河市乘坐跨江索道出入境游客规模预测表

年份	增长率（%）	出入境人数（万人次）	索道乘坐人数（万人次）
2017		69.0	
2018	10	75.9	64.5
2019	10	83.5	71.0
2020	5	87.7	74.5
2021	5	92.1	78.3
2022	5	96.7	82.2
2023	0	96.7	82.2
2024	0	96.7	82.2
2025	0	96.7	82.2

第4章 基础设施类事项社会稳定风险分析——以中俄索道工程为例

续表

年份	增长率（%）	出入境人数（万人次）	索道乘坐人数（万人次）
2026	0	96.7	82.2
2027	0	96.7	82.2
2028	0	96.7	82.2

4.2.5 征地拆迁

工程（中方建设项目）位于黑河市大黑河岛中部，黑河口岸东侧。项目用地采取出让方式，承建单位为黑河市金龙港建设发展有限责任公司。该用地省政府已经批复转为建设用地。区域内，沿江为三岛护岸工程新回填的江堤，宽度约50m，同时存在工房等临时设施。区域内其他部分为农田，间杂部分灌木和小乔木。

根据项目单位提供，本项目占地面积为236706.4m^2，均需要征用。根据项目单位提供数据，征地涉及41户居民，拆迁涉及21户居民。

4.3 风险调查

4.3.1 调查范围

工程位于黑河市大黑河岛中部，黑河口岸东侧。凡项目涉及利益相关者切身利益、容易引发社会稳定风险的因素，都纳入调查范围，并涵盖了拟建项目建设和运行可能产生负面影响的范围。

4.3.1.1 环境影响评价报告确定的影响范围

根据项目环境影响报告，施工期的环境影响范围确定为周边500m，运营期间的环境影响范围为周边3km。

项目施工期污染影响：废气主要为施工机械与运输车辆尾气和施工扬尘；废水主要为施工人员生活污水和建筑施工废水；噪声主要是施工机械设备和运输车辆噪声；固体废弃物主要为施工人员生活垃圾和施工产生的建筑垃圾；生态影响主要为占地影响、对植被的影响和水土流失；以及施工过程的社会影响。施工期环境保护目标见表4-2，运营期环境保护目标见表4-3。

表4-2 施工期环境保护目标

环境要素	敏感点	受影响人数	位置关系	保护目标
环境空气	黑河市边检站	55	W,161m	《环境空气质量标准》(GB3095—2012)二级标准
	游乐园	23	W,314m	
	黑河城区	183	SW,137m	
噪声	黑河市边检站	55	W,161m	《声环境质量标准》(GB3096—2008)2类标准
	黑河城区	183	SW,137m	
地表水环境	项目区附近黑龙江水域			《地表水环境质量标准》(GB3838—2002)Ⅲ类标准
生态环境	占地范围及200m范围内和索道沿线200m范围内			附近农田生态环境及重要鱼类

表4-3 运营期环境保护目标

环境要素	敏感点	受影响人数	位置关系	保护目标
环境空气	黑河市边检站	55	W,161m	《环境空气质量标准》(GB3095—2012)二级标准
	游乐园	23	W,314m	
	之路村	565	S,852m	
	黑河城区	6535	SW,137m	
噪声	黑河市边检站	55	W,161m	《声环境质量标准》(GB3096—2008)2类标准
	黑河城区	525	SW,137m	
地表水环境	黑龙江干流	—	索道跨域黑龙江	《地表水环境质量标准》(GB3838—2002)Ⅲ类标准
环境风险	黑河市边检站	55	W,161m	—
	游乐园	23	W,314m	
	之路村	565	S,852m	
	黑河城区	11220	SW,137m	
生态环境	占地范围及200m范围内和索道沿线200m范围内的生态环境			附近农田生态环境及重要鱼类资源

项目运营期污染影响：废气主要为室内停车库汽车尾气、厨房油烟及燃料燃烧废气；废水主要为工作人员和游客产生的生活污水、餐饮废水以及室内停车库冲洗废水；噪声为索道驱动装置、水泵房、空调机房、停车库通风

机等设备噪声以及区域内车辆通行产生的交通噪声和社会环境噪声;固体废物为生活垃圾和餐厨废弃物。

环境影响评价主要结论:项目所在区域大气、水环境、声环境状况基本可以达到所在功能区要求。项目对所排放的污染物采取了污染控制措施,污染物达标排放,对评价区的环境影响较小。

4.3.1.2 社会稳定分析调查范围

索道采用电力驱动,效率高,无排放,可以降低能源消耗,发展绿色经济,保护大黑河岛和黑龙江的自然环境。

施工期间对施工区域南侧主要影响为扬尘和噪声,项目施工区域位于小黑河岛,与南侧城区间隔河流,充分落实项目环境影响评价报告的措施,对南侧城区居民的影响可忽略,引起社会群体事件的发生概率较小。项目东侧为黑河口岸、游乐场、大黑河岛管理中心、大黑河经贸责任有限公司、大黑河岛国际商贸城、吉星饭店等团体单位,施工期间噪声、扬尘、交通等均会造成一定影响,可能会有相应的诉求。施工期间,需要征用幸福乡之路村的土地,并拆除部分地面附着物(砖房和大棚等)。

运营期间,项目与现阶段从事两个口岸客运的从业人员和企业存在竞争关系。

综上,确定本项目的调查对象为征地拆迁居民、影响居民(不涉及征地拆迁)、周边影响企业、竞争对象行业(港务局)。

4.3.2 调查的方式和方法

风险调查的方式有面调查、抽样调查、个案调查和典型调查。调查的方法有观察法、访谈法、文献法、问卷法、实验法等。根据拟建项目的特点及项目所在地的情况,在实际工作中采取了抽样调查方式,以及观察法、访谈法、文献法、问卷法等方法,并采取了实地踏勘、走访群众、征询意见以及舆情分析等多种方式和方法进行了调查,以达到广泛调查、充分收集各方意见和诉求的目的。

4.3.3 调查内容

4.3.3.1 拟建项目的合法性

(1)审批程序。项目为企业投资项目,属于不使用政府性资金的非重大项目和非限制类项目,按照属地原则向地方政府投资主管部门备案。拟建项目将陆续依法取得各相关管理部门的支持性文件,各相关管理部门具有相应的项目审批权并在权限范围内进行审批,决策程序基本符合国家法律、法规、规章等有关规定。

(2) 产业政策。根据国家发展和改革委员会颁布的《产业结构调整指导目录(2015年本)》,本项目不属于"限制类"与"淘汰类",为"允许类",符合国家产业政策的相关规定。

(3) 发展规划。项目与《中共黑龙江省委黑龙江省人民政府"中蒙俄经济走廊"黑龙江陆海丝绸之路经济带建设规划》(以下简称《规划》)的符合性:《规划》提出:"建设黑龙江陆海丝绸之路经济带,有利于促进中俄基础设施和口岸通道的互联互通,不断创造更多的利益契合点和合作增长点,拉紧中俄合作的利益纽带,把两国经贸合作推向一个新的高度。""拓展黑龙江省与我国东南沿海、俄远东地区、日韩、东南亚等江海联运和陆海联运新通道"。本项目为连接俄远东地区的跨江索道,因此与《规划》相符合。

项目与《黑龙江省国民经济和社会发展第十三个五年规划纲要》(以下简称《纲要》)的符合性:《纲要》指出"加强与俄罗斯互动对接,共同推动跨境基础设施多点对接、互联互通,加快国际大通道建设","全力推进龙江丝路带建设,推进对外开放转型升级,加快对俄跨境基础设施互联互通",本项目为中俄跨江客运索道项目建设,为对俄跨境基础设施,因此与《纲要》相符合。

项目与《黑龙江省主体功能区划》(以下简称《区划》)的符合性:本项目位于黑龙江省黑河市市区,根据《区划》黑河市市区属"大小兴安岭森林生态功能区",为限制开发区域(国家重点生态功能区)中的水源涵养型。其发展方向包括"合理分布农业人口,完善城乡基础设施,居民享受的公共服务和基本生活条件与省内其他地区大体相同;繁荣边疆和少数民族地区经济,保障社会稳定"。本项目为中俄索道建设,主要为中俄两岸提供客运通道,项目建设对繁荣边疆地区经济,保障社会稳定有促进作用,因此项目建设符合《区划》要求。

项目与《黑河市政府工作报告(2018年)》(以下简称《报告》)的符合性:《报告》明确提出:"跨境基础设施通道建设进展顺利。黑龙江大桥双方同步加快建设,中方超额完成年度计划;启动桥头区建设规划和产业项目招商工作,与月星集团、海航集团、中北科技等多家企业达成合作意向。跨江空中索道前期工作完成。""2018年,我们在全面推进经济社会发展的同时,集中

第4章 基础设施类事项社会稳定风险分析——以中俄索道工程为例

精力、重点突破,全力抓好事关长远的'十件大事'。一是确保建档立卡的贫困村和贫困户全部脱贫。二是市区棚户区回迁安置房建设主体工程完工。三是启动城市功能三年提升工程和农村人居环境整治三年行动。四是开工建设黑龙江大桥桥头区及口岸基础设施。五是跨江空中索道开工,同步推进口岸和市政配套设施建设。六是争取跨境经济合作区、重点开发开放试验区、跨境旅游合作区和边境旅游试验区政策落地黑河。七是确定北黑铁路地方段改造升级主体和最佳合作方式。八是实施黑河瑷珲机场国际查验设施改造和机坪改扩建等项目。九是争取黑河口岸连通工程和滨江景观大道列入交通部'十三五'规划,完成开工前各项准备工作。十是保税物流中心(B型)通过验收并投入使用。对这'十件大事',我们将明确任务、落实责任、倒排时间、全力推进,努力为黑河发展打牢根基。"因此项目建设符合《报告》要求。

项目与《黑河市岛屿规划》的符合性:本项目为规划中的重点项目,《黑河市岛屿规划》指出"以海关、游乐城、商贸城和索道等项目为载体,带动岛内商务旅游业发展",本项目的建设与《黑河市岛屿规划》相符合。

项目与《"中俄双子城"旅游业发展总体规划》(2012—2020)的符合性:《"中俄双子城"旅游业发展总体规划》(2012—2020)指出"建设两城通畅的交通运输网络""完善双边公路、铁路、航运、航空和口岸基础设施,营造中俄边境线上成本最低、效率最高、服务最好、环境最优的旅游发展氛围,真正发挥面向世界、服务全国的中俄经贸旅游大通道的作用"。《"中俄双子城"旅游业发展总体规划》同时指出"黑河是中俄跨境旅游最便捷的通道和枢纽。一批重大交通项目前期取得突破,黑河黑龙江大桥、中俄跨江索道和五大连池机场逐步开工建成,将为发展跨境旅游提供更加完善的交通运输保障"。《"中俄双子城"旅游业发展总体规划》中的中俄跨江索道项目即为本项目,"中俄界江(黑龙江)观光旅游带"的"黑龙江黑河段及俄布市阿穆尔河段的沿江两岸重点项目"。本项目的建设可以降低游客过境成本,缩短过境时间,为过境游客提供更优质的服务,因此项目与《"中俄双子城"旅游业发展总体规划》相符合。

(4)规划选址。工程位于黑河市大黑河岛中部,黑河口岸东侧。本项目选址不占用基本农田,不涉及自然保护区等敏感区域。

4.3.3.2 拟建项目周边的自然环境现状和社会环境状况

(1)自然环境现状。黑河市东南与伊春市、绥化市接壤,西南与齐齐哈尔市毗邻，西部与内蒙古自治区隔嫩江相望，北部与大兴安岭地区相连，东北与俄方阿穆尔州隔黑龙江相望。黑河市地处大兴安岭东部，小兴安岭北部，境内群山连绵起伏，沟谷纵横，地势西北高、东南低。地貌总体为中、低山丘陵类型。黑河临近冷空气发源地西伯利亚大草原，境内又有小兴安岭山脉纵贯南北，全市呈寒温带大陆性季风气候特征，跨四、五、六三个积温带。春季高温多风，夏季雨热同现，秋季降温急骤，冬季寒冷干燥，冬长夏短、四季分明。全市年均降雨量 491~540mm，有效积温 1950~2300℃，日照时数 2562~2677 小时，无霜期 90~120 天，年均气温零下 1.3~0.4℃，日最高气温 38.2℃，最低气温零下 40℃，平均风速 2~3.5m/s。常年主导风向为西北。项目所在区域黑河市幅员辽阔，区内地质构造错综复杂，具有多期活动性和阶段性。岩石圈（深）断裂有新开岭岩石圈断裂、逊河—铁力—尚志岩石圈断裂、嫩江岩石圈断裂、德都—大安岩石圈断裂等。区域性（大）断裂有卧都河—三卡断裂带、卧都河—星火断裂束、罕达汽断层束、大岭—麦海断裂带、讷谟尔河大断裂、孙吴断裂、逊河—乌云大断裂、茅兰河大断裂等。项目所在区域地层分布广泛，出露较齐全，从上元古界至新生界均有出露，均分布在天山至兴安岭地层区，分属兴隆至罕达汽分区的罕达汽小区、小兴安岭分区的沐河小区、松嫩平原分区和伊春延寿分区。

黑龙江是中俄两国的界河，也是中国第三大河流，发源于蒙古国肯特山东坡和我国大兴安岭西坡，系由上游的石勒喀河和额尔古纳河汇集而成。该江在流经我国的内蒙古、黑龙江两省区和俄罗斯的赤塔州、阿穆尔州和滨海边疆区之后，在俄方境内的尼古拉耶夫斯克以东注入鞑靼海峡。黑龙江的主要支流，在中方有松花江，在俄方有结雅河、布列亚河及中俄界河乌苏里江。黑龙江可分为三段：俄方结雅河口以上为上游段，结雅河口至乌苏里江河口为中游段，乌苏里江河口以下至入海口为下游段，下游段在俄方境内。上游段长约 905km，为山区，海拔高度 1600~2100m，主要生长茂密的森林。中游段长约 982km，为半山区和平原区，其中黑龙江结雅河—布列亚河平原海拔高度在 110~200m，植被主要是林地和草原，但有相当一部分土地被开垦，林地面积已大为减少。下游段长约 958km，基本上为平原，例如著名的黑龙江—松花江—乌苏里江平原（三江平原），海拔高度在 100m 以下。平原内大部分土地已被开垦为耕地，还剩余少部分次生林和草原。

第 4 章 基础设施类事项社会稳定风险分析——以中俄索道工程为例

（2）社会环境状况。黑河市是中国首批沿边开放城市，位于黑龙江省西北部，小兴安岭北麓，有"中俄之窗""欧亚之门"等美誉。总面积 68726km^2，市辖区面积 14446km^2，人口 162.8 万，有汉族、满族、回族、蒙古族、鄂伦春族、达斡尔族等 31 个民族。黑河市下辖爱辉区、北安市、五大连池市、嫩江县、孙吴县、逊克县 1 个市辖区、2 个县级市、3 个县。境内有黑龙江省农垦总局北安、九三 2 个分局所属的 25 个农场、57 个部队农场、21 个其他国营直属农场和省森工总局通北林业局、沾河林业局所属的 34 个林场以及海关、税务等几十个中央、省直部门。黑河市爱辉区以黑龙江主航道中心为界，与俄罗斯远东第三大城市、阿穆尔州首府布拉戈维申斯克（海兰泡）隔江相望，最近距离仅 750m，是中俄 4374km 边境线上唯一一座与俄首府相对应的距离最近、规模最大、规格最高的边境城市，也是"龙江丝路带"上重要的节点城市。

2016 年，地区生产总值 470.8 亿元。其中，第一产业增加值 222.9 亿元。第二产业增加值 70.4 亿元；在第二产业中工业增加值 55.9 亿元。第三产业增加值 177.5 亿元。三次产业占 GDP 比重分别为 47.4%、14.9%和 37.7%。工业经济持续增长。全市规模以上工业增加值 34.6 亿元。其中，重工业 27.5 亿元；轻工业 7.1 亿元。国有及国有控股企业增加值 6.9 亿元，中省直工业实现增加值 2.3 亿元，地方工业实现增加值 32.3 亿元。全市固定资产投资 275.3 亿元，社会消费品零售总额 114.7 亿元，对外贸易进出口总值 6.1 亿美元，旅游形势整体发展较好。全市共接待国内外游客 815.4 万人次，同比增长 25.5%。旅游收入 68.3 亿元，增长 29.3%。边境旅游出入境人数 71.9 万人次，增长 1.9%。其中，出境人数 36 万人次，增长 1.3%；入境人数 35.9 万人次，增长 2.5%。边境旅游收入 12.6 亿元，增长 2.1%。交通运输业呈现波动态势。全市完成铁路货运量 97.8 万吨，同比下降 1%，铁路货物周转量 13751.5 万吨/km，下降 3.9%；公路货运量 775 万吨，下降 27.2%，公路货物周转量 136298 万吨/km，增长 6.7%；水路货运量 14.9 万吨，下降 13.9%，水路货物周转量 224.6 万吨/千米，增长 31.7%；航空货运量 63.6 吨，下降 83.9%。完成铁路客运量 133.7 万人，下降 6.2%，铁路客运周转量 29511.1 万人/km，增长 8.8%；公路客运量 526 万人，下降 19.7%，公路客运周转量 46680 万人/km，增长 2.6%；水路客运量 23.8 万人，下降 4%，水路客运周转量 190 万人/km，下降 4.2%；航空客运量 14.1 万人，增长 12%。全市公共财政预算收入 30.3 亿元，增长 4.7%。其中，税收收入14.6亿元,增长1.3%;非税收入15.7亿元,增长8.2%。全市公共财政预算支出170.4亿元,增长4.2%。全市总人口162.8万人,其中,男性人口82.2万人,女性人口80.6万人。城镇人口99.8万人,乡村人口63万人。全市人口出生率5.4‰,死亡率5.8‰,人口自然增长率-0.4‰。

(3)项目实施可能对当地经济社会的影响。

1)对行业发展和区域经济的影响:中国黑河—俄罗斯布拉戈维申斯克索道中方建设项目所产生直接即时经济影响,反映在索道建设本身所创造的地方就业和当地承建商的工作,还反映在这些员工和公司在工资和收入上的增加及其在当地的支出。运营索道所带来的长期的经济影响。包括直接为两国乘客,以及客运、观光旅游等提供服务所创造的就业机会,还包括索道配套区域运营创造的地方收入持续增长对本地经济所引发的间接影响。这些影响对于地方经济发展极其重要,作用范围包括就业、收入和政府税收。

索道建设将促进地区经济更长期和更大的发展。索道服务带来规模经济、范围经济和集聚经济,在现代经济中,这种体系可以让黑河市的经济发展出现新的增长极,从而保持并加速地区经济的增长,促进两地的贸易往来。索道可以直接和间接地促进黑河市区域经济的巨大繁荣,能够吸引大量游客,形成新的观光景点,是地方经济新发展的巨大推动力。索道工程建设可以加强基础设施建设,完善黑龙江省和黑河市的综合交通运输体系,增加黑河市和布拉戈维申斯克市的交通联系,改善投资环境,健全城市功能,加快发展地方旅游产业,推动黑河市经济转型和可持续发展。

2)对上下游已建或拟建关联行业、项目的影响:黑河口岸目前开通了与俄罗斯布拉戈维申斯克市之间的客货轮渡。同时开通有气垫船运输线,集中在冬春季节界河封冻期前后。为打破黑龙江冬季黑龙江封冻期间冰上运输交通瓶颈,2012年4月6日,黑河与布拉戈维申斯克市之间的浮箱固冰通道正式通车。总长度614m、宽13m,采用9艘经改造加强后的驳船首尾相连组成,设计车型为单辆汽车总重量不大于40T。浮箱固冰通道的开通,实现了黑河口岸一年四季通关。黑龙江明水期(5月至10月)为水上客货船舶和轮渡汽车运输,有效时间约175天左右,实际运输为155天左右。冬季流冰期(11月至12下旬)开通气垫船,有效时间约50天左右,实际运输为40天左右。封冻期(次年1月至3月)为冰上客货汽车运输,有效时间为95天左右。实际运

第4章 基础设施类事项社会稳定风险分析——以中俄索道工程为例

输为 70 天左右。春季流冰期（3 月下旬至 5 月初）继续开通气垫船，有效时间约 40 天左右，实际运输 30 天左右，全年累计有效时间 360 天左右，实际运输 295 天左右。大黑河岛某港口客运码头目前有两个泊位，配备有 366 客位、285 客位、240 客位、204 客位的客轮各一艘，用于明水客货运运输，实际航程约 1500m，航行时间约 30 分钟。俄方布拉戈维申斯克市港口配备有客轮约 10 艘。此外，中方还配备有 60 客位、32 客位、12 客位、28 客位气垫船共 5 艘用于流冰期客货运输，俄方也配备有各种吨位的气垫船 13 艘。浮箱固冰通道的客运通过客车实现黑河和布市之间黑龙江封冻期的运输，方实际运营车辆的数量为 5 辆，俄方实际运营车辆目前有 10 多辆，浮箱固冰通道通车后平均日运输旅客约 3000 人。项目建设对口岸水路客运轮渡、气垫船运输等行业产生影响，是竞争的关系。索道建设关乎界江航运业未来的生存、发展、前途、命运，关乎某港口在职及离退休近 600 名职工的社会稳定问题，需要给予关注。

建设中的黑河（中国）—布拉戈维申斯克（俄罗斯）黑龙江（阿穆尔河）界河桥（中国段）项目路线起于吉黑高速 K2+240 处，与丹阿公路、吉黑高速构成"十字"交叉后向东布线，在河南屯与四嘉子之间通过，而后在长发屯南侧开始跨江，至黑龙江大桥主桥中心为终点，与俄罗斯境内大桥顺接。主线路线长 6.509km（建设里程 5.899km），其中拟新建特大桥（矮塔斜拉桥）1283.86m/1 座（中方建设 738.82m）、中桥 52.84m/1 座、小桥 34.24m/1 座、涵洞 155.4m/7 道，平面交叉 5 处，合并设置收费站、监控通信站、养护道班及中俄大桥合资公司用房 1 处，口岸联检区 1 处，采用二级公路标准，设计速度 80km/h，路基宽度 16m，黑龙江特大桥桥梁宽度 14.5m、中小桥宽度 16.0m，汽车荷载等级公路为一级；建设口岸联检区监护中队、合资公司连接线三级公路 1.970km。本项目为索道客运，黑河大桥为公路客运和货运。索道建设是对大桥客运交通方式的有效补充，由于可以直接连接黑河市和布拉戈维申斯克市，相对于黑河大桥，线路平直且距离较短，两者存在客流竞争关系。

2017 年，黑河市共接待旅游者 969.1 万人次，同比增长 18.9%，其中接待国内旅游者 893.3 万人次、同比增长 20.2%，接待边境旅游者 75.8 万人次、同比增长 5.4%；接待出境旅游者 37.6 万人次、同比增长 4.5%，接待入境旅游者 38.2 万人次、同比增长 6.2%。黑市旅游收入实现 82.1 亿元，同比增长 20.1%，其中国内旅游收入 68.8 亿元、同比增长 23.4%，边境旅游收入 13.3 亿元、同比增长

5.6%。索道成为被观看和欣赏的对象,作为一种旅游资源被加以开发和利用。跨江索道将成为黑龙江上的一道景观,成为黑河市独特的城市文化符号、重要地标和城市形象标志。索道将与其他自然景观和人文设施一样,成为黑河重要观光景点。与跨江索道有机融合的口岸,和车站、码头一样,是人员汇聚集中之地,具有对开发旅游和相关服务业最重要的数量巨大的基础游客量,可以为满足游客多层次的需求,兴建索道附属的商业服务、文化娱乐等相关设施,丰富旅游内容,做大做强旅游产业,带动地方经济,促进就业。

中国黑河—俄罗斯布拉戈维申斯克索道中方项目的建设可进一步打通东北地区与俄罗斯远东的陆路运输通道,解决东北地区对俄商贸过境客运问题,并且极大地提升通关的便捷性。项目建设将使黑河与阿穆尔州逐步成为东北亚地区人流、物流中心和货物集散地,对于促进东北地区对俄贸易发展及东北老工业基地复兴,提振东北地区经济发展,特别是黑河市社会经济发展、人员就业、发展外向型经济都具有重要的战略意义。

中国黑河—俄罗斯布拉戈维申斯克索道中方项目的建设对于进一步加强中俄两国全面战略合作伙伴关系,落实两国元首协议精神,深化中俄合作具有重要的战略意义。对黑河市经济社会发展的推动作用是巨大的,对于提高黑河市的知名度和影响力,拉动黑河市的人流、观光旅游,促进消费等相关产业发展作用将会十分明显。

3)对当地总体发展规划、经济发展、就业机会的影响。

①《黑河市城市总体规划(2012—2030)》的符合性:指出"突出大黑河岛观光娱乐、运动体验、休闲健身功能,打造国际商贸文化旅游岛"。本项目建设地点位于黑河市大黑河岛,为中俄跨江客运索道项目,因此项目建设与《黑河市城市总体规划(2012—2030)》相符合。

②《黑河市土地利用总体规划(2006—2030)》的符合性:指出"重点控制建设用地规模,着力调整建设用地结构,保障重点建设必要用地","中国黑河—俄罗斯布拉戈维申斯克经黑龙江空中索道建设项目(即为本项目)"为"黑河市重点建设项目",本项目建设"已经列入《黑河市土地利用总体规划(2006—2030)》重点项目清单,项目用地在允许建设区内,符合土地利用总体规划"。根据黑河市国土资源局对本项目场地的现场勘查,确定项目占地为农用地和未利用地,用地性质已经调整为建设用地。

第4章　基础设施类事项社会稳定风险分析——以中俄索道工程为例

在黑河市大力发展口岸交通和观光旅游业的大背景下，口岸交通事业必然迎来黄金全盛时期。黑河市抢抓政策导向建设索道项目对促进两国口岸交通、加大旅游观光业发展、探索民营资本积极参与提供有力的实践依据与理论支撑，必然对今后黑河市域经济的跨越发展，促进就业具有重要意义，也必然成为黑河市域经济科学发展的有力引擎。

4）拟建项目占用地方资源带来的影响。

①土地：该建设项目征地补偿标准参照《黑龙江省征地区片综合地价实施办法》（黑政发〔2014〕34号）和《黑河市人民政府关于调整征地区片综合地价的批复》（黑市政发〔2015〕56号）执行。为保证耕地占补平衡，在对当地补充耕地库中耕地开垦可行性分析的基础上，应根据项目所在地土地资源情况进行耕地补充，保证项目所在耕地总量不减少，达到了保护耕地的目的。采用缴纳耕地开垦费委托开垦的方式补充耕地，建设单位承诺按照委托当地的标准缴纳耕地开垦费，补充同等或高等级耕地。《中华人民共和国土地管理法》和《国务院关于深化改革严格土地管理的规定》（国发〔2004〕28）对耕地开垦费的缴纳和使用有专门的要求。本项目在估算中考虑了征地补偿及耕地复垦费用（少于现行标准，需按照标准上调），建议通过委托补充的方式与之路村签订委托补充耕地协议，协议中应规定建设方面要按照省政府规定的标准按时缴纳耕地开垦费，由地方有关部门负责开垦与项目占用数量相等、质量相当的耕地。因此，项目用地耕地的开垦费有保障。

②能源：本次工程应充分考虑平面布置节能、建筑节能，选用节能型设备材料，在工程施工中也应采用相应的节能措施。项目节能专题报告正在编制过程中。本项目消耗的能源主要有电、液化石油气、水等，项目的年用能总量为953.71tce（当量值），年耗电量199万kWh，标准煤270.1吨，液化石油气2750kg。项目符合国家、地方和行业节能标准规范，未采用国家明令禁止和淘汰的落后的工艺及设备，符合节能规划要求，对当地节能目标完成有积极影响。本项目采用的节能措施，可以节电28.36万kWh，相当于节约标煤34.8tce，节能率达3.6%。

③自然和生态环境影响：参考类似工程，拟建项目自然和生态环境影响如下。

A. 噪声影响和控制措施。大黑河岛噪声主要来自口岸人群及车辆活动、船舶、气垫船发动机及汽笛等，由于空间开阔，仍属于良性噪声背景。

施工期噪声主要来自各种施工机械。来自施工期机械设备的噪声要达到150m距离可降至50dB以下，符合《城市区域环境噪声标准》GB3096—93规定的0类区昼间标准。距离居民点较近的敏感地段夜间禁止施工，施工期对周边环境的噪声影响是较为有限的，施工结束后影响也将随之结束。索道运营期环境噪声主要来自各站址人群喧哗，索道驱动站站房主驱动机运转等。经预测，各种噪声在10m外由于建筑物、植物屏障和距离本身引起的衰减，已降到50dB以下，低于国家《城市区域环境噪声标准》GB3096—93规定的0类区昼间50dB的标准。拟建驱动站站房主驱动机等设备均设置于站台下面的单独机房内，通过机房内部墙壁的隔声降噪，在运营期其噪声对下站周围声环境影响较小。

选用低噪声设备，对高噪声设备采取减震、消音等措施，并应设置在单独密封的建筑物内，确保厂界噪声满足《工业企业厂界环境噪声排放标准》GB12348—2008中的2类标准要求。

B．生态影响和保护措施。本工程施工期将导致滩涂土地变为建设用地，对评价区土地利用格局的存在影响。区域内植被分布主要为农田，农田边缘有常见小乔木及灌木分布包括柳、花楸等，无保护性树种。区域内人员活动频繁，野生动物活动概率较小，主要为麻雀、喜鹊等常见鸟类。拟建索道工程施工对地质环境的影响主要为直接影响，指索道建筑物、附属设施及临时设施的建设过程中，场地整平、基坑开挖等作业造成地质地貌的局部可恢复性改变。

根据对拟建索道工程施工区的现场观测，项目区域构造稳定，地形地势平缓，施工过程不存在引发滑坡和崩塌等不良地质灾害的可能性。由于施工场地平整时将会有新鲜、松散表土裸露，施工区降雨量大且集中，因此，必须采取积极有效措施防范水土流失。严格控制施工区域范围，禁止扩大施工面积，保护施工范围以外的地形、植被，将施工引起的水土流失控制在最小范围；对挖方场地，应随挖随整，尽量减少挖方量，减少裸露边坡暴露时间，并处理好表层的剥离土，施工应设置挡土墙，堆渣处设立拦渣坝。合理安排工程施工时间，尽量避免雨季进行场地平整施工。工程建设对当地自然植被的生态功能及多样性影响较小，对当地小型哺乳动物及鸟类应注意保护，严禁乱捕滥猎，保证野生动植物资源不受到破坏。本项目产生的土石方送至堆土场临时堆存（本项目为厂区内，土方使用量大于产生量，不新增临时用地和弃土场）。运营期索道建

第4章 基础设施类事项社会稳定风险分析——以中俄索道工程为例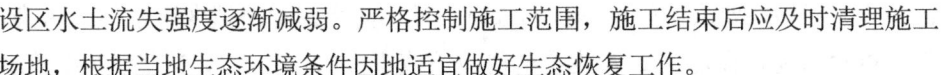

设区水土流失强度逐渐减弱。严格控制施工范围，施工结束后应及时清理施工场地，根据当地生态环境条件因地适宜做好生态恢复工作。

C．废气影响和污染防治措施。施工期的开挖、材料运输等作业产生的扬尘以及施工人员的炊事等将会带来一定程度的影响，施工场地设置防尘围栏，对施工作业面和土堆进行砂水降尘，对堆场和运输散体物料车辆进行遮盖、密封。但此类影响只要加强对施工场地和运输车辆的管理，不会对环境空气质量造成大的影响，施工结束后，此类轻微影响也随之结束。

索道区油库区油气挥发量较小，对周围环境空气影响较小。

D．污水影响和防治措施。新建1座小型一体化生活污水处理装置，设计处理能力20吨/日。

项目施工期的废水主要来自施工人员的生活污水和工程废水，生活废水量很小且经化粪池处理后直接排放。工程废水主要来自混凝土拌料过程和养护，由于水量不大，对地表水水质的影响轻微。临时施工营地远离水体，对黑龙江水质影响降到最低程度。

生活污水经处理后排水必须达到《城市污水再生利用城市杂用水水质》GB/T 18920—2002（冲厕用水）标准，BOD5、NH_3-N 出水浓度分别为10mg/L、10mg/L，可回用于各站址附近的植物绿化和厕所马桶的冲洗水，循环使用，杜绝污水外排进入地表水体，进一步减轻对地表水环境的影响。

E．地下水影响及防治措施。所处区域主要含水层为第四系松散岩类孔隙潜水。本工程挖方量较小，场地地下水埋深大，不会对地下水流场产生影响，也不会对地下水水质产生影响。

施工期生活污水及施工机械跑冒滴漏的污油及废弃物易产生一定污染，但这类污水及污物的产生量小，易回收控制，多为短期影响，施工结束后易恢复原有状态，对地下水环境影响的可能性小。

F．固体废物处理措施。生活垃圾由环卫部门收运处理，弃渣、废料按照有关部门要求清运到指定地点处置，各类固体废物处理措施得到落实，去向明确。固体废物应该做到资源化、减量化、无害化。污水处理厂产生的淤泥送往黑河污泥处理厂处理，检修机器产生的废气机油应委托有资质的单位处理。

G．环境风险影响及防范措施。制定环境风险应急预案，落实各项风险防范措施。严格按要求做好废弃机油临时存储,防止泄漏对黑龙江水体的污染,新建事故水池,在污水处理装置出现故障或事故时,所有废水应排入事故水池,防范环境污染。

综上,本项目工程符合地方相关规划,与黑河市城市规划没有冲突。索道建设未造成机场周边敏感点超标,索道建设占地及运营对动物、植物及生态系统的影响可以接受,场内不存在固定大气污染源,污水全部回用,固体废物实现了市政集中处置,施工和运营期间的噪声可控。在严格执行"三同时"制度的前提下,从环境保护角度分析,本项目建设是可行的。

5)拟建项目的建设和运行活动对项目所在地文化、生活方式、宗教信仰、社会习俗等非物质性因素不会产生影响。

6)拟建项目能够被当地的社会环境、人文条件所接纳。

施工期和运行期各类污染物的排放,将对附近居民生活质量产生影响。经对环境污染的严格预防和治理,拟建项目能够被当地的社会环境、人文条件所接纳。

4.3.3.3 利益相关者的意见和诉求、公众参与情况

(1)受拟建项目建设和运行影响的公民、法人和其他社会组织对拟建项目建设实施的意见和诉求。

针对拟建项目的特点,对受拟建项目建设和运行影响的公民、法人和其他社会组织进行了走访,征求社会公众的意见。主要针对拟建项目的征地拆迁、环境影响、居民诉求等方面的社会稳定风险广泛听取相关利益群体的意见和建议。同时,对拟建项目厂址进行了实地踏勘。通过走访及座谈,主要利益相关者认为拟建项目对居民生活环境有一定影响,针对项目在建设期和运营期产生的征地拆迁、噪声污染、运营安全等影响,沿线居民表示要有切实可行的防范措施,减少对居民正常工作和生活的影响;保证建设期和运营期居民生产生活环境不受污染,人民生命财产安全,减少施工干扰百姓日常生活,施工完毕及时恢复环境。项目所在地群体均表示支持该项目建设,同时希望项目做好征地工作,运营中注意环境保护,防止环境污染和安全事故。主要诉求集中在征地补偿标准。

(2)公众参与情况。

1)环境影响价公示:根据国家环境保护总局《环境影响评价公众参与暂

第4章 基础设施类事项社会稳定风险分析——以中俄索道工程为例

行办法》(环发〔2006〕28号)要求,建设单位应当在确定了承担环境影响评价工作的环境影响评价机构后7日内及在编制环境影响报告书的过程中,向公众公开有关环境影响评价的信息。为此,建设单位在黑龙江省黑河市环境保护网站上向社会发布了《中国黑河—俄罗斯布拉戈维申斯克跨黑龙江索道项目第一次公示内容》。发布公示使公众了解拟建工程概况、工程建设可能造成的不良环境影响、拟采取的污染防治措施及环境影响评价的初步结论,并征询公众意见。通过调查结果统计,公众表示同意在选址进行建设,并对该项目的建设表示支持和关注,认为该项目的建设有利于社会、经济的发展和区域环境质量的改善,无反对意见。根据公众参与的意见,公众认为环保措施对污染的防治是有效的;公众最关心的问题,则是本项目产生的空气污染和水污染的影响。公众没有提出其他意见和建议。

2)社会稳定风险分析公众参与:建设单位在黑河市人民政府网站开展了社会稳定风险调查公示工作,见图4-1。

图4-1 政府网站社会稳定性评估公示

遵照"公众参与实行公开、平等、广泛和便利的原则",为使公众参与具有针对性和普遍性,需综合考虑项目情况、地域特点、地区经济发展以及被调查人群的分布、整体知识层次等因素。此次问卷调查范围主要为受建设项目影响的群众及关注项目的人员等。参考前述环评报告书环境保护目标人群,为充分了解社会方面对该项目的意见,协调拟建项目各相关方的利益,分析组和项目单位在当地政府的积极支持下,对黑河市大黑河岛中部、黑河口岸东侧居民以问卷调查的方式征求了公众意见,发放调查问卷 91 份(1 份 1 户),回收有效问卷 91 份(不涉及征地 50 份,涉及征地 41 份),回收率为 100%。

调查过程中先由调查人员向被调查对象说明拟建项目的背景、项目位置及主要工程概况等,以使公众了解本工程的基本情况。然后介绍该建设项目开展公众参与的目的、要求和方法等。调查问卷主要针对拟建项目涉及的征地拆迁、环境影响、社会影响等方面广泛听取相关民众的意见和建议。调查工作由当地政府组织开展。调查结果统计(存在影响,不涉及征地拆迁)见表 4-4,各问题回答统计情况见图 4-2～图 4-9。

表 4-4　公众参与调查结果统计(存在影响,不涉及征地拆迁)

调查内容	基本情况统计(影响)		
	选项	调查人数(个)	比例(%)
您是否支持工程建设?	支持	27	54
	有条件支持	8	16
	不支持	0	0
	未填写选项	15	30
您的年龄?	12～18 岁	2	4
	19～30 岁	6	12
	31～60 岁	27	54
	60 岁以上	13	26
	未填写选项	2	4
您的职业?	农民	14	28
	私营业主/个体户	10	20

第4章 基础设施类事项社会稳定风险分析——以中俄索道工程为例

续表

调查内容	基本情况统计（影响）		
	选项	调查人数（个）	比例（%）
您的职业？	学生	7	14
	自由职业者	6	12
	失业/下岗/待业	2	4
	公司职员	7	14
	军人	2	4
	政府人员	0	0
	其他	0	0
	未填写选项	2	4
您对黑河市的口岸交通是否满意？（单选）	非常满意	0	0
	满意	43	86
	不满意	5	10
	非常不满意	0	0
	未填写选项	2	4
您是否了解黑河—俄罗斯布拉戈维申斯克索道建设项目？（单选）	非常了解	18	36
	不了解	30	60
	未填写选项	2	4
您是通过何种渠道了解黑河—俄罗斯布拉戈维申斯克索道建设项目？（单选）	媒体	8	16
	村委会	11	22
	环境影响评价公共参与	19	38
	本次调查	10	20
	未填写选项	2	4
施工期间可能对环境造成影响，您最担心哪方面？（多选）	噪声	44	88
	尘土	16	32
	污水	14	28
	震动	16	32
	生态	27	54
	其他	0	0
	未填写选项	2	4

续表

调查内容	基本情况统计（影响）		
	选项	调查人数（个）	比例（%）
施工期间可能会影响您日常生活和经营活动，您是否可以接受？（单选）	难以避免，完全可以接受	10	20
	可以接受	34	68
	不能理解，但是考虑索道建成后的好处，还是可以接受	4	8
	完全不能接受，严厉谴责甚至采取非常措施	0	0
	未填写选项	2	4

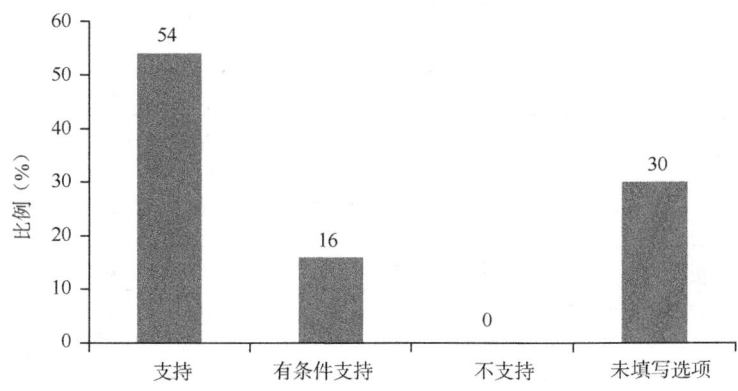

图 4-2　您是否支持本工程建设？

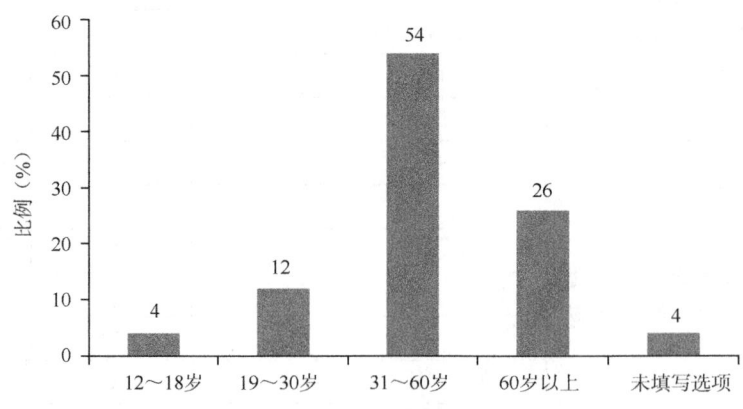

图 4-3　您的年龄？

第 4 章 基础设施类事项社会稳定风险分析——以中俄索道工程为例

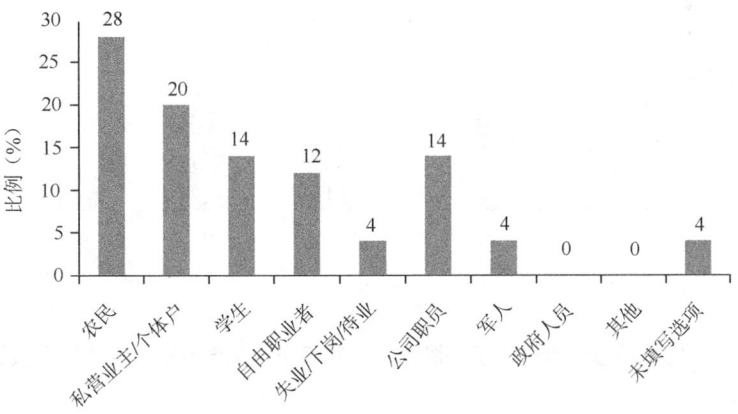

图 4-4 您的职业？

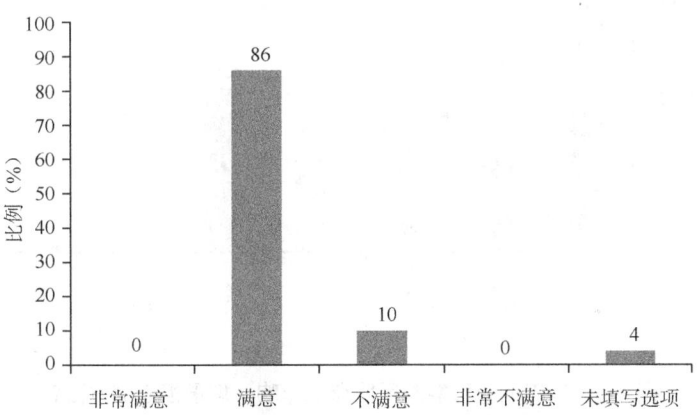

图 4-5 您对黑河市的口岸交通是否满意？

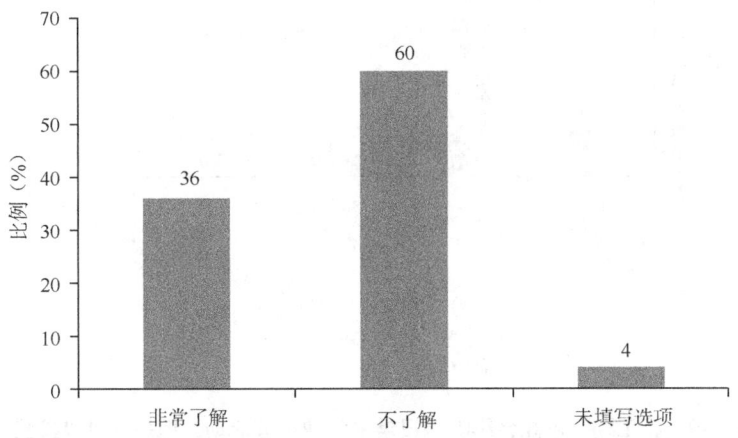

图 4-6 您是否了解黑河—俄罗斯布拉戈维申斯克索道建设项目？

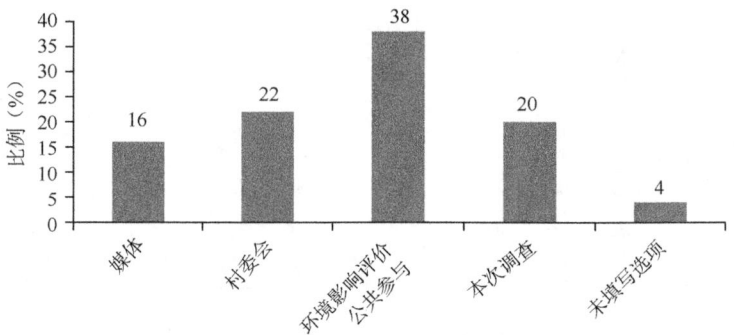

图 4-7 您是通过何种渠道了解黑河—俄罗斯布拉戈维申斯克索道建设项目？

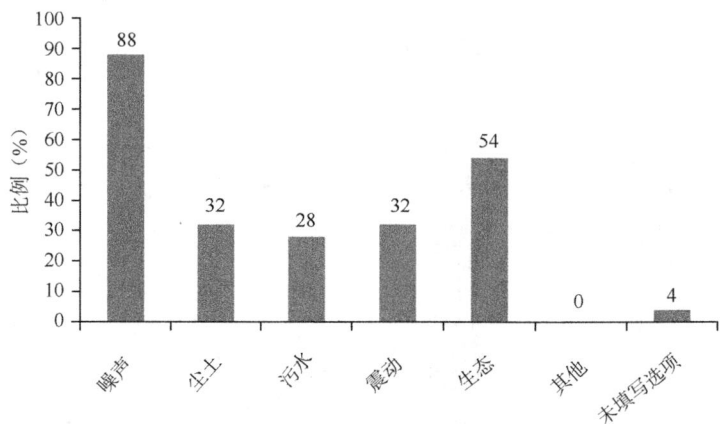

图 4-8 施工期间可能对环境造成影响，您最担心哪方面？

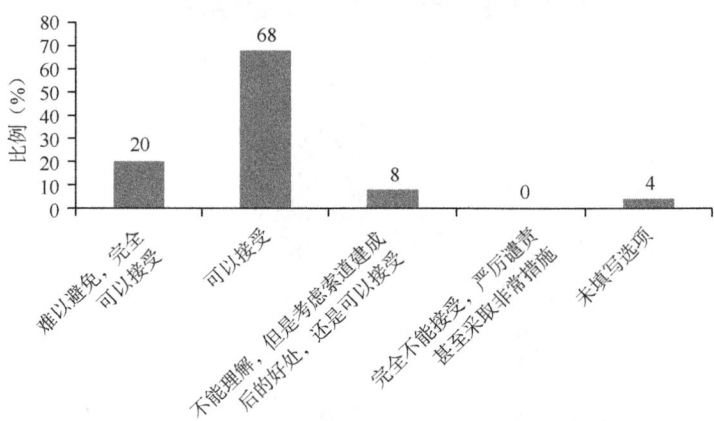

图 4-9 施工期间可能会影响您日常生活和经营活动，您是否可以接受？

第4章 基础设施类事项社会稳定风险分析——以中俄索道工程为例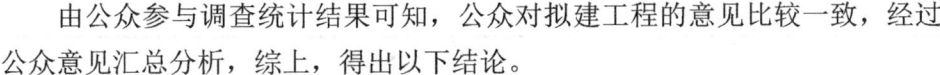

由公众参与调查统计结果可知,公众对拟建工程的意见比较一致,经过公众意见汇总分析,综上,得出以下结论。

①54%公众支持建设该工程,16%的公众有条件支持,30%的公众未填写选项,没有被调查群众明确反对建设该工程。

②大部分公众对黑河市口岸交通满意。

③大部分公众认为本项目施工期间带来的主要环境问题是噪声污染和生态破坏问题,对于施工期间可能会影响到的日常生活和经营活动认为可以接受,极少部分无法接受的居民在考虑该项目建设完成的好处后表示还是可以接受。

调查结果统计(涉及征地拆迁)见表4-5,各问题回答统计情况见图4-10至图4-22。

表4-5 公众参与调查结果统计(涉及征地拆迁)

调查内容	基本情况统计(征地)		
	选项	调查人数(个)	比例(%)
涉及您的土地是?	自有	29	70.73
	租赁	7	17.07
	未填写选项	5	12.2
您是否支持本工程建设?	支持	19	46.34
	有条件支持	15	36.59
	不支持	1	2.44
	未填写选项	6	14.63
您的年龄?	12~18岁	1	2.44
	19~30岁	4	9.76
	31~60岁	26	63.41
	60岁以上	10	24.39
您的职业?	农民	16	39.02
	私营业主/个体户	7	17.07
	学生	3	7.32
	自由职业者	8	19.51
	失业/下岗/待业	6	14.63

续表

调查内容	基本情况统计（征地）		
	选项	调查人数（个）	比例（%）
您的职业？	公司职员	0	0
	军人	0	0
	政府人员	0	0
	其他	0	0
	未填写选项	1	2.44
您对黑河市的口岸交通是否满意？	非常满意	6	14.63
	满意	23	56.10
	不满意	7	17.07
	非常不满意	1	2.44
	未填写选项	4	9.76
您是否了解黑河—俄罗斯布拉戈维申斯克索道建设项目？	非常了解	9	21.95
	不了解	26	63.41
	未填写选项	6	14.63
您是通过何种渠道了解黑河—俄罗斯布拉戈维申斯克索道建设项目？	媒体	7	17.07
	村委会	13	31.71
	环境影响评价公共参与	5	12.20
	本次调查	14	34.15
	未填写选项	2	4.88
如果要征用您的房屋/土地，您是否愿意？	愿意（按照国家补偿标准）	6	14.63
	愿意（高于国家补偿标准）	22	53.66
	不愿意（但补偿条件满足提出的要求，也可考虑）	10	24.39
	不愿意（无论征地拆迁条件多好）	1	2.44
	未填写选项	2	4.88
如果要征用您的房屋/土地，您最关心什么？（多选）	征地拆迁补偿方式及标准	36	87.8
	征地拆迁项目合法性	35	85.37
	征地拆迁时限	22	53.66
	是否会出现强征和强拆	34	82.93
	其他，记录	0	0

第4章 基础设施类事项社会稳定风险分析——以中俄索道工程为例

续表

调查内容	基本情况统计（征地）		
	选项	调查人数（个）	比例（%）
如果要征用您的房屋/土地（包含租用的），您希望的补偿方式是？	原地置换土地（等面积）	2	4.88
	异地置换土地，并给予一定经济补偿	7	17.07
	直接经济补偿（市场价）	6	14.63
	直接经济补偿（政府统一价）	4	9.76
	直接经济补偿（协商价）	18	43.9
	补偿租金	4	9.76
	其他，记录	0	0
您希望政府在征地搬迁方面做些什么？（多选）	成立专门机构，快速协调解决相关事件	32	78.05
	补偿方式及标准的制定应公开、公正，广泛征求意见	39	95.12
	拆迁方式应人性化，避免矛盾激化	27	65.85
	杜绝强拆事件，加强监督和处理	28	68.29
	其他，记录	0	0
	未填写选项	1	2.44
如果发生强制征地拆迁，您将如何对待？（多选）	拒绝拆迁，誓死保卫土地，直到达到期望为止	36	87.80
	呼吁、联合区域村民共同造势，扩大影响	24	58.54
	通过法律途径解决	23	56.10
	与政府协商，双方达成一致	32	78.05
	看别人，别人都同意也就同意	2	4.88
	其他，记录	0	0
您希望政府做些什么？	新成立专门管理机构，快速解决相关事件	32	78.05
	加大处罚力度，严格执法环节	36	87.80

续表

调查内容	基本情况统计（征地）		
	选项	调查人数（个）	比例（%）
您希望政府做些什么？	对百姓反映问题不及时解决的，追究行政管理人员责任	34	82.93
	广开言路，扩大居民问题的反映渠道	25	60.98
	加强前期管理，做好防护措施，尽量减少问题的发生	22	53.66
	其他，记录	0	0
	未填写选项	1	2.44

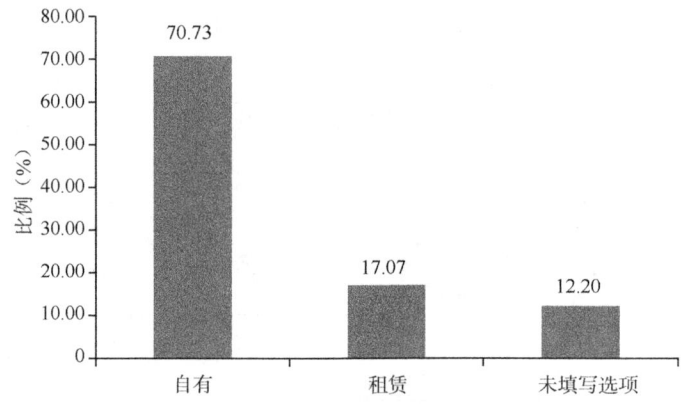

图 4-10　涉及您的土地是？

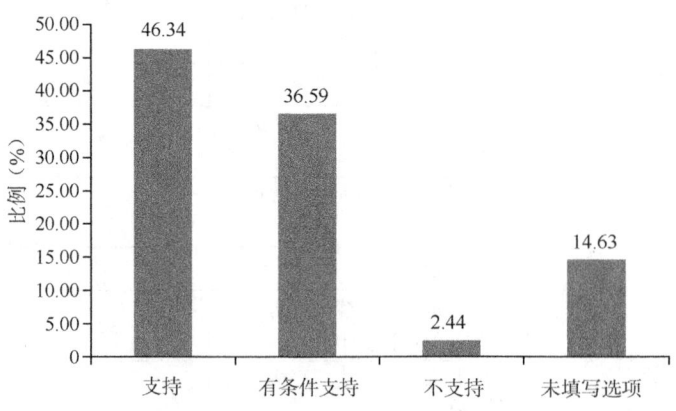

图 4-11　您是否支持本工程建设？

第 4 章 基础设施类事项社会稳定风险分析——以中俄索道工程为例

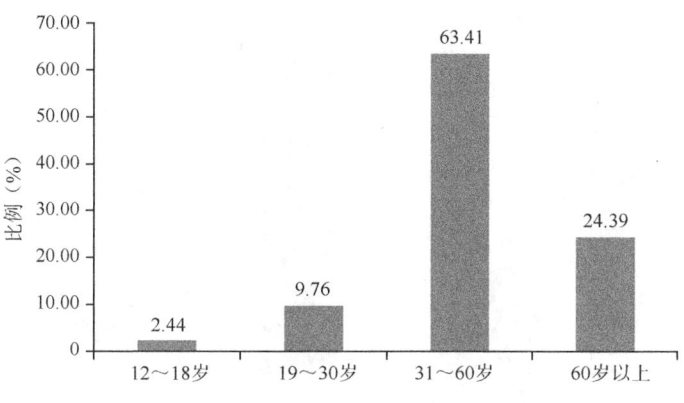

图 4-12 您的年龄？

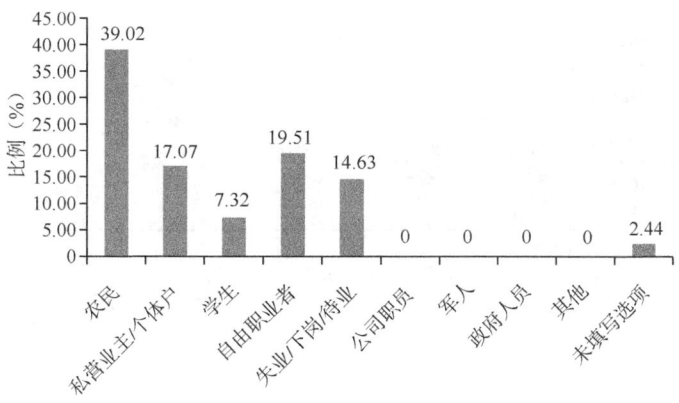

图 4-13 您的职业？

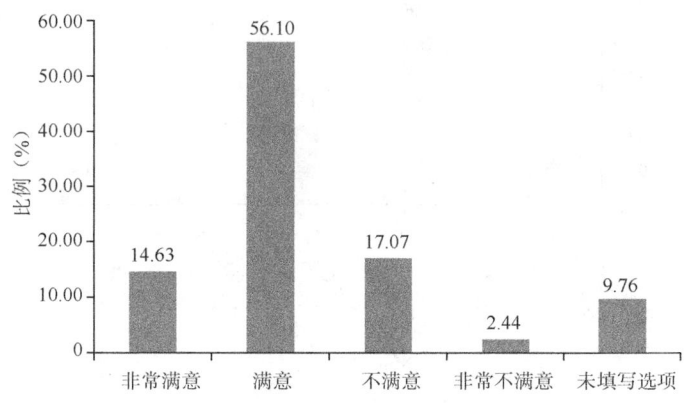

图 4-14 您对黑河市的口岸交通是否满意？

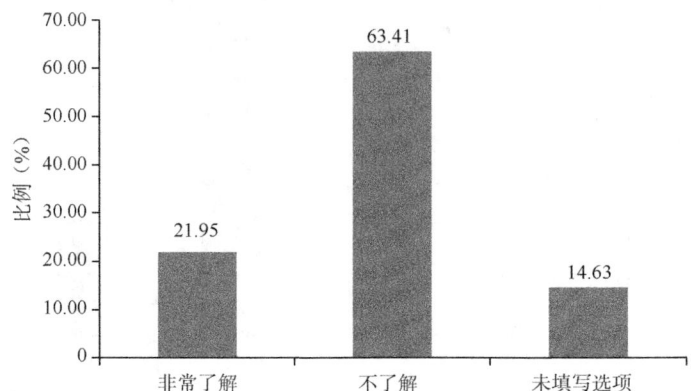

图 4-15　您是否了解黑河—俄罗斯布拉戈维申斯克索道建设项目？

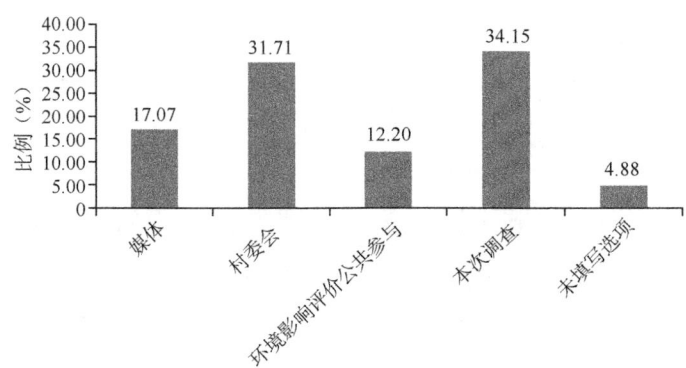

图 4-16　您是通过何种渠道了解黑河—俄罗斯布拉戈维申斯克索道建设项目？

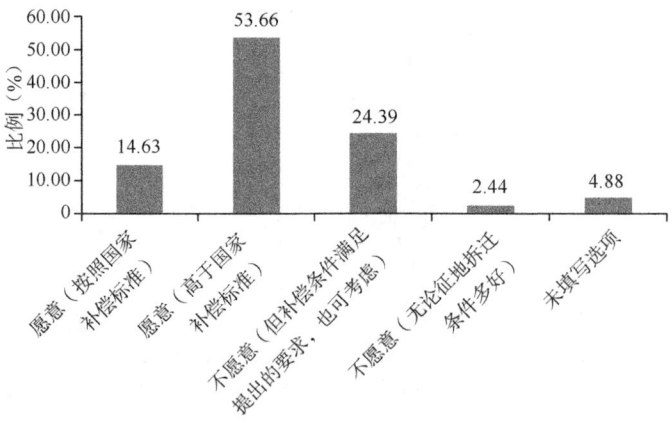

图 4-17　如果要征用您的房屋/土地，您是否愿意？

第4章 基础设施类事项社会稳定风险分析——以中俄索道工程为例

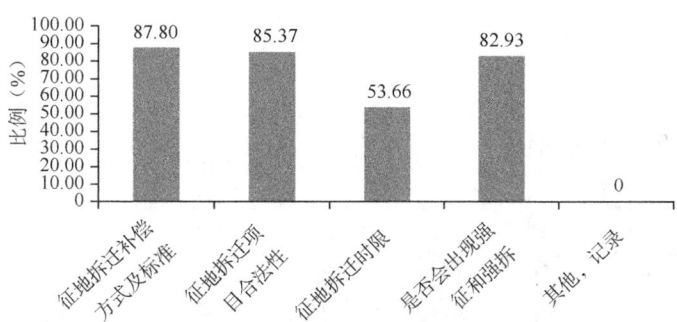

图 4-18 如果要征用您的房屋/土地，您最关心什么？

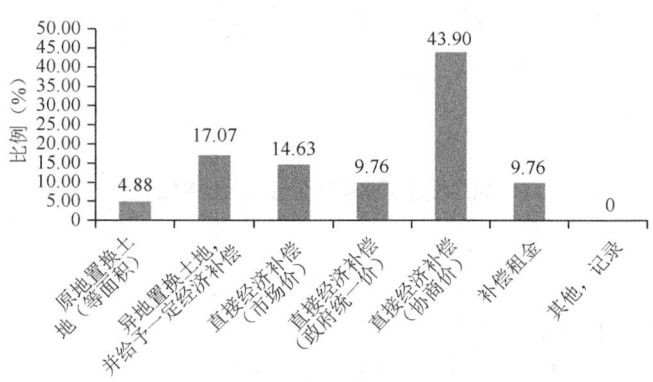

图 4-19 如果要征用您的房屋/土地（包含租用的），您希望的补偿方式是？

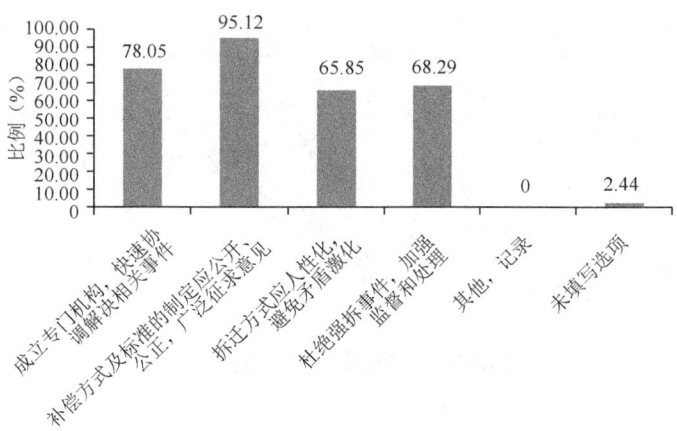

图 4-20 您希望政府在征地搬迁方面做些什么？

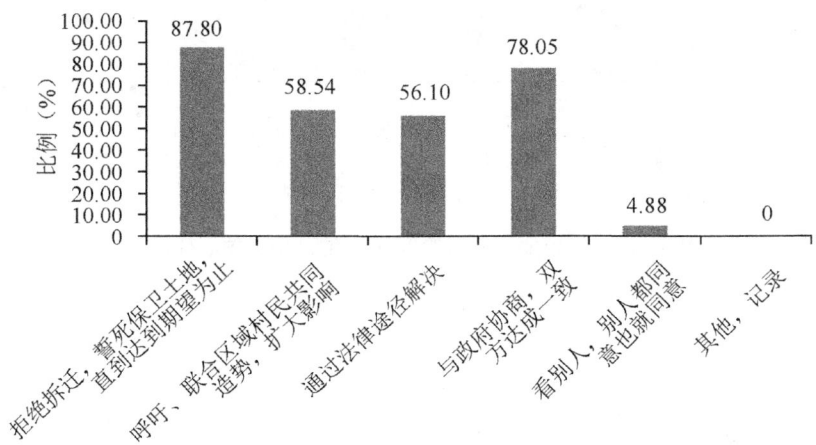

图 4-21 如果发生强制征地拆迁,您将如何对待?

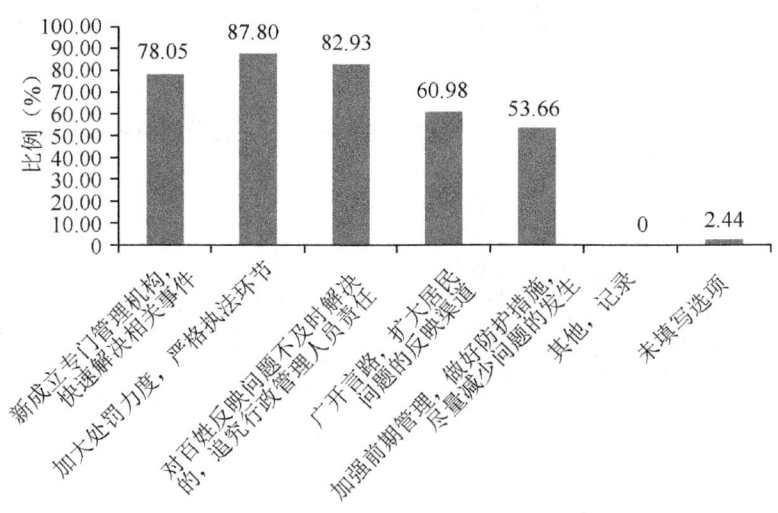

图 4-22 您希望政府做些什么?

第4章 基础设施类事项社会稳定风险分析——以中俄索道工程为例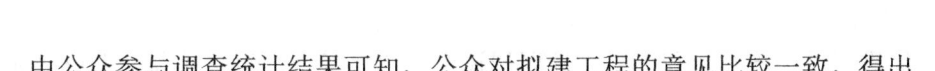

由公众参与调查统计结果可知,公众对拟建工程的意见比较一致,得出以下结论。

①46.34%公众支持建设该工程,36.59%的公众有条件支持,2.44%的公众明确反对,14.63%的公众未填写选项。没有被调查群众明确反对建设该工程。

②大部分公众对黑河市口岸交通满意,也有19.51%的公众表示不满意甚至非常不满意。

③如果要征用房屋/土地,68.29%的公众表示愿意,但其中绝大部分公众要求以高于国家补偿标准进行补偿,24.39%的公众在提出的补偿条件得到满足时可以考虑。大部分公众对于征用房屋/土地最关心的是征地拆迁补偿方式及标准、征地拆迁项目合法性、是否会出现强征和强拆,而且希望在补偿时以协商价直接经济补偿。

④在征地搬迁方面,绝大部分公众希望政府补偿方式及标准的制定应公开、公正,广泛征求意见,成立专门机构,快速协调解决相关事件,拆迁方式应人性化,避免矛盾激化,杜绝强拆事件,加强监督和处理。如果发生强拆,大部分公众会拒绝拆迁,誓死保卫土地,直到达到期望为止的同时与政府协商,双方达成一致。但是也有超过一半的公众表示会呼吁、联合区域村民共同造势,扩大影响或者通过法律途径解决。

⑤大部分公众希望政府加大处罚力度,严格执法环节,对百姓反映问题不及时解决的,追究行政管理人员责任;新成立专门管理机构,快速解决相关事件,广开言路,扩大居民问题的反映渠道,加强前期管理,做好防护措施,尽量减少问题的发生。

4.3.3.4 拟建项目所在地政府及其有关部门、基层政府和基层组织、社会团体的态度

针对拟建项目的特点,征求了项目所在地对拟建项目的态度,了解项目所在地存在的社会历史矛盾和社会背景等。拟建项目所在地的各级政府将从

促进区域经济发展和提高本地区居民生活水平等方面直接受益,明确表示同意该项目建设。同时提出,希望项目运营中注意环境保护,防止环境污染和安全事故,按国家有关征地标准及时补偿失地农民损失。

4.3.3.5 媒体对拟建项目建设实施的态度

分析组通过网络媒体、网络论坛等搜索调查,没有发现反对本项目建设的情况。

由于俄罗斯方面建设比中方慢,部分新闻媒体作为新闻点进行了报道,需要引起足够的重视,避免新闻媒体的不实和负面报道。

4.3.3.6 同类项目曾引发的社会稳定风险

本项目为两国共同建设项目,中方建设项目引起社会稳定风险的主要方面为征地拆迁和口岸交通运输的竞争。

(1)黑龙江同江大桥建设。

同江大桥又称中俄同江铁路大桥,位于黑龙江佳木斯市同江市与俄罗斯下列宁斯阔耶之间。全长31.62km,包括主桥、引桥、边检站场和换装站。主桥拟建在同江哈鱼岛下游至俄罗斯下列港之间,跨越黑龙江干流,主桥长2215.02m,其中:中方境内1900.05m,俄方境内314.97m;中方投资25.84亿元(初设批复概算),建设工期为两年半,项目设计年过货能力2100万吨,其中:出口335万吨,进口1765万吨。建设工期预计为两年半。中俄同江—下列宁斯阔耶铁路界河桥(中国段)于2014年2月26日开工奠基后,中方已完成70%工程量,联检设施中方已完成总造价的65%,但俄方工程尚未动工,2017年9月26日,俄方开展4号桥墩建设,俄方工程进展较为缓慢,已引发部分媒体和网络舆论质疑。

(2)黑河(中国)—布拉戈维申斯克(俄罗斯)黑龙江(阿穆尔河)界河桥(中国段)。

黑河(中国)—布拉戈维申斯克(俄罗斯)黑龙江(阿穆尔河)界河桥

第4章 基础设施类事项社会稳定风险分析——以中俄索道工程为例

（中国段）项目拟用地总面积 44.31hm^2，拟临时占地 11.25hm^2，拆迁房屋 550m^2。2017 年，中方侧的 125 根钻孔灌注桩全部完成，大桥总体混凝土量完成 60.27%，钢筋数量完成总量的 38%，大桥的所有工程都在按计划顺利进行。俄方已经开工建设，根据国际承租协议，作为承租方的俄中合资公司从中方银行那里获得了为期 19 年的贷款，用于修建跨阿穆尔河的布拉戈维申斯克—黑河大桥。

作为利益相关者，某港口务局提出项目建设对原有航运企业的影响和风险点：关乎界江航运业未来的生存、发展、前途、命运，关乎某港口在职及离退休近 600 名职工的社会稳定问题，防控和化解风险的意见和建议：科学合理定位某港口及区域航运企业发展方向：①坚定界江航运业向前发展思想。②企业自身调整现有产业结构。③搭建口岸大交通平台，将新港区建设同步考虑建在桥头的附近，实现公、铁、水三种运输方式互补、互促。促进国有航运企业转型发展，交由某港口对大桥及桥头区部分资产及业务的管理权限，分流人员，弥补水运损失。特批大桥客货运输资质，特许水运企业转型陆路运输，安置企业职工，从根本上保持社会稳定。

4.4 风险识别

风险识别一般可选用对照表法、4 家调查法以及案例参照法、项目类比法等方法。结合拟建项目特点，本次分析综合采用对照表法、访谈法、实地观察法等方法对拟建项目社会稳定风险进行了识别。在风险调查的基础上，针对利益相关者不理解、不认同、不满意、不支持等方面，或在日后可能引发不稳定事件的情形，分析小组全面、全程查找并分析了可能引发社会稳定风险的各种风险因素。在政策规划和审批程序、土地房屋征收方案、技术和经济方案、生态环境影响、项目建设管理、当地经济社会影响、质量安全和社会治安、媒体舆论导向等方面重点分析并对照查找各风险因素。采用的风险因素对照表及各风险因素判别依据见表 4-6。

表 4-6 风险因素对照表

类型	分类	序号	风险因素	评价指标	是否为风险因素	判别依据
工程风险因素	政策规划审批程序	1	立项审批程序	决策权限、范围、内容合法性，立项程序是否符合相关要求	是	本项目依法取得各相关管理部门的支持性文件齐全，项目已经在黑河市发展和改革委员会备案。各相关管理部门具有相应的项目审批权并在权限范围内进行审批，决策程序基本符合国家法律、法规、规章等有关规定。风险点：建设项目选址意见书、土地预审、项目备案以及规划条件中给出的占地面积存在差异。其中，建设项目选址意见书为履行相关审批的选址意见书。项目单位需按照最新工程方案履行相关审批报告和审批程序
		2	产业政策、发展规划	是否符合产业政策、总体规划、专业规划、行业准入的要求，是否符合本地区规划和发展状况，是否符合大多数人的利益	否	根据国家发展和改革委员会颁布的《产业结构调整指导目录（2015年本）》，本项目不属于"限制类"与"淘汰类"，为"允许类"，符合国家产业政策的相关规定。项目符合《中共黑龙江省委黑龙江省人民政府"中蒙俄经济走廊'黑龙江陆海丝绸之路经济带建设规划'（2012—2020）、《黑河市岛屿规划》（2015年本），中华人民共和国政府与俄罗斯联邦政府签订了关于在中俄边境黑河市（中国）与布拉戈维申斯克市（俄罗斯）之间建设、使用、管理和维护黑龙江（阿穆尔河）索道的协议（2015年9月3日）。索道"黑龙江双子城"旅游业发展总体规划》，能够以最短的路线直接连通黑河市和俄罗斯布拉戈维申斯克市，落实"一带一路"政策，和中俄两国无首都之间的交通方式，符合大部分群众的利益

第4章 基础设施类事项社会稳定风险分析——以中俄索道工程为例

续表

类型	分类	序号	风险因素	评价指标	是否为风险因素	判别依据
工程风险因素	政策规划审批程序	3	规划选址、土地利用	与土地利用规划的符合性、与控制性规划的符合性	否	项目符合《黑河市城市总体规划（2012—2030年）》和《黑河市土地利用总体规划（2006—2020年）》，黑河市城乡规划局出具了规划条件通知书和项目规划许可情况说明，黑河市国土资源局出具了关于中国—黑河至俄罗斯布拉戈维申斯克索道通过项目用地预审意见和复函的建设项目用地预审意见情况说明
		4	规划相关参数	容积率、绿地率、与相邻建筑物的间距、功能、形态的协调性	否	项目位于黑河市大黑河岛中部，黑河口岸东侧、北侧、西侧，东侧均为水域，不与其他建筑物比邻。本项目为中俄共建项目，技术指标参数需要两国确认。黑河市人民政府出具的《关于确定黑河—布拉戈维申斯克索道通航净空高度的函》（黑市政函〔2016〕88号），尚未得到索道主管部门和俄方正式确认。作为索道建设的关键参数，中方在未获得确认前提下不能开工建设，风险随着双方的确认而消除
		5	公众参与	上述环节是否广泛听取意见，公众意见是否真实，及时反馈	否	环评报告编制过程中采用了媒体公示、发放调查表等方式了解了公众的诉求，本次社会稳定风险分析通过发放调查表等方式了解了公众的诉求，本次社会稳定风险分析通过现场调查、黑河市国土资源局已经在拟征地范围进行了征地预公告公示
土地、房屋征收及补偿		6	征用范围	项目建设用地是否符合因地制宜、节约集约利用土地资源的总要求；拆迁红线范围划定的合理性、可行性；征用与相关土地政策的衔接，是否涉及基本农田、军事用地、宗教用地	否	黑河市国土资源局出具了关于中国—俄罗斯布拉戈维申斯克索道中方建设项目用地预审，符合国家供地政策。根据黑河市国土资源局出具的项目用地情况说明，土地性质已经划转为城市建设用地

续表

类型	分类	序号	风险因素	评价指标	是否为风险因素	判别依据
工程风险因素	土地、房屋征收及补偿	7	补偿标准	是否按照国家和当地法律法规规定的程序开展工作；补偿方案是否征求公众意见；实物或货币补偿与近期类似土地补偿之间的关系；与近期类似土地补偿标准之间的关系是否合理、可行；对施工损坏建筑物的补偿方案，对土地、青苗的受损补偿方案	是	该建设项目征地补偿标准参照《黑龙江省征地区片综合地价实施办法》（黑政发〔2014〕34号）和《黑河市人民政府关于调整征地区片综合地价的批复》（黑市政发〔2015〕56号）。本项目在估算中考虑了占地补偿及耕地复垦费用，建议通过委托补充的方式与沿线各乡镇签订委托补无耕地协议，协议中应规定建设方面要按照省政府规定的标准缴纳耕地开垦费，由地方有关部门负责开垦与项目占用数量相等、质量相当的耕地。根据《建设项目可行性研究报告》征地补偿等相关费用尚未足额纳入项目工程概算。可能存在个别失地农民对补偿标准不满意
		8	安置方案	被征地群众居住、医疗等保障方案是否落实，技能培训和就业计划等要求；安置居民与当地群众的融合度；安置房源、资金的数量、质量的落实情况是否可行	是	风险点：货币化补偿，未提及失地居民的养老保险；可能存在个别失地农民对安置方案满意
	环境影响	9	噪声、震动	噪声、震动等指标是否超标，是否影响群众日常生产、生活	否	施工期产生噪声，对群众日常生产、生活造成一定影响。随着工程的建成而消失；运营期间产生的噪音，周边存在黑河口岸、干休所住宅、医院、学校等环境敏感目标，不会引起周边群众的不满
		10	固体废物	固废的清运是否及时，是否对群众的生活环境及健康造成影响	否	基本不会对群众生活环境及健康造成影响

第4章 基础设施类事项社会稳定风险分析——以中俄索道工程为例

续表

类型	分类	序号	风险因素	评价指标	是否为风险因素	判别依据
工程风险因素	环境影响	11	电磁辐射、光污染、放射污染	是否存在以上污染源，是否对群众生活环境及健康造成影响	否	基本不会对群众生活环境及健康造成影响
		12	废气、粉尘	废气排放是否符合相关标准，空气环境质量是否达标，是否对群众的生活环境及健康造成影响	否	基本不会对群众生活环境及健康造成影响
		13	日照、采光、通风、热辐射	因建筑间距标准仍不可避免产生实质性的影响	否	不会产生影响
		14	生态环境、绿化、景观影响	公共活动空间、生态环境、城市景观质量等的影响	否	拟建项目对生态环境、绿化景观产生影响，通过处理措施可最大程度降低影响。施工期将导致部分土地变为建设用地，对评价区土地利用格局存在影响
		15	水体、土壤污染	水体污染、土壤污染、河流改道阻塞	否	施工期及运营期对水、土壤环境影响不大
		16	地质沉降、建筑损坏	基坑开挖、打桩等引起地质沉降，对周边建筑安全产生不利影响	否	不对群众生活环境及健康造成影响
		17	文物、古木、古墓	文物、古木、古墓是否遭到破坏	否	本项目不涉及
		18	水土保持	满足水土流失防治目标的要求	否	项目建设引起周边水土流失，但拟建项目规模较小，影响较小。应采取相应保护措施后，水土流失问题为非主要风险因素
		19	水源地、自然保护区及生物多样性	水源地、自然保护区及生物多样性是否遭到破坏	否	项目《环境影响报告》中明确选址处没有自然遗产，对风景名胜和自然景观不会造成不利影响

续表

类型	分类	序号	风险因素	评价指标	是否为风险因素	判别依据
工程风险因素	技术经济	20	技术经济方案	伴随工程安全、环境影响方面的风险因素的可控性。如生产运行时的清洁生产方案是否落实，易燃易爆项目确定的安全距离是否合理，对可能造成环境影响的预案是否切实可行；技术方案执行的安全、环保标准是否科学、先进，与执行国际上同类等同标准的关系；技术方案中对大气是否一致；水体污染物排放是否得到有效控制、噪声、振动影响、电磁辐射、放射线影响是否得到控制，与人体生理指标、与群众感受的关系；对固体废弃物、土地污染、金属污染的处置是否合理可行，回收、再利用等方案是否落实，与群众接受能力是否相适应	否	项目工艺、技术较成熟。该项为非主要风险因素
	建设管理	21	环保措施	建设过程中的环境保护措施是否完善	否	根据类似项目执行经验，本项目环境保护措施综合分析报告》提出的应可执行到位
		22	施工安全、公共安全	建设运营过程中安全是否有保障，是否存在引发安全事故的隐患	是	严格落实《安全生产条件和设施对策措施建议、施工安全可控。风险点：作为交通工具，运营期间可能产生公共安全问题

第4章 基础设施类事项社会稳定风险分析——以中俄索道工程为例

续表

类型	分类	序号	风险因素	评价指标	是否为风险因素	判别依据
工程风险因素	建设管理	23	工程质量	建设过程中的工程质量管理是否到位	是	建设过程中的工程质量管理应能够到位，但存在因工程质量问题引发爆炸、落水或事故车辆行使人员伤亡事故的隐患，事故影响可能引发风险事件
		24	劳动用工（合同、薪酬、劳动保护等）	建设过程中的劳动用工是否规范、各项制度是否完善、是否保障劳动者权益等	否	建设过程中的劳动用工能够规范、各项制度能够完善、能够保障劳动者权益等
		25	组织管理（招投标、承包、采购、工期等）	建设过程中的组织管理是否规范	否	建设过程中的组织管理能够规范
与社会适应性风险因素	经济利益	26	生产经营、劳动就业	因项目实施导致生活经营场所或其他必要条件应如水电气供应中断等是否导致运营无法正常运转，需要关停、迁址，以及就业岗位是否减少等	是	因项目实施不会导致生活经营场所或其他必要条件应如水电气供应中断等导致无法正常营业无岗位将增加。风险点：与港务局业务存在竞争关系
		27	生活成本	是否致使当地物价水平上升	否	不会使当地物价水平明显上升
		28	收入影响	就业机会之外，如餐饮、零售、住宿，房屋租赁等是否收益减少	否	本项目不涉及
		29	利益分配	补偿、收益分配的科学性、合理性	否	项目建设和运营为公司合营的股份合制单位，可以做到科学、补偿、收益分配合理性
		30	对周边房屋价值的影响	项目建设内容（特别是敏感建筑）对周边地块房价的影响	否	项目建设内容对周边地块房价基本无影响

续表

类型	分类	序号	风险因素	评价指标	是否为风险因素	判别依据
社会互适性风险因素	社会环境	31	传统文化、生活习惯	地方传统文化、邻里关系、生活习惯、社区品质等方面的改变，可能引起居民的不适	否	社区品质等方面不会发生改变，不会引起居民的不适
		32	交通出行	交通路网变化、交通量增加、公交站点、线路布局、停车场布置等交通出行方面的影响	否	运输车辆产生噪声，对公路两侧居民区产生一定影响。该项为非主要风险因素
		33	公共配套服务	医疗、教育、养老、购物、环卫、社区服务、宗教活动等服务质量下降或缺失	否	医疗、教育、养老、购物、环卫、社区服务、宗教活动等服务质量不会下降或缺失
		34	水、电、通信等管线基础设施	是否会因管线意外破坏、迁移造成暂时或长期的影响	否	不会因管线意外破坏、迁移造成暂时或长期的影响
		35	社会治安	外来务工人员、流动人口增加，环境变化对社会秩序、治安等带来的影响	否	施工期外来人员涌入，管理得当，不会与当地居民产生冲突
		36	社会舆论与社会包容	项目建设是否会带来负面社会舆论，是否被社会各界包容，是否超越地方政府财力和承受能力，是否被人民群众所接受	是	项目运营期间存在一定生产安全隐患，经调查问卷显示，拟建项目所在地有关部门和走访村民以及附近村也对政府包容，基本被人民群众所接受。风险点：项目建设为中俄双方合作建设的项目，根据同江大桥和同江大桥河建设后，俄方合作建设经验，俄方建设较为缓慢，且不重协议时间节点，往往中方启动建设后一段时期内才开工建设，容易作为舆论关注点

198

4.5 风险估计

风险估计一般采用定性分析与定量分析相结合的方法，逐一对风险因素进行多维度分析，估计其发生的概率和影响程度。选取的维度通常包括：可能产生风险的项目阶段、地域、群体，以及风险的成因、影响表现、风险分布、影响程度等特性。主要风险因素的估计，可对风险概率、影响程度和风险程度进行定性和定量的分析评判，也可根据专家经验确定。根据风险程度进行排序，以揭示主要因素的风险程度。本次风险估计通过选取可能产生风险的项目阶段、风险的成因、影响表现等特性，列表逐一对识别的各风险因素进行多维度分析，找出主要风险因素，并对主要风险因素风险概率、影响程度和风险程度进行定性和定量的分析评判。

4.5.1 主要风险因素识别

经对初步识别的各风险因素进行多维度分析，筛选、归纳出主要风险因素并形成主要风险因素识别表见表4-7。

4.5.2 主要风险因素风险程度估计

4.5.2.1 审批立项风险因素分析和风险程度估计

（1）风险发生概率和影响程度分析。建设项目选址意见书、土地预审、项目备案、与规划条件中给出的占地面积存在差异。其中，建设项目选址意见书为联审大厅的选址意见书。项目单位需按照最新工程方案履行相关调整报告和审批程序。

作为备案前置的选址规划、土地预审、环境影响评价的审批文件，关于项目占地的表述不一致。一旦发生纠纷，往往对项目的合法性产生怀疑，前置文件与最终审批文件不一致将对项目的合法性造成一定影响。

（2）风险程度估计。经定性分析风险发生概率和影响程度，确定拟建项目审批立项风险因素的概率中等，影响程度较大，风险程度较大。并根据风险概率、影响程度、风险程度的评判参考标准，定量预测拟建项目审批立项风险因素的概率为0.6，影响程度为0.8，风险程度为0.48。

表 4-7 主要风险因素识别表

序号	分类	风险因素	发生阶段	风险的成因	影响表现	是否为主要风险因素
1	政策规划审批程序	审批立项	决策	项目已经在黑河市发展规划和改革委员会备案，市城乡规划局出具了规划条件，土地调整为建设用地，审批手续合法。但存在以下问题：建设项目选址意见书、土地预审、项目备案，与规划条件中给出的占地面积存在差异。其中，建设项目选址意见书为联席审大厅的选址意见书。项目单位需按照最新工程方案履行相关调整报告和审批程序	作为备案前置的选址文件，土地预审、环境影响评价的审批文件，关于项目占地的表述不一致。一旦发生纠纷，往往对选址文件的法性产生怀疑，前置文件的合法性造成一定影响，一致将对项目最终审批造成一定影响	是
2	土地、房屋征收及补偿	补偿标准	决策准备实施	被征地农民是受拟建项目直接影响的群体，是拟建项目建设的主要影响相关者。被征地农民受到最主要影响是失地，土地资源遭受损失，生产方式发生改变。这部分人需要重新掌握生产技能，使得大部分农民主要关注土地补偿标准，希望得到公平合理的补偿，也希望得到一些培训，能够尽快适应无地生活	经调查，支持拟建项目建设的被征地农民均表示今服从国家利益大局，支持工程建设，但提出应按国家有关规定及时进行补偿，并规范施工，保证耕种不受影响。失地农民主要担心和期待有以下几个方面：①对土地补偿标准的担心和期待。对于耕地补偿，工程征地补偿，期待近年来实施的项目都是按照片区补偿标准，部分群众认为补偿区补偿偏低，容易造成攀比；②对不能及时拿到补偿款表示愤怒。工程征地补偿近年来实施的项目存在工程结束后补偿款迟迟不能发放到村民的情况。个别受访群众表示，他们不愿意搬迁，对补偿标准有意见，个别会拒绝搬迁，或向政府、媒体表示反映，达不到他们要求时，他们会拒绝接触，要求高额补偿；③部分征地居民拒绝参与项目单位接触，要求高额补偿费用	是

第4章 基础设施类事项社会稳定风险分析——以中俄索道工程为例

续表

序号	分类	风险因素	发生阶段	风险的成因	影响表现	是否为主要风险因素
3	土地、房屋征收及补偿	安置方案	决策准备实施	被征地群众安居,医疗保障方案是否落实,技能培训就业计划等方案是否落实、能否满足群众诉求;安置方案与当地的融合度;安置资金的数量、质量的落实情况是否可行	拟建项目拟为失地农民缴纳社保费用。可能存在个别失地农民对安置方案不满意,并向有关部门反映。部分受访群众担心失地后生活来源没有保障,表示他们不愿失去土地	是
4	建设管理	公共安全	实施运行	建设、运营过程中安全事故等引发人员伤亡和财产损失的隐患,存在索道安全检查、安全保卫、应急处置、安全监管等安全事故影响可能引发社会稳定风险事件	拟建事故影响可能引发社会稳定风险事件。非法、违法行为,如没有取得安全生产许可证,没有通过质量安全"三同时"验收等均可能引发或进一步诱发环境灾害。运营期间质量安全事故的目的存在由支持转为反对的态度,并可能引发媒体舆论关注。事故等可能引发民众非正常停运,并可能引发舆论关注,服务质量投诉或上访	是
5	建设管理	工程质量	实施运行	建设过程中的工程质量管理应能够到位,但存在因工程质量问题引发质量事故造成人员伤亡事故的隐患	事故影响可能引发群体性风险事件	是
6	经济利益	劳动就业	实施运行	港务局就业岗位减少	与港务局业务存在竞争关系,影响企业营	是
7	社会环境	社会舆论	决策准备实施	项目建设是否会带来负面社会舆论,是否被社会各界包容;根据同江大桥双方合作建设的项目,俄方建设较为缓慢,且不重视协议时间节点,往往在中方启动建设后一段时间内才开工建设,容易作为舆论关注点	负面新闻报道	是

4.5.2.2 补偿标准风险因素分析和风险程度估计

（1）风险发生概率和影响程度分析。被征地农民是受拟建项目直接影响的群体，是拟建项目建设的主要利益相关者。被征地农民受到的主要影响是失地影响，土地资源遭受损失，生产方式发生改变，使得大部分人需要重新掌握生存技能。这部分被征地农民主要关注土地补偿标准，希望得到及时的、公平合理的补偿，也希望得到一些培训，能够尽快适应无地生活。经调查，支持拟建项目建设的被征地拆迁农民和居民均表示会服从国家利益大局，支持工程建设，但提出应按国家有关规定及时进行补偿，并规范施工，保证耕种不受影响。失地农民主要担心以下几个方面：①对土地补偿标准的担心和期待。对于耕地补偿，工程征地区域近年来实施的项目都是按照区片价补偿的，部分群众认为补偿标准偏低，期待区片价尽快调整，并且对相邻地块区片价差别较大的实际情况表示不能理解，容易造成攀比。②对不能及时拿到补偿款表示愤怒。工程征地区近年来实施的项目存在工程结束后补偿款迟迟不能发放到村民的情况。个别受访群众表示他们不愿失去土地，对补偿标准有意见，个别受访人员表示如达不到他们要求时，他们会拒绝搬迁，或向政府、媒体反映。③部分征地居民拒绝与项目单位接触，要求高额补偿费用。

（2）风险程度估计。经定性分析风险发生概率和影响程度，确定拟建项目补偿标准风险因素的概率较高，影响程度较大，风险程度较大。并根据风险概率、影响程度、风险程度的评判参考标准，定量预测拟建项目补偿标准风险因素的概率为 0.8，影响程度为 0.8，风险程度为 0.64。

4.5.2.3 安置方案风险因素分析和风险程度估计

（1）风险发生概率和影响程度分析。被征地群众居住、医疗保障方案是否落实，技能培训和就业计划等方案落实，能否满足群众诉求；安置居民与当地的融合度；安置资金的数量，质量的落实情况是否可行。拟建项目采用货币化补偿方式，未为失地农民缴纳社保费用。

可能存在个别失地农民对安置方案不满意，并向有关部门反映。部分受访群众担心失地后生活来源没有保障，表示他们不愿失去土地。

（2）风险程度估计。经定性分析风险发生概率和影响程度，确定拟建项目安置方案风险因素的概率中等，影响程度中等，风险程度一般。并根据风险概率、影响程度、风险程度的评判参考标准，定量预测拟建项目安置方案

第4章 基础设施类事项社会稳定风险分析——以中俄索道工程为例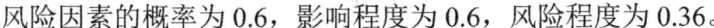

风险因素的概率为0.6，影响程度为0.6，风险程度为0.36。

4.5.2.4 公共安全风险因素分析和风险程度估计

（1）风险发生概率和影响程度分析。建设、运营过程中安全基本有保障，但存在坠落等引发安全事故的隐患，引发人员伤亡和财产损失的隐患，存在索道安全、安全检查、安全保卫、应急处置、安全监管等隐患，事故影响可能引发社会稳定风险事件。

拟建事故影响可能引发社会稳定风险事件。非法、违法行为，如未取得安全生产许可证、没有通过安全设施"三同时"验收等均可能引发质量安全事故。运营期间质量安全事故或进一步诱发环境灾害，可能引发伤亡家属及群众的不满，周边民众可能会对项目的存在由支持转为反对的态度，并被媒体舆论关注。事故等非正常停运，可能引发服务质量投诉事件或上访事件。

（2）风险程度估计。经定性分析风险发生概率和影响程度，确定拟建项目公共安全风险因素的概率中等，影响程度中等，风险程度一般。并根据风险概率、影响程度、风险程度的评判参考标准，定量预测拟建项目公共安全风险因素的概率为0.6，影响程度为0.6，风险程度为0.36。

4.5.2.5 工程质量风险因素分析和风险程度估计

（1）风险发生概率和影响程度分析。建设过程中的工程质量管理应能够到位，但存在因工程质量问题引发事故造成人员伤亡事故的隐患。事故影响可能引发群体性风险事件。

（2）风险程度估计。经定性分析风险发生概率和影响程度，确定拟建项目工程质量风险因素的概率较低，影响程度中等，风险程度一般。并根据风险概率、影响程度、风险程度的评判参考标准，定量预测拟建项目劳动就业风险因素的概率为0.4，影响程度为0.6，风险程度为0.24。

4.5.2.6 劳动就业风险因素分析和风险程度估计

（1）风险发生概率和影响程度分析。作为新的交通方式，索道的运营和黑河大桥对现有的口岸交通产生较大影响，本质上是同行业竞争关系。现有口岸交通主要由港务局负责运营，现有职工约600人。项目建成后，对现有口岸交通产生分流，由于客流的减少将会导致港务局效益和收入降低，如不开辟新的经济增长点，将会产生下岗职工。

由于经营不善导致的下岗职工，诉求不一定直接针对索道，有可能就基本生活、养老保险、再就业等作为导火索，形成上访事件。由于下岗前作为相同单位的职工，具有一定的共同点和诉求，容易形成统一的行动体。

（2）风险程度估计。经定性分析风险发生概率和影响程度，确定拟建项目劳动就业风险因素的概率较高，影响程度较大，风险程度较大。并根据风险概率、影响程度、风险程度的评判参考标准，定量预测拟建项目劳动就业风险因素的概率为0.8，影响程度为0.8，风险程度为0.64。

4.5.2.7 社会舆论风险因素分析和风险程度估计

（1）风险发生概率和影响程度分析。项目建设是否会带来负面社会舆论，是否被社会各界包容。项目建设为中俄双方合作建设的项目，根据同江大桥和黑河大桥的建设经验，俄方建设较为缓慢，且不重协议时间节点，往往中方启动建设后一段时期内才开工建设，容易作为舆论关注点。

（2）风险程度估计。经定性分析风险发生概率和影响程度，确定拟建项目社会舆论风险因素的概率中等，影响程度较低，风险程度一般。并根据风险概率、影响程度、风险程度的评判参考标准，定量预测拟建项目工程质量风险因素的概率为0.4，影响程度为0.6，风险程度为0.24。

4.5.3 主要风险因素及其风险程度汇总

根据上述对识别出的主要单因素风险的风险概率、影响程度、风险程度的定性分析、定量计算，将拟建项目主要单因素风险风险程度进行排序、汇总，见表4-8。

表4-8 主要风险因素及其风险程度汇总表

序号	风险类型	发生阶段	风险因素（W）	风险概率（p）	影响程度（q）	风险程度（$R=p \times q$）
1	政策规划审批程序	决策准备实施	审批立项	中等(0.6)	较大(0.8)	较大(0.48)
2	工程风险因素	实施运行	补偿标准	较高(0.8)	较大(0.8)	较大(0.64)
3	工程风险因素	实施运行	安置方案	中等(0.6)	一般(0.6)	一般(0.36)
4	工程风险因素	实施运行	公共安全	中等(0.6)	中等(0.6)	一般(0.36)
5	与社会互适性风险因素	实施	工程质量	较低(0.4)	中等(0.6)	一般(0.24)

第4章 基础设施类事项社会稳定风险分析——以中俄索道工程为例

续表

序号	风险类型	发生阶段	风险因素（W）	风险概率（p）	影响程度（q）	风险程度（$R=p\times q$）
6	与社会互适性风险因素	实施运行	劳动就业	较高(0.8)	较大(0.8)	较大(0.64)
7	与社会互适性风险因素	决策准备实施	社会舆论	较低(0.4)	中等(0.6)	一般(0.24)

4.6 风险防范和化解措施

4.6.1 主要风险因素风险防范和化解措施

拟建项目建设规模适中、时间跨度较长、社会稳定牵涉点较少，在工程建设过程中，要坚持社会稳定问题全过程动态管理，及时发现问题，采取措施。为保护人民群众利益，规范项目建设、确保项目顺利实施及运营，需对可能出现的社会稳定风险源进行有效的防范和化解，对可能存在的问题制定相关的防范解决措施，维护社会稳定。

分析组结合风险识别和风险估计结果，提出拟建项目的风险防范、化解措施如下。

（1）审批立项风险防范、化解措施。项目单位需按照最新工程方案履行相关调整报告和审批程序。

（2）补偿标准风险防范、化解措施。该建设项目征地补偿标准参照《黑龙江省征地区片综合地价实施办法》（黑政发〔2014〕34号）和《黑河市人民政府关于调整征地区片综合地价的批复》（黑市政发〔2015〕56号）执行，征地补偿等相关费用应足额纳入项目工程概算。青苗补偿费和附属物拆迁费用应足额纳入项目工程概算。为有效化解矛盾，降低社会稳定风险，按照国家和省有关法律、政策及规定，拟建项目征占地的补偿标准按照启动征占地阶段的国家和省有关规定执行，并应保证不降低被征地农民原有生活水平。加大宣传力度，做好与农民沟通工作，争取群众理解和支持，妥善对待上访户和处理上访事件。加强领导，指派专人做好政策宣传解释及沟通工作。

（3）安置方案风险防范、化解措施。执行国家有关征地安置规定。要根据国家和省有关法律、法规及规定，认真做好安置的前期工作，合理、足额确定补偿安置资金，并将其纳入工程项目投资中，合理确定被征地农民安置途径，明确就业、社会保障等措施，保证被征地农民原有生活水平不降低，长远生计有保障，切实维护被征地农民的合法权益。失地农民生产、生活恢复方面，要落实培训计划，对失地农民提供技能培训，提高劳动技能水平，落实培训资金，增强其谋生手段。建立完善的资金管理办法，严防安置资金被截留、挤占挪用或不及时发放；成立专门补偿安置管理部门。

同等条件下，安排被征地居民到新成立的索道公司就业。

（4）公共安全风险防范、化解措施。严格落实各项安全法规，以及备查的《中国黑河—俄罗斯布拉戈维申斯克"索道中方建设项目"安全生产条件和设施综合分析报告》中提出的各项防治措施，一旦发生事故，应立即启动各级别、各有关部门事故预案，将事故影响降至最低。各有关单位及环保、安监、消防、质监等部门应严格履行监管职责。项目单位应加强外部联系，积极与地方环保部门、公安部门和安全保卫部门紧密结合，保障安全生产；并以地方医疗、消防、社会保障系统为依托，建立健全应急保障系统。

（5）工程质量风险防范、化解措施。严格落实国家各项民航质量管理法规，以及备查的《中国黑河—俄罗斯布拉戈维申斯克"索道中方建设项目"安全生产条件和设施综合分析报告》中提出的各项防治措施，对存在的质量安全隐患，建设单位、设计单位、施工单位、监理单位、生产运营单位应按国家和地方现行有关法律、法规、规章、标准、规范的规定强化执行设计、施工、监管，并按国家有关规定完善各自的内部管理制度。

（6）劳动就业风险防范、化解措施。建议港务局调整现有产业结构，实现多元发展；在黑河大桥桥头区和索道区搭建口岸大交通平台，实现公、铁、

第4章 基础设施类事项社会稳定风险分析——以中俄索道工程为例

水三种运输运式互补、互促。促进国有航运企业转型发展,划拨索道区、桥头区部分资产及业务管理权限交由某港口管理,分流人员,弥补水运损失。建议特批大桥客货运输资质,特许水运企业转型陆路运输,安置企业职工,从根本上保持社会稳定。

(7) 社会舆论风险防范、化解措施。舆情研判是指通过对舆情信息的收集分析,整理归纳出具有指导性意义的信息过程,是对媒体舆情进行价值和趋向判断的过程及时准确的舆情研判对于行之有效的舆论引导至关重要。对此,政府须确立有效的舆情汇集分析机制,采取线上线下相结合的研判方式,全面把握社情民意;不断加强舆情研判的专业队伍建设,建立权责明确的分级研判工作制度,通过对舆情传播规律的科学把握,形成完善的社会舆情研判机制;在此基础上,进一步确立舆情预警发布机制,并有针对性地制定应急管理预案。

根据前期调研结果和相关的分析论证,拟建项目存在的社会稳定风险源可以通过采取相应的防范化解措施得以控制或者减少。但是在项目的建设运营过程中,相关的防范化解措施能否得到及时有效的落实,就显得尤为重要。有效地执行落实必须贯彻整个项目过程,要严格按照相关的方案和措施进行操作,避免私自修改简化。加强执行过程中的监督管理,建立完善的考核体制和责任制度。强有力的执行是维护社会稳定的前提保障,项目单位应负责检查监督各项防范工作的落实情况,发现问题及时通告,监督完善。

社会稳定风险产生的原因复杂多样,公众诉求也不尽相同,每项风险均可能涵盖不同的实施主体,需对风险进行细化分解,提出各自相关的实施责任主体。各实施责任主体要树立良好的工作态度,执行过程中多与利益相关群体进行沟通交流,确定维稳工作重点,严格执行。

4.6.2 编制并形成风险防范和化解措施汇总表

分析组根据提出的风险防范、化解措施,编制了风险防范和化解措施汇总表,见表4-9。

表 4-9 风险防范和化解措施汇总表

序号	风险发生阶段	风险因素	主要防范、化解措施	实施时间和要求	责任主体	协助单位
1	决策准备	审批立项	项目单位需按照最新工程方案履行相关调整报告审批程序。	启动征地前	项目单位	黑河市规划、国土、环评主管部门
2	决策准备实施	补偿标准	为有效化解矛盾，降低社会稳定风险，按照国家和省有关法律、政策及规定，拟建项目的补偿标准按照国家启动征占地阶段的国家和省规定执行，并应保证不降低被征地农民原有生活水平。加大宣传力度，做好与农民沟通工作，争取群众理解和支持，妥善对待上访户和处理上访事宜。加强对处理群众宣传政策宣传解释，指派专人做好政策宣传解释工作。 1. 征地补偿等相关费用应足额纳入项目工程概算； 2. 青苗补偿费和附属物拆迁费用应足额纳入项目工程概算	启动征地前	黑河市、项目所在地及有关部门	项目单位
3	决策准备实施	安置方案	执行国家有关征地安置规定。要根据国家法规及规定，认真做好安置的前期工作，合理、足额确定补偿安置资金，并将其纳入工程项目投资中，合理确定被征地农民安置途径，明确就业、社会保障等措施，保证被征地农民原有生活水平不降低，长远生计有保障，生活恢复方面，要实施培训计划，对失地农民提供技能培训，提高劳动技能水平，落实培训资金，增强其谋生手段。建立完善的资金管理办法，严防安置资金被截留、挤占挪用或不及时发放；成立专门补偿安置管理部门。同等条件下，安排被征地居民到新成立的渠道公司就业	启动征地前	黑河市、项目所在地及有关部门	项目单位

第4章 基础设施类事项社会稳定风险分析——以中俄索道工程为例

续表

序号	风险发生阶段	风险因素	主要防范、化解措施	实施时间和要求	责任主体	协助单位
4	实施运行	公共安全	严格落实各项安全法规，以及各查的《中国黑河—俄罗斯布拉戈维申斯克"索道中方建设项目"条件和设施综合分析报告》中提出的各项防治措施，一旦发生事故，将事故影响降至最低。各有关单位及环保、安监、消防、质监等部门应严格履行监管职责。项目单位应加强外部联系，保障安全生产，并以地方环保部门、公安部门、消防、社会保障系统为依托，积极与地方医疗、消防、社会保障部门紧密结合，建立健全应急保障系统	施工期和生产期	项目单位 设计单位 施工单位 运营单位	黑河市、所在地政府及安监、消防、质监等有关部门
5	实施运行	工程质量	严格落实国家各项质量管理法规，以及各查的《中国黑河—俄罗斯布拉戈维申斯克"索道申报项目"条件和设施综合分析报告》中提出的各项防治措施，对存在的质量安全隐患，建设单位、设计单位、施工单位、监理单位、生产运营单位按国家和地方现行有关法律、法规、规章、标准，规范的规定强化执行各项工作，并按国家有关规定完善各自的内部管理制度	施工期和生产期	项目单位 施工单位	设计、监理单位
6	实施	劳动就业	建议：港务局调整现有产业结构，实现多元化发展；实现公、铁、水三种运输方式互补。促进国有航运大型企业转型发展；划拨索道桥桥头区和索道区搭建口岸大交通平台，在黑河运输区、桥头区产及业务管理权限交由某港口管理，促进国有资产及业务管理权限交由某港口管理，特许水运企业转型陆路运输，弥补水运损失，安置企业职工，从根本上保持社会稳定	生产期	港务局 项目单位	黑河市人力资源保障局、项目单位、黑河大桥管理单位
7	决策准备实施	社会舆论	确立舆情预警发布机制，并有针对性地制定应急管理预案	施工期和生产期	黑河市政府	项目单位

4.7 风险等级

4.7.1 落实措施后主要风险因素变化趋势和结果

结合单因素风险估计结果,以及上述风险防范、化解措施,预测在落实措施后各主要风险因素变化的趋势和结果见表4-10。

表4-10 落实措施前后各主要风险因素变化对比表

序号	风险因素(W)	风险概率(p)		影响程度(q)		风险程度($R=p \times q$)	
		前	后	前	后	前	后
1	审批立项	中等(0.6)	中等(0.5)	较大(0.8)	较大(0.7)	较大(0.48)	一般(0.35)
2	补偿标准	较高(0.8)	较高(0.7)	较大(0.8)	较大(0.7)	较大(0.64)	较大(0.49)
3	安置方案	中等(0.6)	中等(0.5)	一般(0.6)	一般(0.5)	一般(0.36)	一般(0.25)
4	公共安全	中等(0.6)	中等(0.5)	中等(0.6)	中等(0.5)	一般(0.36)	一般(0.25)
5	工程质量	较低(0.4)	较低(0.3)	中等(0.6)	中等(0.5)	一般(0.24)	较小(0.15)
6	劳动就业	较高(0.8)	较高(0.7)	较大(0.8)	较大(0.7)	较大(0.64)	较大(0.49)
7	社会舆论	较低(0.4)	较低(0.3)	中等(0.6)	中等(0.5)	一般(0.24)	较小(0.15)

4.7.2 落实措施后风险等级判断

4.7.2.1 落实措施后拟建项目综合风险指数计算

在进行单因素风险估计的基础上,运用专家评分统计法等适当的方法确定各单因素风险在拟建项目整体风险中的权重和风险程度值,采用综合风险指数法定量计算项目综合风险指数。拟建项目综合风险指数计算结果见表4-11。

表4-11 拟建项目综合风险指数计算表

风险因素	权重	风险程度(R)					风险指数
W	I	微小	较小	一般	较大	重大	$T=I \times R$
		0.04	0.16	0.36	0.64	1.00	
审批立项	0.10			0.35			0.035
补偿标准	0.20				0.49		0.098
安置方案	0.20			0.25			0.05

第4章 基础设施类事项社会稳定风险分析——以中俄索道工程为例

续表

风险因素 W	权重 I	风险程度（R）					风险指数 T=I×R
		微小 0.04	较小 0.16	一般 0.36	较大 0.64	重大 1.00	
公共安全	0.10			0.25			0.025
工程质量	0.10		0.15				0.015
劳动就业	0.20				0.49		0.098
社会舆论	0.10		0.15				0.015
合计	1.00						0.336

注：风险因素权重应作归一化处理。

4.7.2.2 落实措施后拟建项目预期风险等级判断

落实措施后拟建项目预期综合风险指数为 0.336<0.36，风险指数为低风险，但存在 2 个较大单因素风险，应评定为中风险。采用面向特定对象征求意见的方式，征求意见结果，明确反对者低于 10%，但部分被调查对象没有给出明确意见。通过风险估计计算结果与综合风险指数评判标准的对比，确定落实措施后拟建项目预期的风险等级为中风险等级，意味着项目实施过程中多数群众表示理解支持，但少部分群众对项目建设实施有意见，通过有效工作可进一步防范和化解矛盾。项目存在风险，但有可靠防控措施的，可以进行开工建设，但应完善应急处置预案。

同时，还应注意到社会稳定问题的发生和发展具有很大的不确定性，在项目实施过程中，如果有关措施落后于项目建设或没有按要求实施，则发生社会不稳定可能性较大，反之会较低；另外，社会稳定问题的处理也是影响社会稳定数量和程度的因素之一，处理得当可以有效避免再次发生和事态扩大。

4.8 结论

拟建项目存在审批立项、补偿标准、安置方案、公共安全、工程质量、劳动就业、社会舆论等 7 个主要风险因素。

经分析，拟建项目社会稳定风险等级综合评定为中风险。在项目建设实施过程中多数群众理解支持，但少部分人可能对项目的建设有意见，可通过有效工作进行防范和化解矛盾，采取必要的防范措施减少或者避免这些社会稳定风险的发生。在严格落实相应的宣传解释、风险防范及化解措施后，项目的社会稳定风险将会得到有效控制和降低，不会影响到项目的建设实施。社会稳定问题的发生和发展具有很大的不确定性，在项目实施过程中，如果有关防范措施落后于项目建设或没有按相应防范措施的要求实施，则发生社会不稳定风险的可能性会较大，反之会较低。社会稳定问题的处理也是影响社会稳定风险发生的数量和程度因素之一，处理得当，可以有效避免再次发生及事态扩大。项目建设的决策者、建设者和管理者都要充分认识其中的风险，高度重视，采取有力的防范措施降低社会风险，使拟建项目的建设产生更大的经济和社会效益。目前拟建项目已经审批立项，处于征地拆迁阶段，项目仍存在许多不确定因素。本分析中的社会稳定风险分析结论和防范措施是在依据现有资料和深度的基础上进行的分析论证。随着设计工作的深入，工程方案等其他因素的变化，可能会出现新的社会稳定风险因素，进而影响到评估结论。在项目实施及运营过程中需对社会稳定风险进行全程动态跟踪，及时发现新的社会稳定风险隐患，调整完善相应的防范措施和应急预案，更好地维护社会稳定，促进社会和谐发展。

　　落实风险防范、化解措施的有关建议：项目单位需按照最新工程方案履行相关调整报告和审批程序；征地补偿等相关费用应足额纳入项目工程概算；青苗补偿费和附属物拆迁费用应足额纳入项目工程概算；同等条件下，安排被征地居民到新成立的索道公司就业；严格落实各项安全法规，以及备查的《中国黑河—俄罗斯布拉戈维申斯克"索道中方建设项目"安全生产条件和设施综合分析报告》中提出的各项防治措施；按国家有关规定完善各自的内部管理制度；港务局调整现有产业结构，实现多元发展；在黑河大桥桥头区和索道区搭建口岸大交通平台，实现公、铁、水三种运输运式互补、互促；促进国有航运企业转型发展，划拨索道区、桥头区部分资产及业务管理权限交由某港口管理，分流人员，弥补水运损失；特批大桥客货运输资质，特许水运企业转型陆路运输，安置企业职工，从根本上保持社会稳定；确立舆情预警发布机制，并有针对性地制定应急管理预案；在项目实施及运营过程中对社会稳定风险全程跟踪，动态监测和评价，不断改进完善和落实风险控制措施。

第5章 基础设施类事项社会稳定风险评估
——以中俄索道工程为例

5.1 基本情况

5.1.1 项目概况

项目单位、建设地点、项目建设的背景和必要性此处不再详述。

5.1.1.1 环境影响

项目施工期污染影响：废气主要为施工机械与运输车辆尾气和施工扬尘污染；废水主要为施工人员生活污水和建筑施工废水；噪声主要是施工机械设备和运输车辆噪声；固体废弃物主要为施工人员产生的生活垃圾和施工过程中产生的建筑垃圾；生态影响主要为占地影响、对植被的影响和水土流失；以及施工过程的社会影响。

项目运营期污染影响：废气主要为室内停车库汽车尾气、厨房油烟及燃料燃烧废气；废水主要为工作人员和游客产生的生活污水、餐饮废水以及室内停车库冲洗废水；噪声为索道驱动装置、水泵房、空调机房、停车库通风机等设备噪声以及区域内车辆通行产生的交通噪声和社会环境噪声；固体废物为生活垃圾和餐厨废弃物。

项目环境风险影响：建设项目索道采用电力驱动，联检大楼内柴油发电机仅在主驱动装置无法工作时紧急使用，使用时间短，柴油使用量少。柴油储存在联检大楼首层储油间的100L油箱内，存在一定的火灾、爆炸风险。本项目产生少量的废矿物油和医疗垃圾有可能发生泄漏风险。发生火灾后，火灾燃烧的最大范围为24.1m，主要是对位于事故现场附近的职工造成影响，由于储油间距离游客通道最近距离为50m，距离较远，对游客造成的影响较小；厂区外100m以内无环境敏感点，不会对场界外人群及其他环境敏感点造成显著影响，火灾风险是可以接受的。建设单位采取了切实可行的风险防范措施，危险废物泄漏的风险可以接受。建设项目涉及的危险物不构成重大危险源，本项目虽然存在火灾、爆炸事故风险和危险废物泄漏风险，但风险事故概率小，在严格管理，妥善处理事故后果的情况下，环境风险处于可接受水平。

项目所在区域大气、水环境、声环境状况基本可以达到所在功能区要求。项目对所排放的污染物采取了污染控制措施，污染物达标排放，对评价区的环境影响较小，认为项目从环境保护的角度来讲是可行的。

5.1.1.2 资源利用

（1）土地资源利用。项目所在地位于黑河市东南部，地势比较平坦，所属地带类型为平原微丘区，地表植被以耕地、林地和荒地为主。跨江索道项目所在地，为黑河市大黑河岛，是黑龙江主航道中方一侧的船型岛屿，索道站址位于其中部。大黑河岛的西部以黑河口岸为中心进行了开发，岛的东部主要是农田。江堤一侧正在实施回填和护岸工程。大黑河岛与外部有大桥相同，与黑河市之间有河汊相隔。区域内，沿江为三岛护岸工程新回填的江堤，宽度约 50m，同时存在工房等临时设施。区域内其他部分为农田，间杂部分灌木和小乔木，地势相对平坦，起伏不大，省政府已经将项目用地批复转为建设用地。土地是关系国计民生的重要战略资源，耕地是广大农民赖以生存的基础，我国土地资源紧缺，合理利用和切实保护耕地是我国的基本国策。通过合理的工程方案，科学控制占地数量，实现节约用地目标。通过基本农田补划方案和耕地补充方案，以达到耕地保有量和基本农田保护率不减少，质量不降低。

在设计中，严格执行国家、省部关于土地管理的政策，坚持合理利用和节约用地，尽量少占和不占耕地，尤其是少占基本农田的原则。在项目的设计过程中严格贯彻"十分珍惜、合理利用土地和切实保护耕地"的基本国策，具体措施如下。

1）根据沿线土地利用总体规划，将占用耕地数量作为首要考虑因素。

2）取土场采用回填复耕种植土等方法，对临时用地占用的耕地应依法复耕。

3）在技术条件满足的前提下，尽可能优化索道区布局形式，减少占地。

4）临时工程设施布置时，在满足工程需要的前提下，严格控制其规模、标准，尽量减少占地数量，尤其是少占耕地，充分考虑永临结合，及时做好

第5章 基础设施类事项社会稳定风险评估——以中俄索道工程为例

临时用地的复垦工作。

（2）水资源利用。本项目在索道区施工工地内设置沉淀池，施工废水必须排入沉淀池进行沉淀澄清处理后用于场地内洒水降尘，不得随意排放，以免对附近水体造成污染。施工期及运营期采用节水型设备和器具，减少用水量，在现场设置雨水、污水处理池，经过处理的雨水和污水用于冲洗车辆、降尘、灌溉等。

（3）矿产资源综合利用。项目建设占地不存在压覆矿产资源储量的问题。

（4）施工用料的合理使用。拟建项目的建设要消耗大量砂石、水泥、沥青及钢材，这些材料都是不可再生资源，有些材料的使用会对环境造成一定的影响。因此，在施工过程中要节约施工用料。尽量选用环保建筑材料，节约和合理利用建筑材料。优先采用当地的原材料，节约资金，合理地利用当地材料和资源，设计中尽量考虑就近、就地采购，以减少运输费用和繁荣地方经济。

（5）能源的合理使用。项目符合国家、地方和行业节能标准规范，未采用国家明令禁止和淘汰的落后的工艺及设备，符合节能规划要求，对当地节能目标完成有积极影响，能源的合理使用措施如下。

1）设计阶段节能措施：项目建设标准与规模按交通部颁发的有关标准、规范和规程执行。在满足行业标准、规范的前提下，工程勘察设计时应尽量减少耗能，增加节能设计。

2）施工期间节能措施。

①制定合理施工能耗指标，提高施工能源利用率。施工现场分别设定生产、生活、办公和施工设备的用电控制指标，定期进行计量、核算，对比分析，并有预防及纠正措施。

②强化现场材料管理，建立钢材、沥青、木材、水泥、砂石料等大宗材料进场验收管理制度；钢材、沥青、木材、水泥、砂石等材料的消耗达到分解指标；优先采用高效钢筋与预应力技术、钢筋直螺纹连接、电渣压力焊技术等节材效果明显的新技术；施工模板以节约木材为原则，提倡使用以钢代木、以竹代木及新型模板体系。

③优先使用国家、行业推荐的节能、高效、环保的施工设备和机具，选择功率与负载相匹配的施工机械设备，避免大功率施工机械设备低负载长时

间运行。选择逆变式电焊机和能耗低、效率高的手持电动工具等，以利节电；机械设备宜使用节能型油料添加剂，在可能的情况下，考虑回收利用，节约油量。

④在施工组织设计中，合理安排施工顺序、工作面，以减少作业区域的机具数量，相邻作业区充分利用共有的机具资源。安排施工工艺时，应优先考虑耗用电能或其他能耗较少的施工工艺，避免设备额定功率远大于使用功率或超负荷使用设备的现象。

⑤利用场地自然条件，合理设计生产、生活及办公临时设施的外形、朝向、间距和窗墙面积比，使其获得良好的日照、通风和采光。临时设施宜采用节能材料，墙体、屋面使用隔热性能好的材料，减少夏天空调设备的使用时间及耗能量，在其外墙窗设遮阳设施。合理配置空调、风扇数量，规定使用时间，实行分段分时使用，节约用电。

⑥临时用电优先选用节能电线和节能灯具；临时用电线路合理设计、布置；临时用电设备宜采用自动控制装置，采用声控、光控等照明灯具。照明设计以满足最低照度为原则。

5.1.1.3 征（占）地、拆迁

同《项目社会稳定性风险分析报告》。

5.1.1.4 社会环境概况

（1）影响区现状及发展不再详述。

（2）社会治安、群体性事件及信访情况。在打击各类违法犯罪活动方面，所在地公安机关保持严打态势不减，坚持"命案必破、黑恶必除、逃犯必抓、多发侵财犯罪必打"的工作原则。在社会治安整治方面，各级公安机关不间断地开展专项整治和安全检查。在道路交通整治和消防安全方面，公安机关广泛开展"压事故、保安全"活动，项目沿线交通事故呈总体下降，有效预防和减少了公路、村屯恶性交通事故的发生。同时，公安机关全面实施消防能力建设，提高扑救大火、特殊火灾以及抢险救援能力，沿线社会治安情况总体稳定。拟建项目将使外来务工人员、流动人口增加，对当地社会秩序、治安等会带来一定影响。

经与所在地维稳及信访部门座谈，近年信访量有所增加，尤其是征地拆迁补偿问题易引发群众上访事件。针对当前信访工作中出现的新情况、新问

第 5 章 基础设施类事项社会稳定风险评估——以中俄索道工程为例

题、新特点和群体性事件不断增多的趋势,为切实维护改革发展稳定大局,根据中央和省的有关规定,拟建项目沿线市委、市政府均建立了处理信访突出问题及群体性事件制度。负责了解、掌握信访突出问题及群体性事件的情况和动态;分析、研判社会稳定形势,针对信访突出问题及群体性事件提出对策建议;组织协调有关方面处理跨部门、跨行业、跨地区的信访突出问题及群体性事件;总结交流有关方面处理信访突出问题及群体性事件的成功经验,推动相关工作的有效开展;督促检查有关部门和单位处理信访突出问题及群体性事件各项措施的落实。拟建项目沿线群体性事件及信访情况总体受控。

(3) 拟建项目对社会经济的影响。

1) 对区域划分的影响:拟建项目的建设,在区域划分和隶属管理方面不会改变现有格局。

2) 对区域人口结构的影响:拟建项目征地拆迁量相对不大,征地拆迁安置均采取在原区域内进行,不会对区域人口结构产生影响。

3) 对区域相关产业发展的影响:黑河口岸一直以来主要依靠明水期船舶运输,全年航运期仅为 170 天。近年开辟的冬季浮箱固冰通道运输,每年也只有 130 天左右。尚有约 65 天春秋两季流冰期中断运输,货物积压和人员滞留情况十分严重。不仅使双方丧失很多贸易机遇,而且成本高,行车和人身安全无法保障,极不适应两国间经贸往来和客货运量迅猛发展的迫切需要。打造一条全天候的客运、货运通道迫在眉睫。本项目建设可打通东北地区与俄罗斯远东的陆路运输通道,解决东北地区对俄商贸过境运输问题,并且极大地降低运输成本。项目建设将使黑河与阿穆尔州逐步成为东北亚地区人流、物流中心和货物集散地,对于促进东北地区对俄贸易发展,促进东北老工业基地复兴,提振东北地区经济发展,特别是黑河市社会经济发展、人员就业、发展外向型经济都具有重要的战略意义。本项目建设对于进一步加强中俄两国全面战略合作伙伴关系,缓解我国资源能源紧缺矛盾,深化中俄合作具有重要的战略意义。对黑龙江省经济社会发展的推动作用是巨大的,对于提高黑河市的知名度和影响力,拉动黑河市的人流、物流,促进进出口加工和消费等相关产业发展作用将会十分明显。

4) 对区域交通出行的影响:两岸目前出行质量较低,主要表现在出行时间长、速度慢、舒适度低、经济性差,本项目是黑河市与布拉戈维申斯克市之间新增的一条索道通道，项目建成后将改善区域交通状况，改变区域交通出行结构，提高整个地区的通行能力，从根本上改变交通不便的状况，改善和提高居民出行质量。项目建设期间，将对施工地点附近居民及企事业单位的交通出行带来一定的影响，这种影响将随着项目的建成运营逐步消除。

5）对扩大社会服务容量的影响：中心城镇对周围地区的辐射作用主要集中在大的交通走廊沿线地带，经济增长的带动作用主要依托交通轴、依时间距离发生作用。索道项目作为交通基础设施建设项目，投资巨大，建设和运营期间均可提供大量的就业机会。项目建设所需的设备、材料等大部分由本地供应，将给本地的建筑业、建材工业带来发展机遇。项目建成运营后，还会为当地居民提供很多的间接就业机会，提高就业者的收入，改善其生活水平，对区域经济发展起到促进作用。因此，项目的建设可促进项目沿线经济的可持续发展，扩大社会服务容量。

6）项目对居民生活质量的影响。

①对居民收入的影响。拟建项目的建设将引起区域内资金、人流、物流的增加，特别是由于当地配套工程的建设将会增加居民收入来源，同时由于来往人员的增加，势必会促进当地第三产业的发展，使这些行业的从业人员增加收入。工程投入营运后，随着交通的顺畅、运输时距的缩小，将方便两岸群众工作、购物、旅行等方面的出行需求，大大缩短因交通阻塞而造成的时间损失。同时随着城镇化进程的加快，第二、三产业结构的调整，为群众增收创造了条件。随着索道项目的建成运营，群众的出行成本也将相应减少，意味着群众可支配收入的增加。

但拟建项目会对部分失地农民的收入产生一定影响，对部分原从事水上运输人员的收入产生一定影响，对部分渔民的收入产生一定影响。

②对居民生活质量的影响。拟建项目建成后，一方面改善了旅客通过口岸的速度，给群众出行带来便利；另一方面，收入的提高、居住环境和出行条件的改善、交通时间的节约等使群众有更多的富余时间用于生活休闲和锻炼，保持愉悦心情，减少疾病发生，沿线居民的生活质量也因此而得到提升。同时，由于项目的建设和营运，将有力地促进当地的城镇化进程，当地人民的生活质量也会随之提高。

③对文化、生活习惯的影响。拟建项目的建设，不会改变所在地地方传

统文化，不会引起当地居民的不适。

④对公共配套服务的影响。拟建项目的建设，不会引起所在地医疗、教育、养老、购物、环卫、社区服务、宗教活动等服务质量下降或缺失。

7）对交通、电力、通信等设施的影响：建设单位在进行交通、航务、电力、通信等设施迁改前应与有关管理部门联系，积极与相应部门协商制订迁改方案，在征得同意后合理组织施工，减少因迁改不当造成的影响。

8）对防洪、通航及文物的影响：项目单位正在开展防洪评价和通航安全影响评价工作，尚需取得相关部门批复。拟建项目跨越航道，需经航道相关管理部门批准。

9）对功能区基础设施建设的影响：项目的实施将黑龙江两岸有机地连接起来，拉进了黑河市与布拉戈维申斯克市之间的时空距离，项目的实施将对桥头区进行规划，在一定程度上会推动城乡基础设施的改造进程，加快城乡建设步伐，优化城乡布局，改善投资环境和生态环境。

10）对上下游关联项目的影响：建设将对部分关联项目产生影响。合作区在阿穆尔州拟建阿穆尔产业园区，面积 $15km^2$，重点开展对俄出口产品的境外组装加工和引进俄罗斯资源的初加工等产业。阿穆尔州也正在申请联邦政府建设经济特区。2012 年 4 月，黑河市—俄罗斯布拉戈维申斯克市浮箱固冰通道正式开通，解决了黑河流冰期闭关的问题，极大地延长了全年通关时间，运输费用还有进一步降低的必要。黑河大桥项目将于近期工程建设。五大连池民用机场项目进展顺利，开通后，将提高南方游客哈尔滨—风景区—黑河—阿穆尔州布拉戈维申斯克边境游的便利性，增加黑河的过境游人数。

投资估算与资金筹措不再赘述。

5.1.1.5 经济评价

本项目财务效益不理想，但是能够推动黑河市地方经济的发展，方便人们出行，扩大就业，促进旅游，便捷两国交流，实现资源共享，具有良好的社会效益和国民经济效益。

5.1.2 评估依据

此处不再详述。

5.1.3 评估主体

某公司作为评估主体对中俄索道工程的社会稳定风险开展评估工作,对项目风险进行了评估,根据实际情况,采取多种方式听取各方面意见,分析判断并确定风险等级,提出社会稳定风险评估报告。

在评估过程中调查了各利益相关者及当地政府的意见。并组织了从事经济政策研究、桥梁设计、社会学、环境保护、交通工程等方面工作的专家对该项目《风险分析报告》进行了评估。

5.1.4 评估过程和方法

5.1.4.1 评估工作的程序、步骤和主要过程

(1)制订评估工作方案。接受评估任务后即进行了准备工作,制定了社会稳定风险评估工作方案,明确了风险评估的组织机构、职责分工、工作进度、工作方法与要求、拟征询意见对象及方法、社会稳定风险评估报告编写大纲等事项。

(2)收集和审阅相关资料。按照评估工作方案的进度要求,全面收集并认真审阅了拟建项目的社会稳定风险评估相关资料,主要包括:项目可行性研究报告及其社会稳定风险分析报告、项目环境影响评价报告书、安全预评价报告书;国家和地方相关法律、法规和政策;拟建项目已经取得的相关支持性文件;相关规划与标准规范;同类或类似项目社会稳定风险评估资料等。重点审阅了《风险分析报告》中风险调查的全面性、完备性、真实性,特别是相关群众的代表性及其利益诉求。

(3)充分听取意见。根据对拟建项目《风险分析报告》的审阅结果,在对《风险分析报告》进行预评估的基础上,结合项目所在地的实际情况,我单位采取公示、召开座谈会、实地踏勘走访、补充问卷调查等方式听取各方面意见,进行补充调查与核实。

1)公示:根据资料调查及预评估情况,在拟建项目周边对涉及征用土地及可能受到影响的基层组织以张贴布告方式对拟建项目社会稳定风险评估工作进行了公示,就拟建项目社会稳定风险评估公开征求公众意见。

2)实地踏勘走访:踏勘了中俄索道工程拟选线位,结合《可研报告》中

第5章　基础设施类事项社会稳定风险评估——以中俄索道工程为例

设计路线走向，分别走访了受拟建项目影响较大的行政村，与受拟建项目影响的农民和居民代表进行了座谈，向受拟建项目影响的相关群众了解情况，当面听取意见。

3）补充问卷调查：根据受拟建项目影响情况，在《风险分析报告》中进行问卷调查的基础上，对拟建项目沿线民众进行了补充问卷调查。问卷主要针对拟建项目涉及的征地拆迁、环境影响、社会影响等方面广泛听取相关民众、企事业单位和基层政府的意见和建议。

（4）全面评估论证。

1）召开专家评估会议：组织召开"《社会稳定风险分析报告》专家评估暨座谈会议"。会上，与会专家围绕《风险分析报告》中的风险调查、识别、估计、防范和化解措施、措施后风险等级判别等关键问题进行了分析和评估。

2）全面评估论证：根据收集的资料，按照重大固定资产投资项目社会稳定风险评估的要求和相关流程，在进行社会调查及与有关部门、单位和专家进行座谈、评估的基础上，分门别类梳理各方意见，参考相同或类似项目引发社会稳定风险的情况，重点围绕拟建项目建设实施的合法性、合理性、可行性和可控性进行了客观、全面的评估论证；对拟建项目所涉及的风险调查、风险识别、风险估计、风险等级评判、风险防范和化解措施等内容逐项进行了评估论证，特别是对风险因素、风险发生概率、可能引发矛盾纠纷的激烈程度和持续时间、涉及人员数量、可能产生的各种负面影响以及相关风险的可控程度进行了评估论证。并提出了风险防范措施及应急预案。

（5）确定风险等级。参考有关项目社会稳定风险评估指标和评判标准，在综合考虑各方意见和全面分析论证的基础上，按照《国家发展改革委重大固定资产投资项目社会稳定风险评估暂行办法》（发改投资〔2012〕2492号）的风险等级划分标准，对拟建项目的社会稳定风险等级做出了评判，确定了拟建项目社会稳定风险等级。

（6）形成评估报告。2018年5月18日，根据相关各方的意见和建议，按照《国家发展改革委办公厅〈关于印发重大固定资产投资项目社会稳定风险分析篇章和评估报告编制大纲（试行）〉的通知》（发改办投资〔2013〕428号）

形成了评估报告。

5.1.4.2 评估工作所采用的主要方法

（1）社会稳定风险调查所采用的主要方法。根据拟建项目的实际情况，本次评估选用了资料调查收集、公示、召开座谈会、实地踏查走访、问卷调查等5种方式听取各方面意见，对拟建项目社会稳定风险进行调查。

（2）社会稳定风险识别所采用的主要方法。根据拟建项目的实际情况，在对沿线各级政府有关部门及民意调研和资料研读基础上，本次评估采用对照表法、专家调查法、案例参照法等对社会稳定风险进行了识别。

（3）社会稳定风险等级确定方法。结合社会稳定风险因素识别结果，在对拟建项目单因素风险程度（风险概率×影响程度）进行定性分析和定量计算的基础上，运用专家调查法确定各单因素风险在拟建项目整体风险中的风险程度值和权重，采用综合风险指数法定量计算项目综合风险指数，并与风险等级评判标准进行对比，确定拟建项目社会稳定风险等级。

5.2 评估内容

5.2.1 风险调查评估及各方意见采纳情况

5.2.1.1 风险调查评估

（1）对《风险分析报告》中风险调查的评估。

1）风险调查的全面性：《风险分析报告》中的调查内容包括了公众对项目实施的意见和诉求，公众参与情况、基层组织对拟建项目的态度；《风险分析报告》中确定的调查范围包括与项目征地相关的民众、利益相关者、基层组织等，调查范围基本合适；《风险分析报告》中采用了资料收集、问卷调查、走访、网站公示、张贴公告等调查方式。

评估认为，《社会稳定风险分析》中社会稳定风险调查应按国家发展改革委《关于印发〈国家发展改革委重大固定资产投资项目社会稳定风险评估暂行办法〉的通知》（发改投资〔2012〕2492号）和《关于印发〈重大固定资产投资项目社会稳定风险分析篇章和评估报告编制大纲（试行）〉的通知》（发改办投资〔2013〕428号）文件进一步进行规范。

第5章 基础设施类事项社会稳定风险评估——以中俄索道工程为例

2）公众参与的完备性：《风险分析报告》中公众参与采取随机调查的方式开展，公众参与具有一定的代表性。

评估认为，经查阅拟建项目可行性研究报告及相关支持性文件，初步判断拟建项目在规划选址、环境影响评价、土地预审等过程中，按照相关规定和要求，履行了公众参与、信息公开等程序，采纳（征询）了专家、相关管理部门及公众意见。针对本项目涉及的规划选址、用地预审、环境保护等专项设计，主管部门在审批时，征询并基本采纳了专家意见。拟建项目在前期工作中履行了公众参与、专家咨询、信息公开等程序性要求。但编制单位在所在地发改委网站进行社会稳定风险分析公示，公众参与效果一般，应在相关政府主要媒体上进行补充公示。

3）风险调查结果的真实性和可信性：《风险分析报告》中听取了多方面意见，调查对象具有一定的代表性，对被征地农民群体受影响程度、对征地补偿的态度、环境影响的态度等问题进行了针对性的分析。《风险分析报告》公众调研问卷显示，100%的调查对象支持项目建设，民众对项目的建设持"支持"态度，但是希望给予合理的补偿和安置，希望规范施工，保证环境质量。评估认为，调查结果总体上反映了受影响群众，特别是受影响农民对拟建项目的态度。《风险分析报告》中公众调查问卷完全覆盖了项目所涉及所有村屯，但是部分被调查居民没有填写对项目的意见，应适当补充开展公众问卷调查工作。

（2）补充开展风险调查情况。我单位在对《风险分析报告》中风险调查评估的基础上，根据拟建项目的实际情况，采取公示、实地走访、召开座谈会、问卷调查和召开专家评估会议等方式进行了补充调查。评估认为，《风险分析报告》中的调查结果与本次评估补充调查结果总体相符，调查结果总体可信。

5.2.1.2 各方意见采纳情况

通过风险调查和分析，评估认为，拟建项目建设和运行所涉及的利益群体包括各级政府及有关部门、项目单位、受拟建项目建设和运行影响的公民、法人和其他社会组织、媒体等，对项目采取支持的态度。

（1）基层政府、基层组织和企事业单位。对在拟建项目受影响的范围内进行了走访并召开了座谈会，了解了沿线基层组织对拟建项目的态度，基层政府支持项目建设，提出解决部分就业的需求。

（2）项目单位。项目单位对项目目标实现起主导作用，是工程项目的责任主体，对项目从建设到生产经营实行全面负责，并承担投资风险。作为建设单位，需要负责建设项目的筹划、筹资、设计、建设实施及运营。在建设筹划阶段项目单位需要充分考虑征地拆迁问题，环境问题、工程区域周边社会治安，以及征地拆迁补偿安置和后期生产生活可能给项目带来的风险。作为管理单位，需要对项目进行全面管理，明确任务和内容，有严格的工作深度和精度要求，严格遵守并实施项目管理的相关制度，包括项目法人责任制、招投标制、工程监理制、合同管理制等，明确职责，为企业创造最大的效益。

（3）受拟建项目建设和运行影响的群众。

1）被征地拆迁农民对项目建设的态度：被征地拆迁农民是受拟建项目直接影响的群体，是拟建项目建设的主要利益相关者。被征地拆迁农民及移民受到的主要影响如下。

①失地影响，土地资源遭受损失，生产方式发生改变，使得大部分人需要重新掌握生存技能。这部分被征地农民及移民主要关注土地补偿标准，希望得到及时的、公平合理的补偿，也希望得到一些培训，能够尽快适应无地生活。

②临时占地复耕，拟建项目占地大部分属临时占地，这部分人都受到一定程度的生活影响，他们比较关注用于耕种的表土剥离后是否能原状回填，是否能尽早实现其生产、生活的恢复和发展。

③拆迁安置，会带来社会关系、习俗的破坏。其更关注拆迁补偿能否满足未来生产生活需要，搬迁至安置点后，能否适应生产与生活习惯。

被征地拆迁农民主要担心以下几个方面。

①土地补偿标准的担心。对于耕地补偿，工程征地区域近年来实施的项目都是按照区片价补偿的，部分群众认为补偿标准偏低。

②对不能及时拿到补偿款表示愤怒。工程征地区域近年来实施的项目存在工程结束后补偿款迟迟不能发放到村民的情况。

③担心失地后生活来源没有保障。

④担心"同地不同价"问题，造成经济利益损失。

2）其他群众对项目建设的态度

拟建项目给当地居民带来了部分就业机会，项目建设开始后，施工单位入驻人员，主、副食等主要是从当地购买，将会促进当地经济的发展。

项目筹建和运营期间，施工单位、管理部门和建设人员入驻项目涉及地区，将会促进当地第三产业发展，并给当地居民提供就业机会，促进当地经济社会发展。

这部分群众可以从项目建设过程中获得各种机会，因而态度是积极的。

3）受拟建项目建设和运行影响的法人和其他社会组织：经对受拟建项目建设和运行影响企事业单位调查，均表示支持该项目建设。港务局提出以下意见。

①支持项目建设，提升黑河口岸基础设施水平。

②应保证航运相关主体利益。如影响黑布航运客船通航，应支付补偿，以维护社会化相关群体的稳定。

③组建口岸运输联合体。为更好地利用口岸各项设施，为进出境旅客创建便捷、顺畅、舒适、经济的服务，建议通过混合所有制的方式将口岸的船舶、汽车、索道三种运输主体整合，组建口岸运输联合体。

4）媒体：经《风险分析报告》中对网络媒体的调查，未发现对工程建设的否定态度。

5）专家意见：专家组认为，该项目全面落实风险防范和化解措施后，社会稳定风险为低风险。项目共涉及环评、用地等10项重要审批，每项审批进展到何种程度，在"社会稳定风险分析报告"中都应给予明确说明，不能用"依法操作""正在落实"等模糊语言。建议对此认真梳理，并做明确说明，要加快各项专题报告编制，加快审批进度，保证项目建设的合法性。

5.2.1.3 各方意见采纳情况

评估认为，各方提出的意见客观公正。项目单位承诺将合理的意见和建议落实到项目的技术经济方案和建设管理中，并在项目实施过程中严格依法办事，对受利益损害的群体按国家和地方有关法律、法规和规章制度的规定和要求进行相应补偿，尽力减少和防范社会稳定风险事件的发生。

在对各方意见进行梳理、识别后，相应列入社会稳定风险因素。

5.2.2 风险识别和估计的评估

《风险分析报告》对拟建项目进行了风险因素识别，对识别出的主要风险因素进行了单因素风险估计，并对项目初始风险等级进行了判断。评估认为，其方法可行。

为慎重起见，本次评估针对拟建项目的特点，根据风险调查评估结果，通过对有关社会经济调查及统计资料的分析，结合前述对项目经济影响评价、社会影响评价、环境影响评价、资源利用、土地房屋征收补偿影响评价等相关评估结论以及公众参与的完备性程度等的评估，判断了拟建项目是否存在被遗漏的重要风险因素，并补充识别了被遗漏的重要风险因素。对拟建项目可能存在的重要风险因素的性质特征、未来变化趋势及可能造成的影响后果进行了分析评估，形成评估后主要风险因素的风险程度汇总表。并综合采用对照表法、专家调查法、案例参照法、综合风险指数法等方法，按"发改办投资〔2013〕428号"文件的要求，对《风险分析报告》中拟建项目风险因素识别、风险估计、项目初始风险等级判断等内容进行了重新复核和梳理。

5.2.2.1 风险识别评估

（1）对《风险分析报告》中风险识别的评估。

1）对《风险分析报告》中风险因素对照表的调整和对拟建项目主要风险因素的识别：为评估《风险分析报告》中主要风险因素识别的全面性和准确性，本次评估对《风险分析报告》中风险因素对照表进行了复核检查，对其中的相关风险因素进行了补充，经本次评估调整后的风险因素对照表见表5-1，并通过对有关社会经济调查及统计资料的分析，结合项目经济影响评价、社会影响、环境影响、资源利用、土地房屋征收补偿等相关评估结论，以及公众参与的完备性程度等的分析，对拟建项目主要风险因素进行了判别，增列了是否为拟建项目主要风险因素的判别依据。评估调整后风险因素对照情况见表5-1。

第5章 基础设施类事项社会稳定风险评估——以中俄索道工程为例

表 5-1 评估调整后风险因素对照表

类型	分类	序号	风险因素	评价指标	是否为主要风险因素	判别依据
工程风险因素	政策规划审批程序	1	立项审批程序	决策权限、范围、内容合法性、立项程序符合相关要求	是	项目已经取得了规划选址、建设用地预审、环境影响评价等国家级及其他不同行政级别的支持性文件，立项程序基本符合相关要求。项目单位正在组织及配合相关部门开展并履行通航安全影响评价、防洪评价、水土保持方案、文物调查勘探等支持性的批复工作，尚未取得相关批复文件
		2	产业政策、发展规划	是否符合产业政策、总体规划、专业规划、是否符合本地区的要求、行业准入规划和发展状况，是否符合大多数人的利益	是	项目符合国家发展改革委、外交部、商务部《推动共建丝绸之路经济带和21世纪海上丝绸之路的愿景与行动》《中华人民共和国与俄罗斯联邦关于丝绸之路经济带建设对接欧亚经济联盟建设新阶段协作伙伴关系新阶段的联合声明》《中华人民共和国与俄罗斯联邦远东及东西伯利亚地区合作规划（2009—2018年）》《东北地区面向东北亚区域开放规划纲要（2012—2020）》《振兴东北老工业基地工业振兴支持东北振兴若干重大政策举措的意见"（中发（2003）11号）、国务院"国务院关于近期支持东北振兴若干重大政策举措的意见"（中发（2014）28号；项目符合《中华人民共和国东北地区振兴规划》《黑龙江省公路水路交通发展规划》《中蒙俄经济走廊"黑龙江陆海丝绸之路经济带建设规划"》《黑龙江省"十二五"发展规划》；符合《产业结构调整指导目录（2015年版）》《黑龙江省国民经济和社会发展第十二个五年规划纲要及城市总体规划》，符合黑河市国民经济和社会发展第十三个五年规划纲要及城市总体规划。

续表

类型	分类	序号	风险因素	评价指标	是否为主要风险因素	判别依据
工程风险因素	政策规划审批程序	2				同类项目存在的风险。同类项目中俄同江—下列宁斯阔耶铁路界河桥于2014年2月26日开工奠基后至2019年，中方已完成造价65%，但俄方工程尚未动工，如果一旦形成断桥现象，不仅影响到经贸合作，对其他领域也会产生一定的影响，如何事先预判拟建项目风险，防止出现建索道时间的不同步的情况，需要认真考虑。 阻碍建索道的原因依然存在且很多，俄罗斯目前经济形势恶化，自乌克兰危机以来，俄罗斯经济形势不断恶化，尤其2016年伊始，国家右油价格突破30美元，俄罗斯经济雪上加霜，在这种情况下，俄罗斯经济拢襟见肘，是否有能力和有意愿建设跨境界桥，不确定性依然存在；中俄贸易额下滑，2015年中俄贸易额大幅下滑，黑龙江省对俄贸易额前2015年三季度下滑51%，下降幅度超过2009年世界金融危机时期，长期困扰中俄经贸合作的问题一直得不到根本的使用；除了能源项目之外，中俄大项目合作不多，黑龙江省合作取得了很大的成绩，但还需加大投资力度，还要增加国企和央企的投资，改善贸易主体的结构。 因此，拟建项目存在俄方政策变化风险

第5章 基础设施类事项社会稳定风险评估——以中俄索道工程为例

续表

类型	分类	序号	风险因素	评价指标	是否为主要风险因素	判别依据
工程风险因素	政策规划审批程序	3	规划选址、土地利用	与土地利用规划的符合性、与控制性规划的符合性	否	项目已经完成了《建设项目选址意见书》。项目选址符合黑河市城市总体规划及《黑龙江省土地利用总体规划（2006—2020年）》
		4	规划相关参数	容积率、绿地率、与相邻建筑物的间距、功能、形态的协调性	否	符合相关要求
		5	公众参与	上述环节是否广泛听取意见，公众意见能否真实、及时反馈	否	规划选址、环评审批过程中，对以媒体报道、表决等方式了解周边民众的诉求。社会稳定风险分析及评估以媒体报道、公告、公示开展了公众参与
	土地、房屋征收及补偿	6	征用范围	项目建设用地是否符合因地制宜、节约集约利用土地资源的总要求；拆迁红线范围确定的合理性，征用与相关政策的衔接、是否涉及基本农田、军事用地、宗教用地	是	符合《黑龙江省土地利用总体规划（2006-2020年）》，符合国家产业政策和供地政策，用地标准和总规模符合有关规定，基本合理，可行
		7	补偿标准	是否按照国家和当地法规规定的程序开展房屋、土地补偿工作；补偿方案是否征求公众意见；实物或货币补偿与市场价格之间的关系，与远郊类似的补偿标准之间的关系等是否合理；对施工损坏建筑物的补偿方案，对土地、青苗的受损补偿方案	是	该项目拟按黑龙江省人民政府《黑龙江省征地区片综合地价实施办法》（黑政发〔2014〕34号）和《黑河市人民政府关于调整征地区片综合地价的批复》（黑市政发〔2015〕56号）补偿标准进行补偿，按评估价格进行房屋拆迁补偿。部分地方政府、基层组织及农民反映补偿标准偏低，土地性质已经调整为城市建设用地，按照农用地征用、存在补偿标准不一致现象

续表

类型	分类	序号	风险因素	评价指标	是否为主要风险因素	判别依据
工程风险因素	土地、房屋征收及补偿	8	安置方案	被征地群众补偿、居住、医疗保障培训和就业计划是否落实，能否满足群众诉求；安置居民与当地的融合度；安置房房源的落实情况是否可行	是	存在补偿风险。补偿方案与补偿程序制定、落实的风险。征地拆迁安置方案、养老、医疗保障方案、就业培训计划落实的风险。征地拆迁安置方案能否满足群众诉求普遍要求。农民普遍要求补偿安置方案应公开、公平、公正、合理，如不能做到，存在一定的社会稳定风险
		9	资金到位	资金的数量、质量的落实情况是否可行	是	补偿安置资金涉及人员广、程序多、管理难度大，可能滋生腐败、挪用，发放滞后风险。项目处于准备期，补偿安置资金管理制度尚在建立，增大风险发生概率。部分基层组织反映类似项目存在施工补偿资金迟迟不能发放到位问题
		10	噪声、震动	噪声、震动等指标是否超标，是否影响群众日常生产、生活	否	施工期可能产生噪声，有效预防后影响不大。不会对学校、居民区等敏感点产生影响。此项为非主要风险因素
		11	固体废物	固废的清运是否及时，是否对群众的生活环境及健康造成影响	否	固废的清运及时，不会对群众的生活环境及健康造成影响。此项为非主要风险因素
	环境影响	12	电磁辐射、光污染、放射污染	是否存在以上污染源，是否对群众生活环境及健康造成影响	否	不会对群众生活环境及健康造成影响
		13	废气、粉尘	废气排放是否符合相关标准，空气环境质量是否达标，是否对群众的生活环境及健康造成影响	否	项目施工场地、运输过程中产生扬尘，废气排放，时间较短，不会影响生态环境和群众生命健康的风险。此项为非主要风险因素

第5章 基础设施类事项社会稳定风险评估——以中俄索道工程为例

续表

类型	分类	序号	风险因素	评价指标	是否为主要风险因素	判别依据
工程风险因素	环境影响	14	日照、采光、通风、热辐射	因建筑间距造成不符合标准，或虽符合标准但仍不可避免产生实质性的影响	否	不会产生实质性的影响
		15	生态环境、绿化、景观影响	公共活动空间、生态环境、城市景观等质和量的影响	否	不会产生实质性的影响
		16	水体、土壤污染	水体污染、土壤污染、河流改道阻塞	是	拟建索道跨越黑龙江，施工期事故排放产生水体污染的风险；施工期正常排放产生水体污染的风险；施工期废水排放产生水体污染的风险；索道工程运营后存在发生运输事故，可能直接对黑龙江水生态环境、居民健康、生命安全构成严重威胁。一旦发生运输事故或生命安全构成严重威胁，一旦发生上访或信访时预警或解决，引发上访或生社会矛盾有关的风险，且黑龙江为边界河。处置不当可能影响中俄两国关系
		17	地质沉降、建筑损坏	基坑开挖、打桩等引起地质沉降、对周边建筑安全是否产生不利影响	否	对周边建筑安全不会产生不利影响
		18	文物、古木、古墓	文物、古木、古墓是否遭到破坏	否	此项为非主要风险因素
		19	水土保持	满足水土流失防治目标的要求	否	建筑物及附属设施永久占地面积占 69%，绿化面积占 31%。绿化面积为可恢复面积，能够达到防治水土流失、保护生态环境的目标。工程建设从水土保持角度分析是可行的。此项为非主要风险因素

续表

类型	分类	序号	风险因素	评价指标	是否为主要风险因素	判别依据
工程风险因素	环境影响	20	水源地、自然保护区及生物多样性	水源地、自然保护区及生物多样性是否遭到破坏	否	工程占地范围内无特殊生态敏感区以及重要生态敏感区，属一般区域
工程风险因素	技术经济	21	技术经济方案	伴随工程安全、环境影响方面的风险因素的可控性。如生产运行时的清洁生产方案是否落实，易燃易爆项目确定的安全距离是否合理，对可能造成破坏影响的预案是否切实可行；技术方案执行的安全、先进，与执行国际是否科学、先进，与执行国际上同类接受能力是否大，技术方案中对大气、水体污染物排放是否得到有效控制，噪声、震动影响，电磁辐射、放射线影响是否得到有效控制，与人体生理指标，与群众感受的关系；对固体污染物的处置是否合理可行，对重金属污染物是否落实，回收，再利用等方案是否落实，与群众接受能力是否相适应	否	项目工艺、技术较成熟。该项为非主要风险因素

第5章 基础设施类事项社会稳定风险评估——以中俄索道工程为例

续表

类型	分类	序号	风险因素	评价指标	是否为主要风险因素	判别依据
工程风险因素	建设管理	22	环保措施	建设过程中的环境保护措施是否完善	否	建设过程中的环境保护措施可以执行到位
		23	公共安全	建设运营过程中公共安全是否有保障，公共安全到位是否引发公共安全的隐患	是	若是易燃易爆危险品事故发生，会对黑龙江水环境造成污染，还会引起火灾及坠河事故，给当地人民的生产生活造成不利影响。存在运营期发生公共安全事故的风险，事故如造成伤亡，还将造成白姓的不满，引发媒体关注，甚至引发中俄两国矛盾，造成国际影响。
		24	质量安全	建设过程中的工程质量管理是否到位是否存在引发质量安全事故的隐患	是	拟建项目在建设施工过程中未采取施工方式进行建设施工过程中可能引起基坑开挖、降水、打桩作业加强振动等施工方案。渗漏、倒塌、影响施工工农业用水及居民饮用水安全，若施工控制不当，易发生大的安全和质量事故，甚至造成人员伤亡或财产损失等事故。施工方案必须经过充分论证。根据设施周边建筑，以及供水、供电、供热、供气，通讯等地下管线设施情况，编制合理的施工方案。施工期间采取有针对性的施工方案并严格执行行业有关规范，可在一定程度上避免上述工程风险的发生。
		25	劳动用工（合同、薪酬、劳动保护等）	建设过程中的劳动用工是否规范、各项制度是否完善、是否保障劳动者权益等	否	项目法人为中俄合资公司，建设建成后不加强管理，建立管理制度、落实责任、强化执行力度，其相应的劳动用工能够保障劳动者权益，能够保障劳动者权益等。但项目程长、用工多，可能在个别施工单位出现农民工欠薪问题，及时妥善解决不会影响社会稳定，此项为非主要风险因素。

续表

类型	分类	序号	风险因素	评价指标	是否为主要风险因素	判别依据
工程风险因素	建设管理	26	组织管理（招投标、承包、采购、工期等）	建设过程中的组织管理是否规范	否	项目法人为中俄合资公司，项目建设单位选择有经验大型企业施工，建设过程中的组织管理能够规范，此项为非主要风险因素
与社会互适性风险因素	经济利益	27	生产经营、劳动就业	因项目实施导致生活经营场所或其他必要条件如水电气供应中断等导致无法正常运转、需要关停、迁址，以及就业岗位减少等	是	项目建设关乎界江航运业的未来走向，关乎黑瞎子岛等航运企业生产经营和平来港口等。相关政府部门如不制定妥善的解决办法，可能产生劳动就业和社会稳定风险
		28	生活成本	致使当地物价水平上升	否	不会使当地物价水平明显上升
		29	收入影响	就业机会之外，如餐饮、零售、住宿、房屋租赁等收益减少	否	此项为非主要风险因素
		30	利益分配	补偿、收益分配的科学、合理性	否	补偿、收益分配可以做到科学、合理性
		31	对周边房屋价值的影响	项目建设内容（特别是敏感建筑）对周边地块房价的影响	否	项目建设内容（特别是敏感建筑）对周边地块房价不会带来不利影响
	社会环境	32	传统文化、生活习惯	地方传统文化、邻里关系、生活习惯、社区品质等方面的改变，可能引起居民的不适	否	地方传统文化、邻里关系、生活习惯、社区品质等方面发生改变，可能引起居民的不适，但随着生产安置和搬迁安置条件的改善，影响将逐步减小。此项为非主要风险因素

第5章 基础设施类事项社会稳定风险评估——以中俄索道工程为例

续表

类型	分类	序号	风险因素	评价指标	是否为主要风险因素	判别依据
与社会互适性风险因素	社会环境	33	交通出行	交通路网变化、交通量增加、公交站点、线路布局、停车场布置等交通出行方面的影响	是	施工期间,增加当地道路的交通流量,对交通影响较大
		34	公共配套服务	医疗、教育、养老、购物、环卫、社区服务、宗教活动等服务质量下降或缺失	否	医疗、教育、养老、购物、环卫、社区服务、宗教活动等服务质量不会下降或缺失
		35	水、电、通信等管线基础设施	是否会因管线意外破坏、适移造成暂时或长期的影响	否	因水、电、通信等管线基础设施意外破坏、适移造成暂时或长期的影响一般,此项为非主要风险因素
		36	社会治安	外来务工人员、流动人口增加,环境变化等对社会秩序、治安等带来的影响	否	施工期外来人员涌入,管理得当,与当地居民产生冲突的风险很小
		37	社会舆论与社会包容	项目建设是否会带来负面社会舆论、是否超越地方政府财力和承受能力,是否被社会各界包容、群众所接受	是	项目建设基本被社会各界包容,不超出地方政府财力和承受能力,基本被人民群众所接受。但项目申报时间长,已引发部分媒体和网络舆论质疑。类似项目中俄同江—下列宁斯耶铁路桥于2014年2月26日开工奠基至今,也已引发部分媒体和网络舆论质疑
其他	不可预见社会稳定风险	38	不可预见社会稳定风险	贫富差距较大、社会深层次矛盾日益凸显、社会治安形势较严峻、仇富、仇官的社会心态、非传统安全危机	是	形成新的"灾害链"聚集效应和放大效应,诱发和放大为社会危机

2）主要风险因素识别评估调整：《风险分析报告》中识别拟建项目的主要风险因素有 7 个，本次评估经讨论和论证后对《风险分析报告》中主要风险因素识别进行了评估调整，调整后的主要风险因素为 13 个。经评估调整形成风险因素识别评估调整对照表（表 5-2）。表 5-3 汇总列出了评估识别拟建项目存在的 13 个主要风险因素。

表 5-2 风险因素识别评估调整对照表

序号	《风险分析报告》识别的风险因素	本次评估调整的风险因素	备注
1	审批立项	立项审批程序	保留、完善
2	补偿标准	补偿标准	保留、新增
3	安置方案	安置方案	保留、新增
4		征用范围	
5		资金到位	
6	工程质量	质量安全	保留、完善
7	社会舆论	社会舆论	保留、完善
8	公共安全	公共安全	保留、完善
9	劳动就业	生产经营与劳动就业	保留、完善
10		俄方政策	增加
11		交通出行	增加
12		水体污染	增加
13		不可预见社会稳定风险	增加

表 5-3 评估后主要风险因素识别表

序号	风险类型	发生阶段	风险因素	备注
1	工程风险因素	决策	俄方政策	短期影响
2	工程风险因素	决策	立项审批程序	短期影响
3	工程风险因素	决策准备实施	征用范围	短期影响
4	工程风险因素	决策准备实施	补偿标准	短期影响
5	工程风险因素	实施	安置方案	短期影响
6	工程风险因素	实施	资金到位	短期影响
7	工程风险因素	实施运行	水体污染	长期影响
8	工程风险因素	实施运行	公共安全	长期影响

第5章 基础设施类事项社会稳定风险评估——以中俄索道工程为例

续表

序号	风险类型	发生阶段	风险因素	备注
9	工程风险因素	实施	质量安全	长期影响
10	与社会互适性风险因素	实施	生产经营与劳动就业	长期影响
11	与社会互适性风险因素	实施运行	交通出行	短期影响
12	与社会互适性风险因素	决策准备实施运行	社会舆论	长期影响
13	其他	决策准备实施运行	不可预见社会稳定风险	长期影响

评估认为，俄方政策、补偿标准、水体污染、生产经营与劳动就业、社会舆论等5个风险因素是拟建项目的关键性风险因素。

5.2.2.2 风险估计评估

（1）对《风险分析报告》中风险估计的评估。

1）风险估计方法的适用性：评估认为，《风险分析报告》中采用的风险估计方法基本正确，基本适用于拟建项目的社会稳定风险分析。

2）风险估计内容的完备性：评估认为，《风险分析报告》中风险估计内容较完备，风险估计基本符合"关于印发《重大固定资产投资项目社会稳定风险分析篇章和评估报告编制大纲（试行）》的通知"（发改办投资〔2013〕428号）要求。

3）风险估计的客观性：评估认为，《风险分析报告》中预测估计的部分单因素风险风险程度偏高。

（2）社会稳定单因素风险分析和估计。

1）俄方政策风险因素分析和风险程度估计。

①风险性质特征。拟建项目是否符合俄方政策、总体规划、专业规划、行业准入的要求，是否符合俄方地区规划和发展状况，是否符合俄方大多数人的利益。

②风险未来变化趋势及可能造成的影响后果分析。俄方政策阻碍建索道的原因依然存在，阻碍建索道原因很多，但是根本的原因还在于高层，国家的意志任何人都无法撼动，尤其是俄罗斯普京四次入主克里姆林宫，阻碍建桥的根本原因不是资金，更不是技术，而是心态因素，个别俄高层和一些专家对华有戒备心理，现在建最好，但缓建或者拖着不建这个风险依然存在；

俄罗斯目前经济形势恶化，自乌克兰危机以来，俄罗斯经济形势不断恶化，尤其 2016 年伊始，国家石油价格突破 30 美元，俄罗斯经济雪上加霜，在这种情况下，俄罗斯经济捉襟见肘，是否有能力和有意愿建设跨境界桥，不确定性依然存在；中俄贸易额下滑对建桥不利，2015 年中俄贸易大幅度下滑，黑龙江省对俄贸易前 2015 年三季度下滑 51%，下降幅度超过 2009 年世界金融危机时期，长期困扰中俄经贸合作的问题一直得不到解决，黑龙江省对俄贸易额偏低，如果我省对俄贸易得不到根本的改善，通关客流量继续低迷，将可能影响索道的建设和未来的使用；中俄目前缺少大项目合作支撑，除了能源项目之外，中俄大项目合作不多，黑龙江省对俄合作 20 多年，大项目合作取得了很大的成绩，但还需加大投资力度，还要增加国企和央企的投资，改善贸易主体的结构。

因此，拟建项目存在俄方政策变化风险。

③风险程度估计。经定性分析风险因素的性质特征、未来变化趋势及对社会稳定可能造成的影响后果，并参考专家对主要单因素风险的风险概率、影响程度、风险程度的定量预测结果，确定拟建项目俄方政策风险因素的概率中等，影响程度较大，风险程度较大。

2）立项审批程序风险因素分析和风险程度估计。

①风险性质特征。拟建项目前期审批环节决策权限、范围、内容合法性、立项程序是否符合相关要求。

②风险未来变化趋势及可能造成的影响后果分析。项目决策权限、范围、内容合法性、立项程序基本符合相关要求。

项目单位正在组织及配合相关部门开展并履行通航安全影响评价、防洪评价、水土保持方案、文物调查勘探等支持性文件的批复前工作，至今尚未取得相关批复文件。

③风险程度估计。经定性分析风险因素的性质特征、未来变化趋势及对社会稳定可能造成的影响后果，并参考专家对主要单因素风险的风险概率、影响程度、风险程度的定量预测结果，确定拟建项目立项审批程序风险因素的概率较低，影响程度较小，风险程度较小。

3）征地拆迁补偿标准、征用范围、安置方案、资金到位风险因素分析和风险程度估计。

第5章　基础设施类事项社会稳定风险评估——以中俄索道工程为例

①风险性质特征。拟建项目征地拆迁补偿标准、征用范围、安置方案、资金到位情况是否合理，是否兼顾了群众的现实利益和长远利益，是否会导致发生集体上访事件，是否会发生恶性事件，是否会引起社会的不安定、不和谐。

②风险未来变化趋势及可能造成的影响后果分析。符合《黑龙江省土地利用总体规划（2006—2020年）》，符合国家产业政策和供地政策，用地标准和总规模符合有关规定。征地拆迁范围划定基本合理、可行。

该项目拟按《黑龙江省征地区片综合地价实施办法》（黑政发〔2014〕34号）和《黑河市人民政府关于调整征地区片综合地价的批复》（黑市政发〔2015〕56号）补偿标准进行补偿，按评估价格进行房屋拆迁补偿。部分地方政府、基层组织及农民反映补偿标准偏低。

存在补偿方案与补偿程序制定，养老、医疗保障方案、就业培训计划落实的风险。征地拆迁安置方案能否满足群众诉求风险。农民普遍要求补偿安置方案应公开、公平、公正、合理，如不能做到，存在一定的社会稳定风险。

补偿安置资金涉及人员广、程序多、管理难度大，可能滋生腐败、挪用、发放滞后等风险，项目处于准备期，补偿安置资金管理制度尚未建立，增大风险发生概率。部分基层组织及农民反映类似项目存在施工补偿资金迟迟不能发放到位问题。

③风险程度估计。经定性分析风险因素的性质特征、未来变化趋势及对社会稳定可能造成的影响后果，并参考专家对主要单因素风险的风险概率、影响程度、风险程度的定量预测结果，确定拟建项目征地拆迁征用范围风险因素发生的概率中等，影响程度中等，风险程度一般；补偿标准风险因素发生的概率较高，影响程度中等，风险程度较大；补偿安置方案风险因素发生的概率中等，影响程度中等，风险程度一般；资金到位风险因素发生的概率中等，影响程度中等，风险程度一般。

4）环境影响风险因素分析和风险程度估计。

①风险性质特征。拟建项目施工及运营期的环境是否能达到国家规定标准，是否会产生扰民现象，是否会产生集体上访事件。

②风险未来变化趋势及可能造成的影响后果分析。拟建项目不利影响主

要是工程施工对生态环境的影响及运营期可能发生的环境风险，只要采取相应的预防措施后，各类污染物均可达标排放，可使各种不利影响得到较大程度上的减免。项目对环境的负面影响是拟建索道跨越黑龙江，施工期正常排放产生水体污染的风险；施工期事故排放产生水体污染的风险；施工期废水排放产生水体污染的风险；索道工程运营后存在发生事故的可能，可能直接对黑龙江水生生态环境、居民健康、生命安全构成严重威胁。上述风险一旦发生无法及时预警或解决，引发上访或伴生出社会矛盾的风险，且黑龙江为界河，处置不当可能影响中俄两国关系。

③风险程度估计。经定性分析风险因素的性质特征、未来变化趋势及对社会稳定可能造成的影响后果，并参考专家对主要单因素风险的风险概率、影响程度、风险程度的定量预测结果，确定拟建项目环境影响风险因素发生的概率中等，影响程度较大，风险程度较大。

5）公共安全风险因素分析和风险程度估计。

①风险性质特征。主要评估拟建项目的安全保障措施、环保措施是否成熟，是否有具体翔实的方案、预案和完善的配套措施。

②风险未来变化趋势及可能造成的影响后果分析。存在运营期发生公共安全事故的风险，事故如造成伤亡，还将造成百姓的不满，引发媒体关注，甚至引发中俄两国矛盾，造成国际影响。

③风险程度估计。经定性分析风险因素的性质特征、未来变化趋势及对社会稳定可能造成的影响后果，并参考专家对主要单因素风险的风险概率、影响程度、风险程度的定量预测结果，确定拟建项目公共安全风险因素发生的概率中等，影响程度较大，风险程度较大。

6）质量安全风险因素分析和风险程度估计。

①风险性质特征。拟建项目建设过程中的工程质量管理是否到位是否存在引发质量安全事故的隐患，质量保证体系、施工技术是否成熟，是否有具体翔实的方案和完善的配套措施。

②风险未来变化趋势及可能造成的影响后果分析。拟建项目在建设阶段采取基坑开挖、降水、打桩作业或强震动等施工方式进行工程施工过程中可能引起附近建筑物沉降、倾斜、变形、裂缝、渗漏、倒塌、影响工农业用水及居民饮用水安全，易形成社会不稳定因素。拟建项目施工工程事故风险相

对较大，若施工控制不当，易发生大的安全和质量事故，甚至引起人员伤亡或财产损失等事故。施工方案必须经过充分论证，根据施工现场周边建筑，以及供水、供电、供热、供气、通信等地下管线设施情况，编制合理的施工方案。施工期间采取有针对性的施工方案并严格执行行业有关规范，可在一定程度上避免工程风险的发生。

项目建设期和建成后如不建立管理制度加强管理，则其相应的社会稳定风险将不能得以减少、降低和消除。

③风险程度估计。经定性分析风险因素的性质特征、未来变化趋势及对社会稳定可能造成的影响后果，并参考专家对主要单因素风险的风险概率、影响程度、风险程度的定量预测结果，确定拟建项目质量安全风险因素发生的概率中等，影响程度中等，风险程度一般。

7）生产经营与劳动就业风险因素分析和风险程度估计。

①风险性质特征。是否会因项目实施导致生活经营场所或其他必要条件如水电气供应中断等导致无法正常运转，需要关停、迁址，以及就业岗位减少等。

②风险未来变化趋势及可能造成的影响后果分析。项目建设关乎界江航运业的未来走向，关乎某港口等航运企业生产经营和职工的劳动就业问题。相关政府部门如不制定妥善的解决办法，可能产生社会稳定风险。

③风险程度估计。经定性分析风险因素的性质特征、未来变化趋势及对社会稳定可能造成的影响后果，并参考专家对主要单因素风险的风险概率、影响程度、风险程度的定量预测结果，确定拟建项目生产经营与劳动就业风险因素发生的概率较高，影响程度中等，风险程度较大。

8）交通出行风险因素分析和风险程度估计。

①风险性质特征。拟建项目实施项目建设是否会对水、电、通信、公路、铁路等基础设施产生干扰，是否影响群众正常生产、生活出行，是否能得到大多数群众的支持和认可。

②风险未来变化趋势及可能造成的影响后果分析。施工期间，增加当地道路的交通流量，对交通影响较大。

③风险程度估计。经定性分析风险因素的性质特征、未来变化趋势及对

社会稳定可能造成的影响后果，并参考专家对主要单因素风险的风险概率、影响程度、风险程度的定量预测结果，确定拟建项目交通出行风险因素发生的概率中等，影响程度中等，风险程度一般。

9）社会舆论风险因素分析和风险程度估计。

①风险性质特征：项目建设是否会带来负面社会舆论，是否被社会各界包容，是否超越地方政府财力和承受能力，是否被人民群众所接受。

②风险未来变化趋势及可能造成的影响后果分析：项目建设基本被社会各界包容，不超出地方政府财力和承受能力，基本被人民群众所接受。

但项目申报时间长，已引发部分媒体和网络舆论质疑。类似项目中俄同江—下列宁斯阔耶铁路界河桥工程于 2014 年 2 月 26 日开工奠基后至今，中方已完成 70%工程量，联检设施中方已完成总造价的 65%，但俄方工程至今尚未动工，也已引发部分媒体和网络舆论质疑。

③风险程度估计：经定性分析风险因素的性质特征、未来变化趋势及对社会稳定可能造成的影响后果，并参考专家对主要单因素风险的风险概率、影响程度、风险程度的定量预测结果，确定拟建项目社会舆论风险因素发生的概率较高，影响程度中等，风险程度较大。

10）不可预见社会稳定风险因素分析和风险程度估计。

①风险性质特征：拟建项目是否存在不可预见社会稳定风险。

②风险未来变化趋势及可能造成的影响后果分析：经济高速增长的背后隐藏着种种复杂多变的不可预见社会稳定风险，可能形成新的"灾害链"聚集效应和放大效应，诱发和放大为社会危机。

③风险程度估计：经定性分析风险因素的性质特征、未来变化趋势及对社会稳定可能造成的影响后果，并参考专家对主要单因素风险的风险概率、影响程度、风险程度的定量预测结果，确定拟建项目不可预见社会稳定风险因素发生的概率很低，影响程度较大，风险程度较小。

（3）主要风险因素及其风险程度汇总。根据上述对识别出的主要单因素风险的风险概率、影响程度、风险程度的定性分析、定量计算，将单因素风险风险程度进行了汇总，见表 5-4。

第5章 基础设施类事项社会稳定风险评估——以中俄索道工程为例

表5-4 经评估的主要单因素风险及其风险程度汇总表

序号	风险因素（W）	风险概率（p）	影响程度（q）	风险程度（$R=p \times q$）
1	俄方政策	中等	较大	较大
2	立项审批程序	较低	较小	较小
3	征用范围	中等	中等	一般
4	补偿标准	较高	中等	较大
5	安置方案	中等	中等	一般
6	资金到位	中等	中等	一般
7	水体污染	中等	较大	较大
8	公共安全	中等	较大	较大
9	质量安全	中等	中等	一般
10	生产经营与劳动就业	较高	中等	较大
11	交通出行	中等	中等	一般
12	社会舆论	较高	中等	较大
13	不可预见社会稳定风险	很低	较大	较小

5.2.3 风险防范和化解措施的评估

5.2.3.1 对《风险分析报告》中提出的风险防范和化解措施的评估

（1）风险防范和化解措施的合法性。评估认为，《风险分析报告》中提出的风险防范、化解措施基本符合现行的相关政策和法规。

（2）风险防范和化解措施的完整性。评估认为，《风险分析报告》中提出的风险防范、化解措施基本完整。建议对《风险分析报告》提出的风险防范、化解措施进一步补充完善。

（3）风险防范和化解措施的可行性。评估认为，《风险分析报告》中提出的措施与项目特点基本相符。对提出的风险防范、化解措施应进一步明确责任主体、职责分工及时间进度安排。

5.2.3.2　经补充、优化和完善后的风险防范和化解措施

评估认为，拟建项目建设规模大、时间跨度大、社会稳定牵涉点较多，在工程建设过程中，要坚持社会稳定问题全过程动态管理，及时发现问题，采取措施。为保护人民群众利益，规范项目建设、确保项目顺利实施及运营，需对可能出现的社会稳定风险源进行有效的防范和化解，对可能存在的问题制定相关的防范解决措施，维护社会稳定。

评估建议，拟建项目所在地黑河市（地区、县）委、市（区、县）政府制定拟建项目征地拆迁及生产经营与劳动就业问题维稳等工作应急预案，确定组织机构，部署相关工作。按照地方政府的部署，项目单位组建维稳工作组织机构，建立项目单位和地方政府的联动机制，制定突发事件处置应急预案。

评估认为，通过上述工作，拟建项目社会稳定风险可以得到进一步控制，相关风险防范、化解措施将进一步完善并得到落实。

结合风险识别和风险估计的评估结论，对《风险分析报告》中提出的风险防范、化解措施进行了补充、优化和完善，进一步明确责任主体等内容，编制评估后的风险防范、化解措施汇总表见表5-5。

5.2.4　落实措施后的风险等级确定

（1）对《风险分析报告》中风险等级判断的评估。

1)《风险分析报告》中采取措施后各风险因素变化的分析基本得当，但定量评分不尽合理。

2)《风险分析报告》中采用的风险等级评判方法、评判标准的选择运用较恰当，但评判为中风险的结果偏高。

（2）落实措施后拟建项目各单因素风险变化的趋势和结果。结合补充的单因素风险，以及上述评估论证的结果，预测在落实措施后各主要风险因素变化的趋势和结果见表5-6。

第5章 基础设施类事项社会稳定风险评估——以中俄索道工程为例

表5-5 评估后的风险防范、化解措施汇总表

序号	风险发生阶段	风险因素	主要防范、化解措施	实施时间和要求	责任主体	协助单位
1	决策	俄方政策	落实两国元首会晤期间见证签署的《关于在中俄边境黑河市（中国）与布拉戈维申斯克市（俄罗斯）之间建设、使用、管理和维护跨黑龙江（阿穆尔河）索道的协定》（2015年9月3日）。在《中华人民共和国与俄罗斯联邦关于全面战略协作伙伴关系新阶段的联合声明》《中华人民共和国与俄罗斯联邦关于丝绸之路经济带建设和欧亚经济联盟建设对接合作的联合声明》框架下研究交通基础设施合作项目。进一步发挥中俄投资合作委员会重要平台作用，改善两国投资环境，积极推进合作领域，加强对外贸易投资政策交流，提高政府审批效率。加快推进落实在能源和资源开发、生产加工、装备制造、基础设施建设等领域的重大投资项目，利用双方互补优势，促进产能合作，持续提升两国投资合作的规模和水平	项目实施前	国务院、交通运输部、黑龙江省人民政府、省交通运输厅	项目单位
2	决策	立项审批程序	该项目通航安全影响评价、防洪评价、水土保持方案、文物调查勘探尚未得到有关部门支持性文件，项目单位应配合交通运输部、水利部松辽委、黑龙江省文化厅尽快完成审批工作，并应严格按立项审批程序进行前期工作，方可组织开展招投标及进行施工	项目实施前	交通运输部、省水利松辽委、省文化厅、项目单位	相关编制单位
3	决策准备实施	征用范围	对部分土地征用后剩余土地无法耕种或耕种不便现象，进一步详细勘察，合法合规确定占地范围；调查全过程要求地方各级人民政府及相关部门参与，做到公开透明，强化调查过程中的农民参与；严格执行相关规定，并应满足农民耕种的合理诉求或按规定加以补偿；加强调查人员培训，减少人为错误。对"少征多占"问题项目单位应加强监管	启动征地前	项目单位	乡镇人民政府及其有关部门、设计单位

续表

序号	风险发生阶段	风险因素	主要防范、化解措施	实施时间和要求	责任主体	协助单位
4	决策准备实施	补偿标准	为有效化解矛盾，降低社会稳定风险，按照国家和省有关规定，拟建项目征占地的补偿标准应启动征占地阶段的国家和省有关规定执行，并应保证征占地拆迁不降低被征地农民原有生活水平。拆迁房屋应按有关地方拆迁管理办法及市场评估进行赔偿。加大宣传力度，做好与农民代表群众理解和支持，妥善对待上访户和处理上访事件。加强领导，指派专人做好政策宣传解释及沟通工作。	启动征占地拆迁前	市、区、县及乡镇人民政府及其有关部门	项目单位
5	实施	安置方案	执行国家相关文件中有关补偿、安置规定。要根据国家和省有关法律、法规及规定，认真做好征占地补偿安置工作的前期工作，合理、足额确定补偿安置资金，并将其纳入工程项目投资中，合理确定被征地农民安置途径、明确就业、住房、社会保障等措施，保证被征地农民原有生活水平不降低，长远生计有保障，切实维护被征地农民的合法权益。对失地农民谋生手段，吸取经验教训，提高劳动技能水平，要落实培训计划，增强其谋生手段。吸取经验教训，建立完善的资金管理办法，严防安置资金被截留、挤占挪用或不及时发放，成立专门的资金安置管理部门	启动征占地拆迁前	市、区、县及乡镇人民政府及其有关部门项目单位	设计单位
6	实施	资金到位	按照征占地补偿、安置和工程建设需要，制定资金落实计划，按时保证补偿资金、收取征占地补偿资金足额落实并发放到位，确定工程建设顺利进行	项目实施全过程	沿线市、区、县及乡镇人民政府及其有关部门项目单位	项目单位

第5章 基础设施类事项社会稳定风险评估——以中俄索道工程为例

续表

序号	风险发生阶段	风险因素	主要防范、化解措施	实施时间和要求	责任主体	协助单位
7	实施运行	水体污染	项目建设中各类施工活动要严格落实批复的环境影响评价报告和环评批复中提出的各项防治措施，做好对水体污染的防护工作	施工期和运营期	项目单位、施工单位、运营单位	沿线市、区、县及乡镇人民政府及其环保等有关部门，设计、施工单位
8	实施运行	公共安全	严格落实批复的环境影响评价报告和环评批复中提出的防治措施，做好对水体污染的防护工作，防止出现运营事故。密切配合，做好事故控制准备工作。应对预案，将事故影响降至最低。各有关单位及安全监管部门应严格履行监管职责，一旦发生事故，应立即启动事故应急预案。加强外部联系，积极与地方环保部门、公安部门、消防、医疗、社会安全保卫部门紧密结合，保障运行安全，并与地方医疗、社会保障系统为依托，建立健全应急保障系统。健全应急制度，加大监管部门执行力度	施工期和运营期	项目单位、设计单位、施工单位、运营单位	沿线市、区、县及乡镇村屯人民政府及安全监管等等有关部门
9	实施运行	质量安全	按相关规范进行设计和施工，严格保证施工质量，以不产生不良影响施工和利组织验收，全力抓好安全环保工作，避免质量安全事故发生，全面加强安全监管，突出现场监管，强化工序控制，制定详细的控制点和检查频次，对发现的质量安全问题实行闭环管理，实现风险的超前防范	施工期和运营期	项目单位、施工单位	设计、监理单位

续表

序号	风险发生阶段	风险因素	主要防范、化解措施	实施时间和要求	责任主体	协助单位
10	实施	生产经营与劳动就业	有关政府及主管部门应科学合理制定生产经营与劳动就业影响企业和人员的安置办法,落实安置工作。建议: 1.科学合理定位某港口及区域航运企业发展方向,实现公、铁、水三种运式互补,互促。 2.促进国有航运企业转型发展,分流人员,弥补水运损失。 3.特许水运企业转型陆路运输,安置企业职工,从根本上保持社会稳定	运营期	黑龙江省人民政府省交通运输厅、黑河市人民政府	项目单位
11	实施运行	交通出行	做好施工期间道路交通流量引导工作,加强管理,减少扰民,对交通运输要应及时给予恢复原状。对临时占地影响农民耕种利出行问题应负责给予平等或给予适当补偿	施工期和运营期	项目单位、施工单位	设计、监理单位
12	决策准备实施运行	社会舆论	对舆论宣传采取的方式、尺度等进一步分析,提出防范风险措施。同时政府要加强与公众的沟通交流和宣传解释工作,做好公众心理疏导工作,并引导媒体发表正确舆论	施工期和运营期	项目单位	沿线市、区、县及乡镇政府、村也人民政府及基层组织
13	决策准备实施运行	不可预见社会稳定风险	对于不可预见的社会稳定风险,有关单位要指定机构和人员,掌握相关信息,及时发现和解决苗头性和倾向性问题,防止苗头性问题演变成趋势性风险,化解相关问题,切实做好维护社会稳定工作	项目实施运行全过程	沿线市、区、县及乡镇人民政府及其有关部门	项目单位

第5章 基础设施类事项社会稳定风险评估——以中俄索道工程为例

表5-6 落实措施前后各风险因素变化对比表

序号	风险因素（W）	风险概率（p）		影响程度（q）		风险程度（R=p×q）	
		前	后	前	后	前	后
1	俄方政策	中等	中等	较大	较大	较大	较大
2	立项审批程序	较低	较低	较小	较小	较小	较小
3	征用范围	中等	较低	中等	较小	一般	较小
4	补偿标准	较高	一般	中等	中等	较大	一般
5	安置方案	中等	较低	中等	较小	一般	较小
6	资金到位	中等	较低	中等	较小	一般	较小
7	水体污染	中等	较低	较大	中等	较大	一般
8	公共安全	中等	较低	较大	较小	较大	较小
9	质量安全	中等	较低	中等	较小	一般	较小
10	生产经营与劳动就业	较高	一般	中等	中等	较大	一般
11	交通出行	中等	较低	中等	较小	一般	较小
12	社会舆论	较高	一般	中等	中等	较大	一般
13	不可预见社会稳定风险	很低	很低	较大	较大	较小	较小

（3）落实措施后拟建项目综合风险指数计算。在进行单因素风险估计的基础上，运用专家评分统计法等适当的方法确定各单因素风险在拟建项目整体风险中的权重和风险程度值，采用综合风险指数法定量计算项目综合风险指数。拟建项目综合风险指数计算结果见表5-7。

表5-7 拟建项目综合风险指数计算表

风险因素（W）	权重（I）	风险程度（R=p×q）					风险指数（T=I×R）
		微小	较小	一般	较大	重大	
		0.04	0.16	0.36	0.64	1.00	
俄方政策	0.20				0.64		0.128
立项审批程序	0.05		0.16				0.008
征用范围	0.05		0.16				0.008
补偿标准	0.10			0.36			0.036

续表

风险因素(W)	权重(I)	风险程度（$R=p\times q$）					风险指数（$T=I\times R$）
		微小	较小	一般	较大	重大	
安置方案	0.10		0.16				0.016
资金到位	0.05		0.16				0.008
水体污染	0.05			0.36			0.018
公共安全	0.05		0.16				0.008
质量安全	0.05		0.16				0.008
生产经营与劳动就业	0.15			0.36			0.054
交通出行	0.05		0.16				0.008
社会舆论	0.05			0.36			0.018
不可预见社会稳定风险	0.05		0.16				0.008
	1.00						0.3260

注：风险因素权重做归一化处理。

（4）落实措施后拟建项目预期风险等级判断。落实措施后拟建项目预期综合风险指数为 0.326<0.36，存在 1 个较大单因素风险（俄方政策）、4 个一般单因素风险（补偿标准、水体污染、生产经营与劳动就业、社会舆论），本次评估采用面向特定对象征求意见的方式，征求意见结果，项目建设支持率100%，通过风险估计计算结果与综合风险指数评判标准的对比，确定落实措施后拟建项目预期的风险等级为低风险等级，表明项目实施过程中多数群众表示理解支持，但少部分群众对项目建设有意见，通过有效工作可进一步防范和化解矛盾。根据国家有关文件要求，项目存在低风险，但有可靠防控措施的，可以进行审批、核准，但应完善应急处置预案。

5.3 评估结论

5.3.1 拟建项目存在的主要风险因素

拟建项目存在的 13 个主要风险因素为：俄方政策、立项审批程序、征用范围、补偿标准、安置方案、资金到位、水体污染、公共安全、质量安全、

第5章 基础设施类事项社会稳定风险评估——以中俄索道工程为例

生产经营与劳动就业、交通出行、社会舆论、不可预见社会稳定风险因素。其中，俄方政策、补偿标准、水体污染、生产经营与劳动就业、社会舆论5个风险因素是拟建项目的关键性风险因素，而俄方政策变化、水体污染将对社会舆论产生影响，技术经济方案会对拟建项目征用范围、公共安全、质量安全、交通出行产生较大影响，质量安全风险会对拟建项目的水体污染环境风险产生较大影响是拟建项目的特点。

5.3.2 拟建项目合法性、合理性、可行性、可控性评估结论

（1）合法性。拟建项目的建设实施符合现行相关法律、法规、规范以及国家相关政策；符合国家与地区国民经济和社会发展规划、产业政策等；拟建项目相关审批部门具有相应的项目审批权及在权限范围内进行审批；决策程序符合国家法律、法规、规章等相关规定。

（2）合理性。拟建项目的实施符合科学发展观要求，符合经济社会发展规律，符合社会公共利益、人民群众的现实利益和长远利益，基本兼顾了不同利益群体的诉求，不会引发地区、行业、群体之间的相互盲目攀比；各级政府和项目单位承诺依法给予相关群众补偿和其他救济，拟采取的措施和手段必要、适当，基本可以维护相关群众的合法权益。

（3）可行性。拟建项目的建设时机和条件基本成熟，有具体翔实的方案和较完善的配套措施；拟建项目实施与本地区经济社会发展水平相适应，不会超越多数群众的承受能力，能得到多数群众的支持和认可。

（4）可控性。拟建项目采取防范措施后，建设实施存在一定公共安全隐患，但社会稳定风险防范措施执行到位后不会引发群体性事件、集体上访，不会引发社会负面舆论、恶意炒作以及其他影响社会稳定的问题；拟建项目可能引发的社会稳定风险基本可控；对可能出现的社会稳定风险有相应的防范、化解措施，措施基本可行、有效；宣传解释和舆论引导措施比较充分。

5.3.3 拟建项目的风险等级

经评估，拟建项目社会稳定风险等级综合评定为低风险。

在项目建设实施过程中多数群众理解支持，但少部分人可能对项目的建设有意见，可通过有效工作进行防范和化解矛盾，采取必要的防范措施减少

或者避免这些社会稳定风险的发生。在严格落实相应的宣传解释、风险防范及化解措施后，项目的社会稳定风险将会得到有效控制和降低，不会影响到项目的建设实施。

社会稳定问题的发生和发展具有很大的不确定性，在项目实施过程中，如果有关防范措施落后于项目建设或没有按相应防范措施的要求实施，则发生社会不稳定风险的可能性会较大，反之会较低。社会稳定问题的处理也是影响社会稳定风险发生的数量和程度因素之一，处理得当，可以有效避免再次发生及事态扩大。项目建设的决策者、建设者和管理者都要充分认识其中的风险，高度重视，采取有力的防范措施降低社会风险，使拟建项目的建设产生更大的经济和社会效益。

项目仍存在许多不确定因素。社会稳定风险评估结论和防范措施是在依据现有资料和深度的基础上进行的分析论证。随着设计工作的深入，工程方案等其他因素的变化，可能会出现新的社会稳定风险因素，进而影响到评估结论。在项目的设计、建设及运营过程中需对社会稳定风险进行全程动态跟踪，及时发现新的社会稳定风险隐患，调整完善相应的防范措施和应急预案，更好地维护社会稳定，促进社会和谐发展。

5.3.4 拟建项目的主要风险防范、化解措施

（1）俄方政策风险防范、化解措施。落实两国元首会晤期间见证签署的《关于在中俄边境黑河市（中国）与布拉戈维申斯克市（俄罗斯）之间建设、使用、管理和维护跨黑龙江（阿穆尔河）索道的协定》（2015年9月3日）。在《中华人民共和国与俄罗斯联邦关于全面战略协作伙伴关系新阶段的联合声明》、《中华人民共和国与俄罗斯联邦关于丝绸之路经济带建设和欧亚经济联盟建设对接合作的联合声明》框架下研究交通基础设施和物流合作项目。进一步发挥中俄投资合作委员会重要平台作用，改善两国投资环境，积极拓展合作领域，加强对外贸易政策交流，提高政府审批效率。加快推进和落实在能源和资源开发、生产加工、装备制造、基础设施建设等领域的重大投资项目，利用双方互补优势，促进产能合作，持续提升两国投资合作的规模和水平。

努力提升中俄两国贸易额和黑龙江省对俄阿穆尔州进出关量，研究调整

第5章 基础设施类事项社会稳定风险评估——以中俄索道工程为例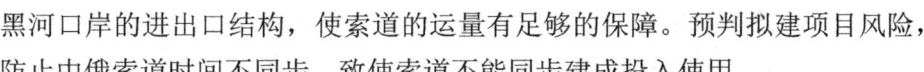

黑河口岸的进出口结构，使索道的运量有足够的保障。预判拟建项目风险，防止中俄索道时间不同步，致使索道不能同步建成投入使用。

（2）立项审批程序风险防范、化解措施。该项目通航安全影响评价、防洪评价、水土保持方案、文物调查勘探尚未得到有关部门支持性文件，项目单位应配合交通运输部、水利部与松辽委、黑龙江省文化厅尽快完成支持性文件的审批工作，并应严格按立项审批程序开展前期工作，方可组织开展工程招投标及进行施工。

（3）征用范围、补偿标准、补偿安置方案、资金到位风险防范、化解措施。在征地过程中会发生部分土地征用后剩余土地无法耕种或耕种不便现象，建议深入开展对工程占地的详细调查工作，合法合规确定占地范围；在调查全过程中应要求地方各级人民政府及相关部门参与，做到公开透明，并应扩大被征地农民的参与度；严格执行相关规范，并应满足农民耕种的合理诉求或按规定加以补偿；加强调查人员培训，减少人为错误。对少征多占问题项目单位应加强监管。

为有效化解矛盾，降低社会稳定风险，按照国家和省有关法律、政策及规定，拟建项目征占地的补偿标准按照启动征占地阶段的国家和省有关规定执行，并应保证不降低被征地农民原有生活水平。拆迁房屋应按有关地方拆迁管理办法及市场评估价格进行赔偿。加大宣传力度，做好与农民代表的沟通工作，争取群众理解和支持，妥善对待上访户和处理上访事件。加强领导，指派专人做好政策宣传解释及沟通工作。

执行国家相关文件中有关补偿、安置规定。要根据国家和省有关法律、法规及规定，认真做好征地补偿安置的前期工作，合理、足额确定补偿安置资金，并将其纳入工程项目投资中，合理确定被征地农民安置途径，明确就业、住房、社会保障等措施，保证被征地农民原有生活水平不降低，长远生计有保障，切实维护被征地农民的合法权益。失地农民生产、生活恢复方面，要落实培训计划，对失地农民提供技能培训，提高劳动技能水平，落实培训资金，增强其谋生手段。吸取经验教训，建立完善的资金管理办法，严防安置资金被截留、挤占挪用或不及时发放；成立专门补偿安置管理部门。

按照征占地补偿、安置和工程建设需要，制定资金落实计划，及时收取补偿资金，按时保证资金足额落实并发放到位，确保工程建设顺利进行。

（4）环境影响风险防范、化解措施。项目建设中各类施工活动要严格落实批复的环境影响评价报告和环评批复中提出的各项防治措施，做好对水体污染的防护工作。一旦发生环境污染事故，应采取有效的防污染措施，切断污染源泄漏对地下水和土壤的影响。

（5）公共安全风险防范、化解措施。严格落实批复的环境影响评价报告和环评批复中提出的各项防治措施，做好对水体污染的防护工作。

做好运营期间的设备维护保养工作，防止出现运营事故。

密切配合，做好事故控制准备工作，一旦发生事故，应立即启动事故应急预案，将事故影响降至最低。各有关单位及安全监管部门应严格履行监管职责。应加强外部联系，积极与地方环保部门、公安部门和安全保卫部门紧密结合，保障运行安全；并以地方医疗、消防、社会保障系统为依托，建立健全应急保障系统。加强养护和日常管理，建立健全应急制度，加大监管部门执行力度。

（6）质量安全。按相关规范进行设计和施工，严格保证施工质量，以不对农民生产生活产生不良影响为标准进行施工和组织验收。各单位加强施工质量问题，避免质量安全事故发生，全力抓好安全环保工作，提高管道安全高效运行水平。全面加强安全环保基础工作，深入实施质量管理，提升整体水平。突出现场监管，强化工序控制，制定详细的控制点和检查频次，对发现的质量安全问题实行闭环管理，实现风险的超前防范。

（7）生产经营与劳动就业风险防范、化解措施。有关政府及主管部门应科学合理制定生产经营与劳动就业受影响企业和人员的安置办法，落实安置工作。建议：科学合理定位某港口及区域航运企业发展方向，实现公、铁、水三种运式互补、互促；促进国有航运企业转型发展，分流人员，弥补水运损失；特许水运企业转型陆路运输，安置企业职工，从根本上保持社会稳定。

（8）交通出行风险防范、化解措施。提高工程设计质量，保证项目施工及运营后交通出行方便。做好施工期间道路交通流量引导工作，加强管理，减少扰民，对交通运输产生破坏的农村道路应及时恢复原状。对临时占地影响农民耕种和出行问题应负责平整或给予适当补偿。

（9）社会舆论风险防范、化解措施。对舆论宣传的方式、尺度等进一步分析，提出防范风险措施。同时政府要加强与公众的沟通交流和宣传解释工作，做好公众心理疏导工作，并引导媒体发表正确舆论。

（10）不可预见性问题社会稳定风险防范措施。针对不可预见性问题，相关单位在日常工作中，除与当地群众多沟通交流外，还应注重与当地政府有关部门进行沟通交流并互通情况，以便及时分析和预测可能出现的问题，及时采取预防及防范措施；注重观察和发现细微矛盾出现的苗头，及时采取相应措施加以解决，预防矛盾的积累和集中爆发。同时在地方政府的领导下，根据有关规定和要求，组建专门机构，并配备相应人员，处理相关事务，化解相关风险，切实做好维护社会稳定。

（11）动态跟踪及时反馈。在项目实施及运营过程中对社会稳定风险全程跟踪，动态监测和评价，不断改进完善和落实风险控制措施。同时采取必要的形式，不间断地收集社会公众（利益相关群体）的意见，及时发现新的社会稳定风险隐患，协调相关部门化解实施过程中遇到的矛盾和问题，调整完善防范措施和应急预案。防止因风处理不当而引起的事件范围扩大、影响程度恶化、连带风险发生等风险升级，将风险控制在苗头阶段，做好项目社会稳定风险的全程动态跟踪、及时反馈。

5.3.5　社会稳定风险应急预案

社会稳定风险应急预案在此不再详述。

5.3.6　建议

（1）关于国外风险。鉴于拟建项目为中俄国际合作项目，俄方政策变化导致索道缓建的风险依然存在。项目单位更应关注国外风险，加强与外事部门联系，做好风险预判和防范化解工作，并应加强与俄方磋商，防止中俄双方索道建设不同步情况发生。

（2）关于国内风险。配合有关部门尽快完成通航安全影响评价、防洪评价、水土保持方案、文物调查勘探等支持性文件的审批工作，方可组织开展招投标及进行施工。在征用土地、房屋、电力及通信设施拆迁工作中应严格执行国家、省及地方政府的最新相关法律、法规和政策，加强对与征地、拆迁补偿相关的法律、法规及政策的宣传工作，增加补偿款支付的监督及透明度，使补偿款及时到位，对被征收房屋价值的补偿不得低于房屋征收决定公告之日被征收房屋类似房地产的市场价格，补偿安置方案应本着不降低被征地农民和被拆迁居民原有生活水平为原则。项目单位应加强外部联系，积极与地方政府国土、房屋征收紧密结合，保障征地拆迁工作顺利开展，并以地方政府的社会保障系统为依托，建立健全社会保障体系。在设计阶段进一步通过优化设计方案减少征地拆迁工程量，从源头预防和减少风险。对存在的水体污染、交通出行等影响，以及工程设计、施工、管理、运营等问题，项目单位、设计单位、施工单位和运营单位应按照国家现行的有关法律、法规、规章、标准及规范的规定进行优化和强化设计、施工、管理和运营活动；同时应加强与外部的联系，与项目所在地的规划、环保、交通、航务、航道、海事、林业、水务、边防、军分区、电力、通信等部门紧密结合，做好规划衔接、环境监管、交通管理、征林、水土保持、边防、军事设施、电力电讯设施迁改等工作。对存在的公共安全隐患，项目单位、设计单位、施工单位、大桥运营及维抢修单位应按照国家的有关规定完善内部管理制度，并按照国家有关法律、法规、规章、标准、规范的规定强化执行，加强防火防爆工作，同时加强与外部联系的工作，与安监、公安等部门紧密结合，保障索道运行安全，并以地方的医疗、消防、社会保障系统为依托，建立健全应急保障系统。为有效化解矛盾，降低社会稳定风险，拟建项目沿线地方政府、基层政府和基层组织应统一思想，与省人民政府、市人民政府保持步调一致，共同做好与民众的沟通、解释工作。项目沿线的土地征用（包括临时征地）和补偿、青苗补偿、施工管理及存在生产经营与劳动就业风险等问题是拟建项目维稳工作的重点和难点，处理不当易引发群体性事件，建议项目单位设置专门部门，优化设计和施工组织，加强监管工作，并做好某港口等受索道运营影响的企业单位和职工的维稳工作，以防范化解可能发生的群体性事件。项目单位应结合实际情况，配合各级政府的相关部门做好社会舆论宣传工作，营造良好的舆论环境，广泛宣传相关法律、法规，增强群众的法制观念，树立自觉遵纪守法意识，同时要制定有针对性的风险防范措施，落实责任主体，并建立社会稳定动态评估机制，对风险进行跟踪监控，制定风险防范预案，及时排查隐患，确保项目顺利实施，并与地方政府的应急预案协调联动。项目单位与各级政府及相关部门应进一步做好公众参与工作，设置并畅通沟通渠道，及时将项目情况向各级政府、企事业单位和群众进行通报，随时听取和收集公众对拟建项目的意见，充分理解公众对生产、生活条件改变的担心，及时进行沟通和解释，积极妥善地处理好各类公众意见，避免有关纠纷事件的发生。项目单位应尽快落实项目建设资金，严防资金链断裂，并应做好因黑龙江省征地补偿区片价的调整和对项目沿线地方造成影响而增加的补偿资金预留工作。保证风险防范和化解措施的有效落实，以确保项目的顺利建设实施。

（3）落实环境保护设计工作，开展环保工程招标，将环保措施纳入施工承包合同中，开展工程环境监理工作。加强施工期交通通行设计，将保证交通通行相关要求纳入招标及施工承包合同中，施工时严格执行。

参考文献

[1] 何艳玲. "中国式"邻避冲突：基于事件的分析[J]. 开放时代, 2009(12): 102-114.

[2] 黄汇娟. 邻避情结与邻避治理——番禺垃圾焚烧厂设置的个案分析[J]. 广东广播电视大学学报, 2012, 21(2): 99-104.

[3] 陶鹏, 童星. 邻避型群体性事件及其治理[J]. 南京社会科学, 2010(8): 63-68.

[4] 董幼鸿. "邻避冲突"理论及其对邻避型群体性事件治理的启示[J]. 上海行政学院学报, 2013, 14(2): 21-30.

[5] 吴云清, 翟国方, 詹亮亮. 城市邻避空间及其演变轨迹——以南京市殡葬邻避空间为例[J]. 人文地理, 2017, 32(1): 68-72, 122.

[6] 骆丽, 吴云清. 邻避空间与城市空间互动中的公共风险认知——以南京石子岗殡仪馆为例[J]. 江苏城市规划, 2017(10): 17-22.

[7] Vittes M E, Pollock P H, Lilie S A. Factors Contributing to NIMBY Attitudes[J]. Waste Management, 1993(13): 125-129.

[8] O'Hare M. Not on My Back, You Don't: Facility Sitting and the strategic Important of Compensation[J]. Public Policy, 1977, 25(4): 407-458

[9] Arik Levinson. NIMBY taxes matter: the case of state hazardous waste disposal taxes[J]. Journal of Public Economics, 1999, 74(1): 31-51.

[10] Ching-pin Chiu. An experimental comparison of negotiation strategies for siting NIMBY facilities[J]. Environment and Planning, 2009, 36(6): 956-967.

[11] Juliana Maantay. Zoning law, health, and enviromental justice: what's the connection[J]. Jounal of Law, Medicine &Ethics, 2002, 30(4): 572-593.

[12] Robert Futrell. Framing processes, cognitive liberation, and NIMBY protest in the US chemical-weapons disposal conflict[J]. Sociologic-al Inquiry, 2003, 73(3): 359-386.

[13] 郎玫, 包国宪. 博弈视角下政府绩效评价模型选择的理论优化[J]. 西北师大学报(社会科学版), 2012, 49(3): 115-120.

[14] 丁鼎棣. 地方政府政策歧视策略的动态博弈分析[J]. 统计与决策, 2007(8): 60-61.

[15] 王秀丽, 李健. 生态工业链构建中企业和政府间的动态博弈[J]. 统计与决策, 2007(18): 112-114.

[16] 许箫迪. 政府扶持企业自主创新的动态博弈分析[J]. 工业技术经济, 2010, 29(6): 107-110.

[17] 李鹏, 张俊飚, 单海军. 现代农业快速发展背景下的农业生产废弃物管理对策探析——政府与农户的动态博弈[J]. 生态环境学报, 2012, 21(6): 1178-1183.

[18] 王维, 张学鹏, 乔朋华. 战略性新兴产业发展的三阶段动态博弈[J]. 商业经济研究, 2012(23): 128-129.

[19] 张倩, 曲世友. 环境规制下政府与企业环境行为的动态博弈与最优策略研究[J]. 预测, 2013(4): 35-40.

[20] 张汉江, 余华英, 李聪颖. 多回收商闭环供应链上政府再制造补贴的内生化[J]. 数学的实践与认识, 2015, 45(14): 224-230.

[21] 虞文美, 曹强. 基于金融排斥视角的金融扶贫的博弈分析[J]. 统计与决策, 2018(10): 58.

[22] Umehara E . Using Game Theory to Investigate Risk Information Disclosure by Government Agencies and Satisfying the Public : The Role of the Guardian Agent[J]. IEEE Transactions on Systems, Man, and Cybernetics - Part A: Systems and Humans, 2009, 39(2): 321-330.

[23] Lesmono D , Tonkes E , Burrage K . Opportunistic timing and manipulation in Australian Federal Elections[J]. European Journal of Operational Research, 2009, 192(2): 677-691.

[24] Marina Agranov, Andrew Schotter. Language and government coordination: An experimental study of communication in the announcement game[J]. Journal of Public Economics, 2013, 104(1): 26-39.

[25] Ashkan Hafezalkotob. Competition of two green and regular supply chains under environmental protection and revenue seeking policies of government[J]. Computers & Industrial Engineering, 2015, 82(1): 103-114.

[26] Alan Bond, Jenny Pope, Angus Morrison-Saunders, Francois Retief. A game theory perspective on environmental assessment: What games are played and what does this tell us about decision making rationality and legitimacy[J]. Environmental Impact Assessment Review, 2016, 57(1): 187-194.

[27] Atousa Soltani, Rehan Sadiq, Kasun Hewage. Selecting sustainable waste-to-energy tech-

nologies for municipal solid waste treatment: a game theory approach for group decision-making[J]. Journal of Cleaner Production, 2016, 113(1): 388-399.

[28] 朱家林. 公共选择理论下政府决策行为失范的反思[J]. 劳动保障世界, 2018(11): 52.

[29] 徐建中, 吕希琛. 低碳经济下政府、制造企业和消费群体决策行为演化研究[J]. 运筹与管理, 2014, 23(6): 81-91.

[30] 王姝. 经济伦理主体性困境——地方政府决策行为逻辑[J]. 常州大学学报(社会科学版), 2015, 16(3): 7-11.

[31] 李燕凌, 车卉. 突发性动物疫情公共危机中地方政府决策行为分析[J]. 家畜生态学报, 2014, 35(6): 87-90.

[32] 李少华. 博弈视角下政府间的几种决策行为研究[D]. 福州：福州大学, 2016.

[33] Carson D, Wellstead A. Government with a Cast of Dozens: Policy Capacity Risks and Policy Work in the Northern Territory[J]. Australian Journal of Public Administration, 2015, 74(2): 162-175.

[34] Nicolas D Savio, Konstantinos Nikolopoulos. A strategic forecasting framework for governmental decision-making and planning[J]. International Journal of Forecasting, 2013, 29(2): 311-321.

[35] Gregory E Mc Avoy. Partisan probing and democratic decision making rethinking the NIMBY syndrome[J]. Policy Studies Journal, 1998, 26(2): 274-292.

[36] Lehr J, Inhaber H. A creative solution to the NIMBY problem[J]. Groud Water, 2003, 41(4): 401-403.

[37] Cowan S. NIMBY syndrome and public consultation policy: the i-mplications of a discourse analysis of local responses to the establishment of a community mental health facility[J]. Health and Social Care in the Community, 2003, 11(5): 379-386.